統合的短期型ソーシャルワーク

ISTTの理論と実践

エダ・ゴールドシュタイン
メアリーエレン・ヌーナン

福山和女
小原眞知子
▶監訳

Short-Term Treatment
and Social Work Practice
An Integrative Perspective
by Eda Goldstein, Maryellen Noonan

金剛出版

Short-Term Treatment and Social Work Practice
An Integrative Perspective
by Eda Goldstein, Maryellen Noonan

Copyright © 1999 by Eda G. Goldstein and Maryellen Noonan
All rights reserved
Japanese translation rights arranged with
FREE PRESS, a division of SIMON & SCHUSTER, INC.
through Japan UNI Agency, Inc., Tokyo.

序と謝辞

　本書は，ソーシャルワーク実践の短期型援助について著したものである。この方法論は，広範囲にわたるさまざまなクライエントをアセスメントし，介入するためのガイドラインを示す，全人的な「状況のなかの人」の理論枠組みに統合されたもので，この方法論に関心のあるソーシャルワークの学生，実践者，スーパーバイザー，教員はもちろんのこと，他の専門職の人たちにも知識を提供できればと考えている。

　どんな問題にも適用できる最も適切で効果的な短期介入モデルは存在しない。そのうえ，精神保健領域におけるほとんどの短期アプローチは，高機能のクライエントが危機を経験したり，特定の具体的な問題をもつ場合に特化している。これらのモデルは，たとえば，取り組み能力が不十分で，その能力に障害がある人，より慢性的な困難を抱えている人，また，環境的資源やサポートを必要としているクライエントたちの支援には，あまり適していない。

　今日の実践領域において，ソーシャルワークの理論と実践は，広範囲にわたるクライエントに対して短期的な介入方針を提案してきた。ソーシャルワークの専門職は，問題をもつ人たちに革新的，効果的な方法で介入するための試みを繰り返してきたという歴史がある。そして，ソーシャルワーク実践のほとんどが短期型のものであった。本書では，ソーシャルワークの豊富な知識と実践の見識を述べながら，今日の援助実践のニーズに即した，短期介入のための包括的な「状況のなかの人」の理論枠組みを解説していく。

　短期型援助への関心は，臨床家，教師，スーパーバイザーの役割について考えたことがきっかけとなった。私たちは短期介入の必要性について，クライエントの問題の本質ゆえに，または時間，財政的制限ゆえに，そしてその両方を理由に，短

期型アプローチを実践に使ってきた。私たちは，この経験を通して，短期型援助の効用と限界の両方を認めることとなった。ソーシャルワーク修士課程の上級ソーシャルワーク実践のコースや専門職団体の研修コースにおいて，受講生たちに向けて，クライエントのニーズ，問題，能力，資源，動機づけに対応させた多様な方法論の適用の仕方についての学習を促した。彼らは，クライエントとともに，またクライエントのために，しばしば短期型を導入することを学習した。彼らは，提供するサービスに限界があり，クライエントのニーズや問題に鈍感になっている相談機関の体制の変革にも努めた。

　私たちは，相談機関の援助スタッフや個人開業のスーパーバイジーとの経験を通して，変化する実践環境の中で，何をもって最善のサービス提供とするのか，増加するクライエントに短期型援助モデルをどのように適用するかなどについて，臨床家たちの苦心を目の当たりにしてきた。そのクライエントの多くは，長期にわたり重複した困難を抱え，それが人と環境との関係に侵食している状況にあった。援助者たちは，このようなクライエントやそのほかのクライエントに短期型介入で関わるための必要な態度，知識，技術が不足しており，もがいていたのである。

　私たちは，詳細な生物・心理・社会的アセスメントにもとづく集中的な短期型援助が，広範囲のクライエントたちの機能の仕方に大きな効果を生むことに確信をもった。しかし，私たちは，短期型援助が全ての人にとっての万能薬であるとは考えていない。どの援助モデルであっても独占的に信頼を置くことには限界があり，クライエントの複雑でしかもさまざまなニーズ，問題，生活状況に対応するのに適さないと思われる。援助者たちは，多くの種類の介入アプローチを知っているべきであり，特に，広範囲にわたるサービスの利用を支持するためにも他の専門家たちと交流すべきである。

　対人援助の専門職の発達には多くの類似性がみられたが，その類似性は，たとえば，ソーシャルワーク実践等への短期型介入の導入について，私たちの考えを整理するうえで大いに役立った。時期をずらせて，私たちは，シカゴ大学大学院のソーシャルサービス運営管理専攻を受講した。そこで，ヘレン・パールマン（Parlman）の問題解決アプローチ，そしてソーシャルワーク専門職の偉大なる遺産に触れる機会を得た。私たちは，診断派と機能派のケースワーカーの分断を救った彼女の努力や，ソーシャルワークの創成期にすでに自我心理学に鋭い関心を向けたことについて敬意を払うようになった。後に，私たちはそれぞれコロンビア大学とニューヨーク大学に進学し，博士課程でソーシャルワーク研究に専念し，ホリス（Hollis）の

心理社会的アプローチ，ジャーメイン（Germain）とギッターマン（Gitterman）の生態学的モデルやライフモデル，その他あらゆるソーシャルワークの理論やモデルに精通することになった。私たちは二人とも，精神保健の領域で，個人，夫婦，家族への危機介入，短期介入，長期介入に携わる経験を積み重ねた。さらに，それぞれが現代の精神力動的理論と心理療法的モデルについて研究し，ソーシャルワークの学問的背景と専門職アイデンティティに合致した方法でそれらのモデルの活用を試みた。その後，ついに私たちは，ニューヨーク大学シャーリー・M・エーレンクランツ・スクール・オブ・ソーシャルワークで教鞭をとるようになった。私たちはそれぞれの役割をとおして，学生たちに，現実の社会で働くために必要な価値，知識，技術を備えるように指導し，また，一方で何が理想であるかについての見解を持つように促した。私たちは，ソーシャルワーク実践が影響を及ぼす範囲，アート，そしてその科学性と文化的，社会政策的コンテクストについて，活発に議論を闘わせるその中心に居合わせたという幸運を感じている。

　私たちの学問的背景の類似性から生み出される論理的成果は，それぞれの理論的パラダイムと実践モデルの尊厳を保持し合うことである。理論は，現実の観察可能な現象を説明する手段であり，一つの凝集性のあるシステムを共に作り上げる概念，仮説，原理を含むものである。統合的短期型援助（以下，ISTTとする）の概念的基盤と実践原理は，ソーシャルワーク実践でよく知られている多くの理論，すなわち自我心理学，その他の精神力動理論，危機理論，認知行動理論，および生態システム理論から導き出されたものである。また，心理社会的モデル，問題解決モデル，危機介入モデル，課題中心モデル，認知行動モデル，ライフモデルの特性を活用した。ISTTの理論枠組みは，多種多様なクライエントの問題や特定の人々など，広範囲に適用可能なものである。特に，個人援助に適しているだけでなく，家族や集団への介入にも適用できる。

　ISTTは，折衷的ではあるが，行き当たりばったりにアイデアを寄せ集めた雑多な収集物ではない（Perlman, 1957, p.xii）。むしろ，ソーシャルワーク実践とその評価に結びつく体系化され理路整然とした生物・心理・社会的視点を推し進める試みである。折衷派は，ソーシャルワークの価値や知識基盤に一致しているかぎり，多様なアプローチの長所を引出すことができる（Siporin, 1975 p.153）。

　短期型アプローチは，援助期間が際立ってさまざまである。援助者もクライエントも期間に対する姿勢は，援助の実際の長さよりも重要であるとの示唆がある。にもかかわらず，実践現場では，介入は具体的な時間枠で行うように指示されてい

る。ISTTに適した介入の期間は，8週から25週であり，週に1回の面接頻度であるが，実際には，面接の間隔はそれよりも長い場合もある。介入の長さについては，面接の目標やプロセスに影響を与えるため十分な自由度を課している。ある現場では，25回の面接は長期型介入であると言われる。しかし，私たちは，面接期間が今日の実践現場での短期介入の適した基準であると信じている。

　本書は2部構成である。第Ⅰ部では，精神保健領域全般での，具体的にはソーシャルワーク実践での短期型援助の範囲，展開過程，多様性について概観し，ISTTの基盤となる理論的概念や主要特性について検討した。本書は，ISTTの開始段階，展開段階，終結段階について概説した。実践の枠組みを14項目に分けて詳細に記した。構成要素1：問題の確認，構成要素2：生物・心理・社会的アセスメント，構成要素3：関わり，構成要素4：介入を計画する，構成要素5：契約，構成要素6：介入計画の実施，構成要素7：焦点の維持・転換，構成要素8：進展状況のモニタリング，構成要素9：変化を妨げるものに対処すること，構成要素10：クライエント・援助者関係のマネジメント，構成要素11：終結に取り組むこととその意義，構成要素12：成長の振り返りと未解決問題の確認，構成要素13：援助者・クライエントの関係性の完了，構成要素14：他機関の紹介とフォローアップ。第Ⅱ部は，短期型援助を多様な問題と特定の人々への介入に適用する上での諸課題について議論する。接近困難なクライエント，情緒障害を持つクライエント，家族志向型ISTT，グループ志向型ISTTについて各章で取り上げている。

　私たちは，臨床で，教育で，スーパービジョンの実践で活用しやすい，実践書を作ろうと心掛けた。本書の中で採用した多くの事例と引用の大半が私たちの教育と実践に基づいたものである。ほとんどが一事例というよりも類似のクライエントの状況を加工し，編集したものである。

　一冊の本を書き上げることは，挑戦的な仕事であり，協働的努力によるものである。本書は，刺激の源となり，同僚意識をもたせるものであり，そして楽しめるものであったので，執筆過程での苦心を乗り切らせてくれた。筆頭著者であるエダ・ゴールドスタイン Eda Goldstein からは，本書に関心を寄せ熱心に取り組んでくださった方々，ゆるぎないご支援を賜った Patricai Petrocelli に感謝申し上げたい。また，Norma Hakusa, Lucille Spira, Enid Ain, Dick Rizzo, Johon Davis Earnest, Mildred Goldstein, Mervyn Goldstein からは，家族や友人として長きにわたり激励をいただいたことに感謝したい。

　共著者であるメアリーエレン・ヌーナン M. Noonan は，本書の仕上げに向けて

数年にわたる激励や関心を注いでくださった，特に同僚や指導者に感謝の意を述べている。

　ご助言とご支援を頂いたニューヨーク大学シャーリー・M・エーレンクランツ・スクール・オブ・ソーシャルワークの学部長 Tom Meeghan と副学部長 Eleanore Korman に敬意を表する。また，短期型支援の勉強会に継続参加していただいた大学の同僚である Barbara Dane, Roberta Kabat, Joan Klein, Judith Mishne, Lala Straussner, Carol Tosone, Alice Wolson に感謝申し上げる。Free Press の編集者である Philip Rappaport の厚き信頼，忍耐，そして専門性に感謝する。最後に，長年にわたり大学において，私たちの専門職としての成長を育むために取ってくださったシャーリー・M・エーレンクランツ（Shirley M. Ehrenkzanz）の貢献とリーダーシップに対して，そして私たちに道を示してくださったメンターに対して，さらに，私たちがソーシャルワーク実践の現実を知りたがっている以上のことを教えてくれた学生やスーパーバイジーに対して，最後に生活の辛さや痛みの詳細を私たちと分かち合い，困難な状況における勇気と強さを示してくれたクライエントに対して感謝申し上げる。

　ソーシャルワークは長きにわたり育まれてきた使命感と価値を反映した独自の専門職である。著者である私たちは本書が読者にとって利用しやすい手引きとなることを願っている。特に，ソーシャルワーカーやその他の援助者たちにとって，短期介入とその評価，そしてクライエントを苦しみから解放し，彼らの機能，自己効力感，そして幸福感を高める援助に貢献できるものと信ずる。

統合的短期型ソーシャルワーク
ISTT の理論と実践

【目 次】

序と謝辞 3

第Ⅰ部　理論概念と実践原則

第1章
Short-Term Treatment: An Overview
短期型援助の概観 15
短期型援助の出現…15，精神保健領域の実践における短期型援助モデル…18，ソーシャルワーク実践モデルと短期型支援…30，要約…42

第2章
Theoretical Perspectives and Major Characteristics
理論的視点と主要な特徴 43
「人」の見方…43，社会的環境…53，問題の本質…56，実践環境…58，援助者の姿勢…59，ISTT の重要な特徴…61，要約…67

第3章
The Beginning Phase : Part I
開始段階／パートⅠ 68
構成要素❶ 問題の確認…68，構成要素❷ 生物・心理・社会的アセスメント…81，要約…90

第4章
The Beginning Phase: Part II
開始段階／パートⅡ 91
構成要素❸ 関わり…91，構成要素❹ 介入を計画する…102，構成要素❺ 契約…106，要約…107

第5章
The Middle Phase: Part I
展開段階／パートⅠ 108
構成要素❻ 介入計画の実施…108，構成要素❼ 焦点の維持・転換…123，構成要素❽ 進展状況のモニタリング…125，要約…127

第6章
The Middle Phase: Part II
展開段階／パートⅡ 128
構成要素❾ 変化を妨げるものに対処すること…128，構成要素❿ クライエント・援助者関係のマネジメント…135，要約…143

第7章
The Ending Phase
終結段階 144
構成要素⓫ 終結に取り組むこととその意義…144，**構成要素⓬** 成長の振り返りと未解決な問題の確認…145，**構成要素⓭** 援助者・クライエントの関係性の完了…147，**構成要素⓮** 他機関の紹介とフォローアップ…149，要約…155

第Ⅱ部　特殊な問題と対象

第8章
Crisis-Oriented ISTT
危機志向型 ISTT 159
危機の特性…159，危機の形態…160，危機志向型 ISTT の力点…162，介入過程…164，要約…181

第9章
Clients with Emotional Disorders
情緒障害をもつクライエント 182
うつ病…182，介入過程…184，不安…191，統合失調症…198，パーソナリティ障害…206，要約…214

第10章
Nonvoluntary and Hard-to-Reach Clients
自ら援助を求める気のない，接近困難なクライエント 215
共通特性…215，具体的な焦点…217，介入過程…221，要約…234

第11章
Family-Oriented ISTT
家族志向型 ISTT 235
具体的な焦点…235，介入過程…239，要約…255

第12章
Group-Oriented ISTT
グループ志向型 ISTT 256
グループ活用の指標…257，具体的な焦点…257，介入過程…261，要約…276

監訳者あとがき 277
文献 281
索引 289

ISTT

Short Term Treatment and Social Work Practice

第 I 部
理論概念と実践原則

Part I THEORETICAL CONCEPTS AND PRACTICE PRINCIPLES

第1章 Short-Term Treatment : An Overview
短期型援助の概観

精神保健のさまざまな学問領域の専門家たちは，以前にもまして短期型援助を実践に取り入れている。短期型援助は，治療的領域の一部とされてきたが，1940年代までは，精神保健領域において，ほとんどよい意味での注目は受けてこなかった。短期と危機介入への関心が最初にもたらされたのは，第二次世界大戦中とその後であった。これは，当時のいくつかの同時発生的な現象から影響を受けたと考えられる。専門家たちは，伝統的な精神分析的心理療法で効果を出すように努め，戦場の兵士に向き合い，その兵士たちが市民生活に戻れるようにその兵士と家族に援助し，そして災禍の犠牲者やストレスフルな生活上の出来事を体験した人々と取り組んでいた。短期型アプローチは当時の関心を集めていたにもかかわらず，精神保健サービスの主流とはならなかった。

1960年代に，短期型セラピーへの関心が再燃したあとでさえ，精神力動を志向する専門家の間では，長期型援助に比べて，短期型セラピー的な援助は脇役的存在であった。人格変容を達成することが本質的であると考え，より深い集中的な援助をよしとする偏った考え方を持っている多くの心理療法家たちは，短期型の介入方法は浅く表面的であると見なした（Shechter, 1997; Wolberg, 1965）。

短期型援助の出現

長期型援助の立場と活用が縮小され，短期型と危機介入の活用が増えたことには，さまざまな要因が関与している（Budman & Gurman, 1988; Parad & Parad, 1990b; Shechter, 1997）。1960年代初頭，精神保健治療の有効性に対する楽観主義的な考え方が，深刻な情緒障害への介入と同様に，困難が出現した直後の介入，日

常生活上の問題にも介入するための，広範囲に利用できる援助方法をもたらした。ケネディ大統領の時代に成立した地域精神保健センター法（1963年）が先駆けとなったつかの間の地域精神保健運動では，救急対応と短期型セラピーに非常に重きが置かれた。精神力動志向の臨床家たちも短期型援助を試み，認知行動的なものを含む新たな介入モデルを開発した。

援助の本質の変化に貢献したもう一つの要因は，自己表現，抑圧からの解放，多様性の尊重などのさまざまな機会を求める多数の特定層に対する伝統的介入形態への批判であった。これには反体制文化の生活スタイルを反映する人々，すなわち有色人種，女性，ゲイとレズビアンが含まれていた。彼らにとって，長期型の精神力動的志向の治療は，一種の社会統制であり，ある意味で犠牲者を責める手段ともなり，また病理的なラベルを貼る方法であると捉えられていた。自助グループや意識昂揚のためのグループ，ラップグループなどは他の援助方法とともに人気を得，多くの伝統的なセラピーの独占を阻んだ。

精神保健領域の援助がより利用しやすくなるにつれて，人々はそれまで考えもしなかった制度適用外である関係機関にまで援助を求めるようになった。クライエントたちの長期的治療に対する動機づけが減少し，「今・ここで」の現実志向の問題に焦点を当てた援助に期待を持った。クライエントたちは援助の選択に関する知識をより多く持つようになり，具体的でない目標を掲げる，病理的診断に基づく長期にわたる介入アプローチに対して疑問を呈するようになった。

長期にわたる治療が短期型の介入に勝ることを多くの研究では証明できなかったことから，積み上げた実践の結果に基づき，短期型介入の活用が支持された（Koss & Shiang, 1994; Wells & Phelps, 1990）。その上，長期型治療の活用と治療中断率とに高い相関が見られた。たとえば，ある調査では精神保健クリニックや家族サービス機関で継続型の介入を受けた患者のうち80％が6回以下の面接回数であった。(Garfield, 1986)。このように，実践家たちは長期型治療が好ましいと述べていたにもかかわらず，介入結果は治療計画よりも，治療中断によって短くなっていた（Budman & Gurman, 1988, pp.6-7）。加えて，ウェルズ（Wells 1990, p.13）によると，実際に長期型治療を受けていた人々にさえも，早期に改善が見られ，そのうち75％は6カ月以内で十分な改善があったと述べている。

短期型援助が劇的に増加した主要な理由は，過去数十年来の経済情勢によるものであった。最新のものでよりコストを意識し，効率型である精神保健のケアが急増した。実際には精神保健サービスの還付と分配，利用度は非常に抑制され制限さ

れてきた。地域におけるサービス供給機関の中核であった相談機関と病院は，予算の大幅削減，優先事項の再整理，職員の削減，運営管理の見直し，ときには他のタイプの援助を除外して，短期型介入の援助の提供を規定により求められた。このような状況下で援助者たちは，個人開業と同様に，これまでの援助方法の慣習や，好まれていたやりかたを再考する必要にせまられた。

　以上の理由から，精神保健関係者のなかでもソーシャルワーカーは，大半のクライエントに，時間制限のある援助を行うようになった。この発展に対して何人かの実践者は熱意を持って受けいれたが，その他は，やむを得ず妥協した。よい意味では，短期型のアプローチはクライエントが望んでいることや期待していることに，瞬時に対応できるかもしれない。消費者であるクライエントは，広範囲にわたる問題に対して，援助を求め，また求める権限を持っているが，その問題の多くは短期型介入によって，適切に取り組むことができる。たとえば，他者との関係が破綻したあとに援助を求めてきた青年にとって，喪失の課題や自尊心の傷つきに対して取り組めるような支持的援助は効果があるかもしれない。同様に，問題行動を起こしている子どものしつけで援助を求めてきた母親は，親業の技術に焦点を当てた短期でしかも指導的な援助が効果を出すだろう。不登校の思春期の男の子には，人格問題に対する長期の継続的治療よりも，学校において単純な変化を起こすことが効果的であろう。

　長期的アプローチがより妥当であろうと考えられる複雑な治療課題を呈しているクライエントであっても，このような介入を求めないかもしれないし，あるいは素直に応じないかもしれない。援助者とクライエントの目標が異なるときの援助の手続きは，クライエントが援助を取りやめる原因をもたらす危険をはらむ。できればクライエントの期待に沿うように努力することが望ましい。以下にその例を示す。

　　二度の離婚をして，最近再婚したピアス夫人（40歳）は，新しい夫と別れたいという夫婦問題で相談に来た。ピアス夫人は要求や願いを夫が無視した出来事について詳しく話し，夫が別の女性と会っていることに対する心配を語った。援助者はピアス夫人の夫に対する見方を受けいれて，ピアス夫人の過去の経験に関する情報を得た。ピアス夫人は，男性の行動に対する不信感から，男性から遠ざかっていたことが過去に何度もあり，そして男性とうまくいかないのは彼女自身のせいでもあると考えていた。ピアス夫人が現在の夫と別れ，結局いつものパターンを何度も繰り返すことになるのを心配して，精神力動モデルの

訓練を受けた援助者は，長年抱えている不信感や不全感，拒絶される恐怖の源を理解するならば，彼女の夫とその他の男性たちに対する見方や，関係作りの仕方を修正できるだろうと面接でピアス夫人にアドバイスできると考えた。しかしピアス夫人は，夫との別れを後押ししてくれるような援助を求めた。

　援助者は，ピアス夫人がその方法に有益性を見出さない限り，洞察志向の修正型の長期型治療に彼女を巻き込むことは難しいことを認識して，ピアス夫人の独自の関係パターンをよく検討すると，それが彼女にとって利益になっているという援助者の考えの根拠を説明した。ピアス夫人はその次の面接に来なかった。その後の面接で，前回の面接後の感情について援助者が尋ねると，ピアス夫人は，過去のことを引き出されたくなかったので面接に戻る気はまったくなかったが，援助者はよかれと思って言ったのだろうし，それはおそらく正しいことに気づいたと言った。彼女は自分が結婚生活に混乱を招いたことを理解しており，今の関係から解放される援助が必要だと考えているが，あまりにも混乱しているので，現時点で他の問題に取り組むことができないことを話した。援助者は，ピアス夫人の現在の関心事に焦点を当てたいという気持ちを受けいれ，援助者の考える援助課題をあきらめた。

　短期的な介入形式に対する論理的根拠が示されているにもかかわらず，多くの実践者は短期型の援助方法が急増することについて，あからさまな否定はしないまでも懐疑的であった。そういった反対は短期型介入に対する偏見を反映したものであるかもしれないが，現在の短期型援助の強調は，理念的，政治的，そして経済的な理由で，不適切で誤った方向に向かっていると考える実践者も多い。

　このように肯定的，否定的見解のいずれであろうと，短期型アプローチの活用は，実践者の治療プロセスの本質に関する捉え方を拡張し，変化させ，また新しい介入戦略を学習させ，説明責任に対するより大きな外部的要求への取り組みを促進することになった。

精神保健領域の実践における短期型援助モデル

　精神保健領域の実践において広く適用されている短期型援助モデルには，主要な三つのタイプ，(1) 精神力動モデル，(2) 危機介入モデル，(3) 認知行動モデルがある。29ページの表は三つのモデルの主な特徴の比較である。

精神力動モデル

短期型精神力動的援助モデルは，伝統的な精神分析理論と治療の基本仮説のいくつかを修正し，より現代の精神力動理論を具体化したさまざまなアプローチからなる。短期型精神力動の療法は，一般的に，軽度または中等度の長期にわたる葛藤，ないしは不適応を呈する人格特性やパターンが関係する問題を抱えるクライエントに用いられている。時間制限のある精神力動モデルは，ある場合は回復とサポートをその目標とするが，ほとんどの場合は選定した人格変容や内的葛藤を解決することを目指している。このモデルは問題を持っているクライエントが，動機づけが高く，機能していることをその選定基準と規定しているので，より重症で慢性化したさまざまな困難を持つ人々の多くを排除する傾向にある。

次に述べる精神力動的な短期型モデルのそれぞれには起源，目標，焦点，選定基準，実践原理・原則などに相違点があり，仮説や特徴に共通点がある。

精神力動的アプローチに共通して見られる特徴

1. 幼少期の体験は，成人の機能不全の主たる影響要因であるとする信念。
2. 一般に主訴は長期にわたる人格的葛藤やパターンに組み込まれているとする見解。
3. うまく適応できた経験，問題が急性のものか，最近発生したものか，動機づけが高いこと，人間関係形成に困難がないことなどを選定基準として用いる。
4. 迅速かつ焦点化したアセスメントを行う。
5. 人格変容について，特定のものにするか，あるいはより広範なものにするかのいずれかを援助目標として設定する。
6. 協働の同盟を初期に形成する。
7. クライエントの生活歴や援助関係に表現される核となる葛藤，あるいは関係上のテーマに焦点を当てること。
8. 明確化，直面化，および解釈などの積極的な技法を活用する。
9. 時間の制限は状況に応じて柔軟に交渉できる。

古典的な精神分析モデルは，伝統的に人格の再構築を目指す深く長期にわたる

治療を連想させる。しかし多くの著者は，フロイトの初期のケースが短期間の特性を持つことや，精神分析学が当初は長期的ではなかったという事実について指摘している（Flegenheimer, 1982; Shechter, 1997; Stadter, 1996; Wolberg, 1980）。それにもかかわらず，フロイト派の精神分析の特徴である技法は，患者が幼少時の記憶や経験の探求を通して，コントロールされた退行を体験させるために用いられた。治療において，患者が幼少期の大切な人との関係の重要な側面を思い起こすことや，分析家ないしはセラピストに転移を起こすことは，治療を進める上での基盤となる。患者がセラピストに対してゆがんだ捉え方をすることについては，分析したり解釈したりすることで，患者が自身の問題の本質やその根拠を洞察するのに役立つ。伝統的に分析家は患者の転移を最大にするために，中立であり，匿名的であり，禁欲的であり，満足を与えない立場を維持していた。

　精神分析をより広範囲の患者に対して効果のある，使い勝手のよいものにすることに関心を示していたフェレンチとランク（Ferenczi & Rank, 1925）は，治療プロセスにおける時間の課題と取り組んだ最初の精神分析家であった。ランクは，治療における時間の制限を設定し順守することは，患者の退行を防ぎ，患者に現実と取り組むように求めることであると確信していた。フェレンチは，クライエントの機能レベルを維持し，あるいは患者の困難に焦点を当て，動機を促すために，提案や直接的助言という積極的な技法を用いることの重要性を強調した（Flegenheimer, 1982, p.27）。フェレンチとランクの見解は，時間の概念について急進的であったが，精神分析学界においては支持も受けいれもされなかった。彼らの研究はしばらく不評であった。

　20年後，アレクサンダーとフレンチ（Alexander & French, 1946）は，先駆的な書物を，『精神分析療法 Psychoanalytic Therapy』という題名で出版した。それは短期型精神力動的療法を体系的に記したものである。

　コスとシャン（Kos & Shiang, 1994, p.665）が指摘するように，アレクサンダーとフレンチは精神分析的原則が治療の長さに関係なく役に立つものであると信じていた。そして彼らは「不適応の早期サインを示している人々に対して合理的な援助を提供するために，選別した精神分析的技法の適用を模索していた」（Alexander & French, 1946, p.341）。フェレンチとランクの初期の研究から言えば，彼らもまた，伝統的な精神分析的アプローチのいくつかの基本仮説に疑問を呈していた。たとえば，治療の深さは長さに関係していること，短期型治療は一時的で表面的であるのに対して，長期型治療は安定したものであり，うわべだけでなく深みのある成果を

もたらすこと。治療者が変化への患者の抵抗に打ち勝つために，治療を延長することが必要だとしたことなどである（Budman & Gurman, 1988, p.2）.

　アレクサンダーとフレンチは，退行を助長することや，治療で実生活の経験を強調するような技術を用いないように努めた。彼らが支持した，より直接的で，積極的なテクニックには以下のものがある。(1) 患者のセラピストに対する依存に直面するために，面接回数を操作する。(2) 終結への患者の反応を決定づけるために，面接の間隔を設定する。(3) 過去の背景を考慮しつつ，「今・ここで」の患者の感情的な体験を強調する。(4) 患者が葛藤や問題に直面できるように，またセラピーで学んだものを，実践に生かせるように直接奨励する。(5) 患者が情緒的に矯正される体験をするように，幼少期の親の役割とはまったく正反対の役割をセラピストがとる。それによって患者は機能し，より満足した対人関係を結ぶことができると考える。

　フェレンチやランクのように，アレクサンダーとフレンチも時代を先取り，その後のすべての精神力動的短期型アプローチの基礎を作った。にもかかわらず，彼らの研究の成果は精神分析学の領域において，よく言えば，論争の的になり，悪く言えば罵倒されたのだった。しかし，ソーシャルワーク領域では，聴衆からより賞賛を浴びた。よく知られた最近の精神力動的短期型モデルの顕著な特徴をまとめたものを以下に示す。

マランの集中短期心理療法
(INTENSIVE BRIEF PSYCHOTHERAPY)

　ロンドンのタビストック・クリニックでの研究に基づいて書かれた2冊の書物において，マランは核となる葛藤についての古典的解釈や，あるいは患者の精神病理学の側面に関するテクニックを非常に重視した短期型療法のアプローチについて概説している（Malan, 1963, 1976）。彼の研究では，変化には症状の軽減だけでなく，基本的でしかも固定化された神経症的行動パターンを修正することを含むと示唆した。10〜40回（週に1度）の面接回数で患者が以下の要件を満たしているとき，最も有益な結果が生じるとされている。(1) 洞察に対する高い動機づけ。(2) 自我の適度な強さ。(3) 特定の焦点について系統だって話す能力。(4) セラピストへの感情転移をすばやく形成する能力。(5) 解釈に対する好意的な反応。(6) 終結に対する情緒的反応を扱う能力。セラピストの熱意は，望ましい結果に結びつく主要因であると考えられた。

シフネオスの短期不安誘発心理療法
(SHORT TERM ANXIETY-PROVOKING PSYCHOTHERAPY)

　マランのようにシフネオスは，治療の主な道具としてセラピストへの感情転移に現れる患者のエディパル期の葛藤の解釈を用いた短期型療法モデルを開発した（Sifneos, 1972, 1979, 1987）。シフネオスはクライエントが主な問題領域に焦点を当てるように促し，しばしば直面化やその他の不安刺激の技術を重点的に活用し，取り組みに必要な怒りや抵抗を誘発した。

　治療期間は週1回の面接で7～20回にわたる。シフネオスの選定基準は，すべての短期型精神力動モデルのなかで非常に厳密で排他的であった。彼は以下のような患者の特徴を強調した。(1) 平均以上の知的能力を持つ。(2) 過去に他者と重要な関わりを持った経験が最低一度ある。(3) 心理に関心を持つ。(4) セラピストとの相互作用のなかで感情的に関わる能力がある。(5) 症状緩和への動機づけがある。(6) 誠実，好奇心，自己内省に対する素直さがある。(7) 協力することや犠牲を払うことの意志がある。(8) 新しい考えを受容できる。(9) 現実的な目標を持っている (Stadter, 1996; Wolberg, 1980)。

　またシフネオスは，脆弱な自我や傷ついた対人関係，慢性化した困難を呈する患者のために不安抑制（anxiety-suppressive）療法という短期型療法モデルを提案した。その目標は，再保証，アドバイス，自由にオープンに話す言動やプロセス，環境操作，説得，入院すること，そして薬物療法などの支持的手段で不安を軽減させることである (Wolberg, 1980)。

ダバンルーの集中短期型力動的心理療法
(INTENSIVE SHORT-TERM DYNAMIC PSYCHOTHERAPY)

　明確な選定基準を持った直面化型・解釈型アプローチを支持したもう一人の研究者にダバンルーがいた (Davanloo, 1978, 1980, 1991)。スタッターは，このモデルを短期型精神力動アプローチのなかでも，最も効果的で，しかも持続するものとして捉えていた (Stadter, 1996, p.72)。ダバンルー自身が，この方法を過酷なものとしている。このモデルは，人格形成や構造変化を目指すという点で，最も大がかりなモデルである。

　このモデルの査定プロセスは，1日コースで通常6時間かける。そして，患者の問題の深刻度と進展状況により，治療期間は最短1回から多くて40回の面接回数を設定している。このモデルは，集中的，かつ感情を注入した治療プロセスで，抵抗に対するシステマティックな挑戦や解釈を行うことにより，無意識の葛藤を明ら

かにすることに強調点が置かれていた。終結の話し合いは最小限にとどめる。

マンの時間制限型心理療法
(TIME-LIMITED PSYCHOTHERAPY)

短期型療法におけるユニークなアプローチとしてマンの研究がある（Mann, 1973, 1991）。ランクのように，マンは短期型療法モデルに，時間と別離や喪失からの苦しみとを意識的に活用することを組み込んだ。彼のアプローチは非常に厳格に時間制限に固執したものから構成されている。このアプローチでは，面接回数が12回と限定された一連の形成プロセスを持ち，その面接間隔はさまざまに調整できる。選定基準には，患者がすばやく治療関係を築き，喪失を許容できる能力を持つことが含まれている。

アセスメントの段階で，治療において対処すべき主要な課題を決定してから，セラピストはたとえそれが患者の主訴やその取り組み方法と矛盾していても，問題について患者と系統立てて話し合う。このモデルの治療はすべて，その後の葛藤を解決することに影響を与える基本的で普遍的な葛藤である「別離と個別化」をテーマとして扱い，患者の示す問題にかかわらず，その話し合いは，患者自身の消極的な自己像に関連している。それが患者の人生の別れや喪失などの未解決の課題に関連しているとマンは信じた。治療には時間制限があるため，セラピストは患者に現在遭遇している別離や喪失の現実のなかで，一つの依存した関係が作れるように患者を援助する。おそらくこのセラピーは，患者に別離不安を克服させ，自律性を獲得させるため，より最適な状況を提供する。

ストラップとバインダーの時間制限型力動心理療法
(TIME-LIMITED DYNAMIC PSYCHOTHERAPY)

ストラップとバインダーの研究（Strup & Binder, 1984）はヴァンデルビルト大学に始まり，サリヴァンの研究（Sullivan, 1953）から派生した。ルボルスキーの研究と相まって，このモデルは治療マニュアルを採用した初期の精神分析的アプローチの一つであり，それが体系的な実践と研究を可能にした。このモデルは，抵抗，敵意，反抗を含む，一連の機能や人格特性を持つ患者に使用された。

この治療期間は限られているが，融通性があり，人格の問題が深刻な人よりも中程度の人に対して，25〜40回の面接を行う。このモデルでは，精神内界の葛藤を，対人関係のものとして，再定義している。治療的プロセスは，変化を生み出す技術的介入よりも，治療の相互作用に現れる患者の関係づくりの，周期的な不適応パターンへのセラピストの共感的反応や取り組み能力が大きく左右する。このよう

に，このモデルは，特定の技術を強調していない。このモデルの活用に関する調査では，治療結果においてセラピストの人格が重要な影響をもたらすことが示された。

ルボルスキーの支持的感情表出型心理療法
(SUPPORTIVE-EXPRESSIVE PSYCHOTHERAPY)

ルボルスキーのモデル（Luborsky, 1984）は，他のモデルに比べて，自我心理学理論と実践原則の大部分を組み入れている。このモデルはセラピストと患者との支持的関係や変化を促すための技術的介入の両方に強調点をおいた。ルボルスキーは，環境的な問題を持つ患者はもとより，最も深刻な障害を持ち，反社会的行動をする患者のスクリーニングを提案したが，彼はこのモデルが広く活用できるものであると確信した。

ストラップやバインダーと同様に，ルボルスキーも治療期間を患者の持つ問題の深刻さに関係づけて設定した。彼は，25回の面接を推奨したが，その期間は毎週ではなく，長い間隔を置く場合もあった。より深刻な場合には，ルボルスキーは，必要に応じて，40回以上の面接を提示している（Luborsky, 1984, p.67）。治療の目標は，個別化され，患者が主要な困難やニーズとして捉えているものと一致するものとしている。セラピストは広範囲にわたる心理療法的技術を採用する。このモデルを構成するものは，セラピストとの関係において追体験される患者の葛藤関係をテーマとして焦点化することである。ルボルスキーのモデルと関連させて発展した実施マニュアルは広く使われてきた。

対象関係理論と自己心理学モデル
(OBJECT RELATIONS AND SELF-PSYCHOLOGICAL MODELS)

古典的なフロイト理論や精神分析的自我心理学とは異なり，精神力動的枠組みが広く人々に支持されるようになって，何人かの理論家は彼らの原則を短期型治療に適用するようになった。たとえば，スタッター（Stadter, 1996）は，対象関係理論を取り入れ，ベーカー（Baker, 1991）とセルヤ（Seruya, 1997）は，それを短期型療法の自己心理学モデルへと発展させた。これまで述べてきた多くのモデルにも類似性はあるが，これらの新しいアプローチでは，特定の機能不全をもたらす要因が，フロイト理論や自我心理学が示したよりも過去から現在まで広範囲に存在することを実践者たちに示唆したことは重要である。このアプローチでは，セラピストの支持的な環境（holding environment）や共感的自己対象（empathic selfobject）体験を提供する能力の重要性を強調した。

精神力動アプローチ・モデルを使用する上で，重要な限界があることを以下に示す。一つ目の限界は，コスとシャン（Kos & Shiang, 1994, p.671）が指摘したように，精神保健機関に援助を求めてきた人の大半が，スクリーニングの基準に該当せず，それゆえ短期型療法に適さないと考えられたことである。この事実は，他のタイプの治療が使えていたらならば，問題とはならなかった。しかし，サービスというものの限界を考慮すれば，精神力動モデルのみに過剰に依存することは不適切な治療結果をもたらすことになるだろう。精神力動的アプローチを活用することの二つ目の問題は，このアプローチが環境的な困難に関する悩みや，より具体的なニーズを持っていて，当面の心配事で援助を求める患者には適さないということである。三つ目の問題は，このアプローチが採用する直面化や解釈という技術が，ある対象者には禁忌となりうることがあるということである。

危機介入モデル

危機介入モデルは短期型療法の一形態であるが，すべての短期型介入が危機志向に基づいているとは限らない。人は誰でも，特定の人格や強さに関係なく，非常にストレスの高い生活上の出来事によって均衡が乱される潜在的な脆弱性を持っているので，危機状態に陥っている広範囲のクライエントに危機介入モデルを使用することができる。

危機介入モデルのある部分は，第二次世界大戦中に，いわゆる戦争神経症や戦闘疲労を呈した兵士を対象とした研究と治療に端を発している（Grinker & Spiegel, 1945）。精神科医と精神保健の専門家の任務は，戦場に兵士たちが早く復帰するための援助をすることであり，急場の介入を用いた。その方法は，より多くの場合に，特に前線やその近くで治療が行われた際に効果的と思われるものだった。この療法は兵士に速やかに支持的な援助をすることで，均衡を回復させ，現役任務に戻ることができるという信念に基づいていた。そのような的確な応対処置からは，退行，二次症状，罪悪感，失敗感，汚名をきせられる，仲間からのサポートの喪失などを予防したことが観察された（Parad & Parad, 1990a, p.13）。さらに，兵役終了後に帰還兵が一般の生活に戻るには，帰還兵とその家族との双方の再適応が必要であった。多くの人が移行期の困難に対して，援助を求めていたが，それらは短期型介入で対応できると考えられていた。

同時期に，他の研究者たちも，災害やストレスフルな日常生活の出来事に対する人々の反応に関心を持つようになった。リンデマンの古典書『急性悲嘆の徴候

とその管理 Symptomatology and Management of Acute Grief』（Lindemann, 1944）は，数百名が死傷したボストンのココナッツナイトクラブの火災事故の生存者について確認された悲嘆プロセスの段階を素描している。リンデマンによると，悲嘆の解決の重要な要素は，生存者が持つさまざまな感情的，認知的，そして言動的な諸課題を克服する能力である。彼は，人が危機の後に，危機前の機能レベルを取り戻し，ときには改善さえすることもあれば，悪化することもあることを観察した。リンデマンは，悲嘆に対する不適切な解決をしている人々には，介入を通して，より効果的に喪の作業に取り組むことの援助ができると確信した。そして8回から10回のセッションからなる介入アプローチを開発した。

　リンデマンの業績は，キャプラン（Caplan, 1964）の研究と相まって，災害やストレスの多い生活上の出来事に対する取り組み方について，より系統だった研究へと発展し，地域を基盤とした危機介入サービスの創設に導いた。さらにキャプランが1950年代，ハーバード大学において行った研究は，危機解決を促進し，問題の深刻化を防ぐ試みとして，急性のストレス状況を経験している人々に対する早期介入を提供するプログラム開発の助けとなった。

　1950年から60年代には，危機理論は大いに発展した。この時代の認識の例として，危機の種類についての多くの解説があった。たとえば，発達段階説や成熟段階説，生活や役割の移行期説，トラウマ的出来事などの研究によるものである。この知識体系に貢献したその他の人々には，ヒル（Hill, 1958），ジャニス（Janis, 1958），カプラン（Kaplan, 1962, 1968），ラングスレーとカプラン（Langsley and Kaplan, 1968），ラザラス（Lazarus, 1966），レマスター（LeMaster, 1957），パラド（Parad, 1971），パラドとキャプラン（Parad and Caplan, 1960），ラポポート（Rapoport, 1962, 1968），セリエ（Selye, 1956），ストリクラー（Strickler, 1956），タイハースト（Tyhurst, 1958）がいる。

　危機理論は，一連の適応対策や問題解決の技術によって，人は均衡を保つ努力をするという仮説に基づいている。危機とは，その人の通常の取り組み策が，その場の課題を取り扱うには不適切であることによる，均衡上の動揺を示す。ある危機理論家は，同じような一つの出来事を経験したすべての人々は同じような一つの方法で反応することを示唆しているが，人が一つの特定の状況に属するということの，独自の意味あいに焦点を当てている危機理論家もいる。たとえば，ジェイコブソン，ストリクラー，モーレイ（Jacobson, Strickler and Morley, 1968）は，一般的介入と個別介入を区別し，前者は同じ出来事を経験するすべての人々の共通の反応に

着目し，後者は個々人の固有の反応をより重視した。危機状況の進行は時間が限定されているが，通常4～6週間継続するので，介入は危機克服を促し，より不適切な解決を防ぎ，そして潜在的葛藤の再生を予測する。危機介入は，ストレスフルな出来事に対してできる限り瞬時にその場で実施することが重要である。無力さや傷つきやすさを持っているクライエントは，危機の間にこうむる影響や変化を受けやすい。

　危機介入は，通常4～12回の面接が行われる。セラピストは，不安定な状態にある患者に共感的理解を示し，患者との同盟を形成することに努める。セラピストは，安全や安心を与える恵み深い，威信のある存在となる。

　危機介入のゴールは通常危機の解決に限られているが，これはいつも容易なことではない。たとえば，ラングスレーとカプラン（Langsley and Kaplan, 1968, pp.4-5）は，クライエントが危機前の機能レベルに回復することを援助する補償タイプの危機介入と，活性してきた潜在的葛藤を扱う限定的な心理療法モデルを提唱している。しかしながら，それら潜在する問題を解決することなしに，危機を乗り越える援助ができないような場合も存在する。それら過去の葛藤と経験が，ストレスの多い状況を実際の危機に転換する引き金となっているような場合である。

　ジェイコブソン，ストリクラー，モーレイ（Jacobson, Strickler and Morley, 1968）は，危機介入の4つのレベルを確認している。それは，(1) 環境的レベル＝セラピストが紹介先の機関を提供する。(2) 一般的援助レベル＝感情の表出，傾聴，受容，再保証をする。(3) ジェネリックレベル＝セラピストは，同種類の出来事を経験する人が示すと思われる共通の反応を扱う。(4) 個人レベル＝セラピストは，患者の人格的力動を理解し，危機的な出来事が非常に破壊的になったことの理由について洞察を深めることを促す，である。

　急性の不均衡状態を経験している個人と一緒に取り組むための，具体的でかつ確実な方法論を持つ危機モデルが持つ最大の強みは，ある状況下においては，潜在的な限界となる。援助を求める人はすべてある意味で居心地の悪い状態であるが，ほとんどの人は危機の真っただ中の状態にはいない。その問題は，その人が援助を求める前から長期にわたり存在していたかもしれない。あるいは，問題が慢性的なものであるかもしれない。ときには，危機状態が一つの生き方となっているパターンを示す人もいる。これらの場合には，また，その他の場合にも危機介入は適切なモデルではないこともある。

認知行動モデル

　行動理論と認知理論，および治療方法はもともと別個に派生してきたものであるが，今日の実践の領域では，それらが大幅に重複し，しばしば認知行動アプローチとして参照されている（Koss & Shiang, 1994, pp.666-667）。認知行動モデルは，言動の過去の根拠を紐解くことや探索することよりも，明確に定義づけられている考え方や行動の仕方，およびそれらを維持している現在の要因を修正することに焦点が置かれている。

　認知行動アプローチは，特に短期型援助として発達したのではないが，時間制限のある援助の一部として頻繁に用いられ，12回から20回の面接で結果を出すことができる（Wright & Borden, 1991, p.424）。認知行動モデルの方法は，不安障害，恐怖症，強迫神経症，肥満，喫煙，心身症，摂食障害，アルコールや薬物への依存，統合失調症のある側面などの治療に効果的であることが示されてきた（Goisman, 1997; Koss & Shiang, 1994）。さらに最近では，認知療法が境界性パーソナリティ障害の長期にわたる取り組みに望みがあることが示された（Beck, Freeman, & Associates, 1990; Heller & Northcut, 1996; Linehan, 1993）。

　行動療法と行動修正の分野は，第二次世界大戦後に始まり，実験心理学と社会的学習理論にその多くを負っている。古典的あるいはレスポンデント条件づけに関するパブロフの研究では，刺激と反応の現存するパターンが新しい反応を生み出すための新しい刺激と関係があることを示した。また，オペラント条件づけ——報酬と罰が行動を生み出し修正するために使われる——に基づいたスキナーの実験は独創的であった。（Skinner, 1953）。加えて社会的学習や観察，模倣，ロールプレイングやリハーサルを通しての学習は，行動療法のレパートリーの重要な部分となった（Goisman, 1997, p.4; Thyer & Myers, 1996, pp.27-28）。行動モデルにおけるその他の主要な貢献者は，ウォルピ（Wolpe, 1958, 1969）とラザルス（Lazarus, 1971, 1976）である。

　認知療法はアドラーの研究にルーツがあり（Adler & Ansbacher, 1956），エリス（Ellis, 1962, 1973）の論理情動療法とその後のベック（Beck, 1976）による認知療法の発展を通して，再度関心を集めた。

　1970年代，行動志向の臨床家と研究者は，認知療法の側面を彼らの研究に組み入れ始めた。（Craighead, Craighead, Kazdin, & Mahoney, 1994）。シアとマイヤーズ（Thyer & Myers, 1996, p.29）が指摘するように，認知理論家は行動理論の多くの側

精神力動, 危機介入, 認知行動モデルの比較

	精神力動モデル	危機介入モデル	認知行動モデル
問題の質	幼少期の発達上の欠陥, 葛藤, 長期にわたる人格類型。	発達上・成熟上の段階／人生の過渡期／トラウマ的な出来事／災害などに起因する。	自滅的あるいは不適応的行為／好ましくない特性, 歪んだ, 不合理な考え方。
選択基準	本質的に最近の問題／良好な適応の過去／強い動機づけ／容易に関係を結べる。	危機の渦中にある人	広範囲にわたる限局性の標的症状, 特性, 言動。
目標	症状の軽減。選択的, あるいは全域的な人格の変化／折々の支持	均衡の回復, ときには根本的な課題の解決。	不適応的行為と偏った思考の変化／問題解決を促進する, 自己統制, セルフマネジメント。
焦点	核となる葛藤, 関係上のテーマ, 発達上の課題	目下の危機, ときに潜在する課題の洞察	不適応的行為, 好ましくない特性, 不合理で歪んだ考え方。
技術	明確化, 直面化, 解釈の積極的使用, ときに共感と支持の提供	感情表出, 積極的傾聴, 受容, 支持, 再確認, 教育, 紹介	系統的脱感作／レスポンデント, オペラント条件付け／情動氾濫療法／観察学習／ロールプレイング／教育／宿題／論理的検討／自己監視／リハーサル
関係の質	肯定的な協働同盟を確立する。転移, 逆転移に焦点を当てる	安全な権威と肯定的な作業同盟を確立	専門的な権威者ないしは教育者。
変化の質	洞察と支持的関係	対処メカニズムの回復, 自我の支え, 自己統制, ときには洞察	行動強化／歪んだ考え方の修正／振る舞い方の新しい方法を学ぶ／役割モデルを示す。
援助期間	12～40回の面接	4～12回の面接, ときにはそれ以上	12～20回の面接, ときにはそれ以上
限界	援助を必要とする多くの人々を除外する。人と環境との問題を取り扱わない。技術が有害な場合がある。	急性の不均衡を経験していない人を除外する。	より複雑な個人的, 対人関係的, 人－環境の問題と取り組まない／人の特定の力動的側面を無視する。機械的になりうる。

面を受けいれたが，追加要素として，たとえば出来事そのものや，行動と情動を決定づける認知や考え方の果たすべき役割よりも，出来事の認知的描写の重要性などを強調し，行動の理解や治療計画の作成において本質的なものと考えた。

行動療法は，自滅的，または不適応な行動や望ましくない特性を変容させることを目標にして，一貫したテクニックを実施することを強調している。その療法の主な焦点は，(1) 標的行動，すなわち変えなければならない行動を同定すること，(2) その行動の先行刺激，(3) その行動の結果，(4) その行動の先行刺激と結果との相互作用（Bandura, 1976）である。系統的脱感作法やレスポンデント条件づけとオペラント条件づけ，また，情動洪水法（flooding）や観察学習などを通して新しい行動を強化することや，不適応な行動を修正したり，罰したり，消失させることを目指す。

認知療法では，機能不全な行動や問題となる情動の根源である考え方のパターンを以下のような方法で修正する試みがなされる。(1) 誤解，非現実的な期待，思い違いを修正すること (2) 自己に関する非合理な考えを修正すること，(3) 問題解決力を強化すること，(4) 自己コントロール能力や自制心を向上させること（Fischer, 1978, pp.177-178）。セラピストは，患者が問題を作り出したり，維持したりする考え方，信念，観念に焦点を当てるように援助する。そのアプローチは，現実志向であり教育的なものである。それは思考の明確化，再教育，そして課題設定などの技術を駆使する。

認知行動療法は，変化に対して十分動機づけがある人の具体的で限局的な症状，特性，行動を取り扱うことに適している。これらのテクニックは，深く根ざした人格の問題を示す人々においても，特定の考え方や行動を修正するために使うことができると示唆されているが，個人や対人関係，あるいは人と環境の複雑な困難性を扱う上では一般的には役に立たない。その上，考えや行動を変容させることに集中しすぎると，その人のダイナミックな側面を見落し，技術の機械的な応用に陥ることになる。

ソーシャルワーク実践モデルと短期型支援

ソーシャルワーカーは独特の専門職であり，特に現代社会のクライエントの要求を満たすのにとても適している。この専門職がスタートしてから，彼らは常に多種多様な背景を持つクライエントに対して，最前線で取り組んできた。このクライ

エントたちは深刻な，もしくは慢性的な人格上，環境上の困難と同様に，生活上の問題に直面している人たちであった。加えて長年のソーシャルワーク実践の多くは，そもそも短期間のものであった。

　ソーシャルワーカーはさまざまな機関や個人開業で，驚くほど多くの問題を持っているクライエントに介入している。たとえば，ベトナム帰還兵やその家族，HIV関連の疾病を持つ患者とその介護者，身体的・性的虐待やその他のトラウマからのサバイバー，精神的な疾患や他の情緒障害に悩んでいる人々，薬物依存者，児童虐待やDV，レイプ，犯罪などの被害者や加害者，死別，離婚，身体的な疾患，身体障害，老化，失業，ホームレスなど，またその他の生活上の危機に直面している個人や家族，家族問題，対人関係，学校，職業の問題，ライフサイクルの過渡期に起こっている困難と取り組んでいる人々である。

　ソーシャルワークは，COS（Community Organization Society慈善組織協会）とセツルメント活動の結果として19世紀に始まり，介入の焦点はその人と環境との相互作用であった。初期のケースワーカー——友愛訪問員とも呼ばれていた——は，セツルメントハウスワーカーと同様，社会経済的に貧しい人たちを援助していた。その対象の多くは，この頃アメリカに移民してきた人たちであった。ソーシャルワーカーたちは，さしせまった，ときに具体的な，そしてしばしば家族，状況，環境，もしくは文化に関連する問題に直面した。

初期の診断モデル

　ソーシャルワークが専門職業化するにつれ，メアリー・リッチモンドの先駆的な著書『社会診断 Social Diagnosis』がケースワーク実践の基礎となった（Richmond, 1917）。リッチモンドは医学モデルに基づき，徹底的な調査プロセスを提唱した。クライエントの問題に関する様式に沿った診断がなされたときのみ，援助を開始した。リッチモンドの強調を引き継ぎ，「診断派」，あるいは「個別（differential）アプローチ」とされているものが1920年代に生まれ，その名前の由来は，すべての介入の基盤となるものが「診断」にゆだねられているという事実に基づいていた。このモデルは第一次世界大戦に端を発し，病院やクリニックの援助者はこれによって精神医学の原理や実践に深く関わるようになった。この時代にクライエントの問題の原因とされる精神内界の葛藤の役割を強調したフロイト理論は，特にアメリカの北西部のソーシャル・ケースワーカーの大半に受けいれられた。この理論は，クライエントにとって，ある行動を変化させることがどれほど難しいことであるかの

理由や介入に対する抵抗を示す理由を説明するものと思われた（Hollis, 1963, pp.7-23）。

　フロイト理論を取り入れた多くの実践者は，クライエントの現在の機能を改善するために，クライエントの内在する葛藤を修正することが必要であると見なし，実践に精神分析的な技術を取り込んだ。この援助の焦点は，クライエントの困難性や彼らの幼児期に端を発する人格的側面を強調するために，クライエントの問題や環境上の要因を「今・ここで」を具体的に表明することを遠ざけるものとなった。クライエントが自己の人格的困難の実像に洞察を深め，基本的な機能パターンを変化するプロセスは時間がかかるものなので，援助自体が，より長期にわたるものとなった。当時は，診断主義ケースワークと個別の長期型心理療法は同じようなものと見なされていた。

機能主義モデル

　当時の診断主義モデルの過度な使用についての議論に呼応して（Hamilton, 1958, pp.11-37; Mayer, 1970, pp.36-53），診断主義ケースワーカーと機能主義ケースワーカーと自称する人たちとの間で分裂が生じた。1930年代初期に，ロビンソン（Robinson, 1930）は，援助を促進する要素の一つとして期間の重要性を認識し，彼女はタフト（Taft, 1937, 1950）とともに，時間を機能主義的ケースワーク実践における中心的構成要素とした。

　タフトとロビンソンは，フロイト理論と診断主義ケースワークアプローチに対して拒否的であった。診断主義ケースワークはクライエントの問題の見方があまりに病理性に基づいており，クライエントから，自ら変化することの責任を奪い，過度な依存を生み，過去の探究の非現実的な終わりのないプロセスに導いたという考えからである（Yelaja, 1974, pp.151-152）。その代わりに，彼らはランクの理論を援用した。ランクは，人は健康を追求することにより積極的で，創造的であると見なし，クライエントの能力の限界内で，彼ら自身や環境を変えることができる能力を持ち，そして，クライエントの人生の目標に進むために関係を使うことができるとした（Smalley, 1970, pp.90-91）。事実，クライエントをエンパワーして，必要な変化を生み出すための援助において，主力となる関係の利用をロビンソンは強調した。さらに彼女は，クライエントの人生の主たる責任は，援助者ではなくクライエントがとると見なした。

　ヤラジャによると，機能主義者は，当時使われていた診断主義の概念と，クラ

イエントの人格上の問題を徹底的に，かつ時間をかけて探究する必要性を否定した（Yelaja, 1986, pp.52-53）。主に機関の機能が，介入プロセスを系統立て管理した。援助者は，クライエントが選択や成長の能力を発揮できるように，計画された関係プロセスにクライエントが関わることを援助した。時間の利用は，機能主義ケースワークにおいて重要な要素であり，制限と終結を受けいれる必要性をクライエントと援助者に示した。援助プロセスは，分割化され，特定の時間枠内で機関のサービスをクライエントが利用するか，ないしは拒否するかに連動していた。このように時間に焦点を当てることは，現在により着目でき，援助プロセスの段階（初期，中間，終結）をより意識的に活用することに結びついた。機能主義者は，援助者からの別離を意味する終結段階を，クライエントがその後の自己の人生に責任を取れるように援助するための主力であると見なした。機能主義者は，クライエントがこのプロセスを経ることによって，どのような問題があろうとも，自己実現でき，エンパワーでき，自信をもてるという利点があると信じていた。

　診断主義モデルと同様，機能主義ケースワークも批判を受けた。機能主義ケースワークが厳格な条件を作り出したこと，クライエントの問題に対する見方を無視したこと，機関と援助者の権威を誤用したこと，ワーカーとクライエント間の葛藤関係がクライエントの問題を見失うという結果をもたらしたことなどについて，多くの議論があった。

自我心理学と進化型診断派（心理社会的）モデル

　1930 年代の終わりに（実際には，さらに重視されたのは第二次世界大戦後だが）自我心理学はアメリカで認められ，ソーシャルワーク実践に重要な影響を与えた（Goldstein, 1995a; Woods & Robinson, 1996）。診断派を継承した人々は自我心理学的概念を用いた。その理由は，このモデルが狭義の精神内界に焦点を当て，精神分析的技術に依拠しており，具体的ゴールを持たず，終結の見通しができないというこれらの特性を修正するためであった。1940 年にハミルトンは，広く活用できる『ソーシャル・ケースワークの理論と実践 Theory and practice of social casework』(Hamilton, 1940) を刊行し，進化型診断派アプローチの原則を発表した。ハミルトンは心理社会的という用語を使い始め，ホリスがそれを引き継ぎ，ハミルトンの死後，このモデルを継承し普及する責任を担った。(Hollis, 1964, 1972; Hollis & Woods, 1981; Woods & Hollis, 1990)

　自我心理学の貢献には以下の 6 点がある。すなわち，(1) 人間の機能や潜在性

へのより楽観的で人道主義的な視点，(2) 言動を形成する上で，環境的，社会文化的な要因を重視する視点，(3) クライエントの，合理的な，問題解決上の，適応的な能力や強みに重点を当てること，(4) 生涯続く発達という概念，(5) 単なる洞察ではなく，関係を学習し，支配（mastery）する経験，および環境的サポートを包含した変化のプロセスという広い視点，(6) クライエントの潜在的人格の困難性を再生することなく，機能を向上させたり，維持したり，修正することができると考える視点である（Goldstein, 1995a）。

　診断派のケースワーカーは，ケースワークのプロセスを再概念化するのに自我心理学の概念を使った。望ましい修正案として以下のものがある。(1) 調査する段階の短縮。(2) その人の強みや，対処の障害物となる外的環境を含むクライエントの自我機能のアセスメント。(3) より現状での課題に焦点を当てること，特にクライエントが生活上の主な役割と課題に対して効果的に取り組んできた過程。(4) クライエントの現在の反応や取り組みに影響を及ぼす重要な発達段階の課題を，的確な介入プロセスで評価すること。(5) ゴール設定に留意することや，介入プロセスの構造化により力を注ぎ，より積極的に焦点化すること。(6) 介入形態をより明確に分類すること（たとえば，支持的介入，経験主義的介入，洞察または修正的介入，環境修正的介入）。(7) より支持的および環境的な手段を含めた介入手続きを展開すること。(8) クライエントと援助者間の援助同盟の重要性を認識すること。(9) ケースワークの関係を修復し，向上させ，維持する効果を強調すること。(10) 危機，短期，および長期の介入方法を用いること（Goldstein, 1995a; Parad, 1958; Parad & Miller, 1963）。

　1940年代から1950年代の間に，ソーシャル・ケースワークの目標や技法を定義し，ソーシャル・ケースワークを心理療法と区別して，適応範囲を拡大する多くの試みがなされた（Austin, 1948; Cockerill & Colleagues, 1953; Garrett, 1958; Hollis, 1949, 1964, 1972; Stamm, 1959; Towle, 1949, 1954）。心理社会的アプローチを体系化し精緻化することにおいて，ホリスは介入プロセスが柔軟に活用できるような一連の技術を詳細に述べ，研究した。個別援助に主に使っていたもの，たとえば，是認，直接的影響，「探求・描写・情緒的換気」，「状況のなかの人」という内省，パターン・力動的内省，発達段階的内省に加えて，採用した資源の種類や使用したコミュニケーションの種類，遂行した役割の種類によって，環境的な介入を分類した。(資源を提供する人，資源を配置する人，資源を創りだす人，通訳する人，調停をする人，積極的に介入をする人)（Goldstein, 1995b）。

心理社会的アプローチの発展のなかで，携わってきた人々は，長年にわたって，新しい知識に対して非常に開かれた心を持ち，役に立たない考えを捨てることには積極的であった。しかしながら，初期のより精神分析的で長期にわたる援助に連なる考え方が依然として残っていた。そのすべての理由を議論することは本章の範囲を超えるので述べない。多くの援助者はこのモデルの重要な変化に対して協力的であったが，新しい考えを直接的な実践に活用する方法を理解しなかったり，あるいはより伝統的なアプローチを使うことに努力し続けていた援助者もいた。

問題解決モデル

自我心理学の概念を蓄積してきた努力と，その後の認知的および社会科学的理論の出現によって，パールマンは独自の問題解決ケースワークモデルを導き発展させた（Perlman, 1957）。パールマンの研究を動機づけた要因には，診断派と機能主義派のケースワーカーの間の分裂を修復したいとする思いがあった。さらに長い待機者のリスト，家族相談所や精神保健クリニックでの高い中断率，焦点づけの曖昧な長期にわたる治療，そして，クライエントを病理的に扱うことなど，機能していない実践を修正する必要があると考えていた。

パールマン自身，診断主義的志向を持っていたが，機能主義派の原理・原則（たとえば，全体より部分を重視することや援助プロセスの段階に注目すること）に価値を見出し，彼女自身のアプローチにこれらを組み入れた。パールマンは影響力のある書物『ソーシャル・ケースワーク Social Casework』のなかで，すべての人間の生き方は，事実上問題を解決することであるとする前提に基づいたケースワークモデルを展開した。パールマンは，ケースワークのプロセスを，クライエントと援助者の関係が刺激となって進行する問題解決の一連の作業であると説明した。

パールマン（Perlman, 1957, p.17）は，自我を人格システムの問題解決の装置と捉えた。パールマンは認知理論に関心があり，合理的思考プロセスを強調した。パールマンはエリクソンのライフサイクル論（Erikson, 1959）と，ホワイトのコンピテンス理論（White, 1959）を引用して，個人は成長に対し常に努力しており，自己実現に向けて，固有の目的を持っていると考えた。現在の関係や経験における肯定的な影響に対する楽観的考えや信念が，パールマンのケースワークプロセスを理解するのに重要な役割を果たした。

問題解決モデルには二つの大きな貢献がある。それはクライエントの現在の問題に対して明確に焦点を当てたこと，そして介入方法を決定する際に分割化の重要

性を認識することであった。そのプロセスは三つの段階で構成されている。初期は問題の事実について理解することが中心である。中期の中心はクライエントの問題に対する考え方や感情について取り扱い，焦点化することである。第三期では進行中である行動の選択肢，代替案，そして援助の結果について話し合うことが含まれており，また意思決定とその実施を強調する。

　治療を始める前に調査と診断の期間が必要とされる診断主義的アプローチとは異なり，問題解決アプローチは，クライエントとの即座の関わりの重要性を主張している，そこではクライエントはサポートを受け，認められ，その問題の多様な側面について考え，話すように促され，可能な解決策を探し始める。クライエントの動機づけ，能力，機会についてのアセスメントが同時に行われる（Ripple, 1964）。

　パールマンのモデルは，多くの専門家たちの間ではかなりの成功を収めたにもかかわらず，診断派と機能主義派のケースワーカーたちの分裂は修正されず，それぞれのアプローチが持つ重要な特性の多くを排除したとして両者からパールマンは批判を受けた。

危機介入モデル

　社会科学の知識が発展し，新しい実践モデルが試行された頃，ゴーラン（Golan, 1978）はこの章の最初の部分で取り上げた危機理論に関する文献の多くを著した。ゴーランは『危機状況の援助 Treatment in Crisis Theory』で，特にソーシャルワーク実践に危機モデルを導入した。加えて，パラド（Parad, 1965），パラドとパラド（Parad and Parad, 1990b）は，広範囲の特定集団に対し危機介入を適用した数多くの論文をまとめて編集した。

　ゴーランによれば，危機状況とは「均衡から不均衡までとその逆戻り」の一連の出来事を包含し，以下の五つの要素を含むものとした。（1）危険な出来事，（2）傷つきやすい状況，（3）突発的な要因，（4）激しい危機の状態，（5）再統合ないしは危機解決の状態，である。アセスメントは，危機の本質を理解すること，すなわち，個人の危機以前の機能レベル，個人や家族の対処能力，そして内外資源の存在の理解を含むものである（Golan, 1978, pp.62-63）。

　危機介入のソーシャルワークにおけるもう一人の重要な理論家であるラポポート（Rapoport, 1970, pp.297-298）は，（1）症状の軽減，（2）危機以前の機能レベルへの回復，（3）危機を招いた理由を理解すること，（4）クライエントが利用できる，ないしは地域資源にある利用可能な援助手段を確認することなど，危機介入のより

現実的，達成可能な目標設定について記述した。また彼女は，クライエントに新しい対処メカニズムを作り出すように，過去の生活経験や葛藤と現在のストレスとを関連づけ援助するという壮大な目標が達成できるのは，クライエントの人格や社会的状況が順調で，介入の機会が与えられたときであることを示唆した。

危機モデルの実践原則は，(1) 時間制限の介入，(2) 援助者の柔軟性，(3) 援助者の高度な活動，(4) 限られた具体的なゴール，(5) 達成された課題の確認，である。その介入プロセスでは，(感情) 表出，明確化，再保証，直接的な影響，ストレングスの支持，内外資源の動員を重視する。

危機介入モデルは次第に援助者の間で使用され，このアプローチで武装した援助者は重要な役割を果たすようになった。しかし，危機介入モデルは適用範囲に限界があるので，このモデルのみに頼ることはできない。

課題中心モデル

課題中心アプローチ（Epstein, 1980, 1992; Reid & Epstein, 1972）の起源は，リードとシャイン（Reid and Shyne, 1969）が実施した調査にある。この調査は，ニューヨークのコミュニティサービス機関で行われ，問題を特定せず，8回から12回の3カ月間で実施された面接の短期型援助と，期間を制限しない長期型援助とを比較したものであった。その調査結果によると，短期型介入のクライエントは，長期的継続的サービスを受けたクライエントと同様に，短期間でよい結果を出した。この二つの援助形態を区別する要素は，援助者の介入頻度であり，短期型のほうがその頻度は高かった。

リードとエプスタインによる，『課題中心ケースワーク Task-centered casework』（Reid & Epstein, 1972）は，問題解決理論，認知理論と危機理論から導かれた短期型援助のさらに構造的でシステム的なモデルとして紹介された。危機介入を活用する援助者たちと同様，リードとエプスタインは，クライエントの主訴とは，日常生活に生じる問題や通常の問題の解決能力が一時的に阻害されていることを反映するものであると考えた。また，リードとエプスタインは，クライエントが均衡を取り戻そうと努力すること，そして時間制限が援助プロセスを加速させることに関して議論した。

課題中心アプローチは，いくつかの重要な特徴を持つ。(1) 問題のつながりの図示と使用，(2) 介入援助の焦点と目標を明確化するために，援助者とクライエントが協力することを強調，(3) クライエントの特定の課題にまつわる援助プロセ

スの計画，(4) 介入様式の特定化 (Reid & Epstein, 1972, p.25)。診断は，人格の機能レベルや援助目標を特定し限定することよりも，対象となる問題を中心に考え，そして援助プロセスでは，問題と可能な解決策についてのクライエント自身の認知に対応した具体的な活動を実行できるように促す。より具体的なケース計画や技術的な介入のほうが関係プロセスよりも重視される。

当初，リードとエプスタインは，課題中心の実践で取り扱いうる標的となる問題や領域を列挙した。すなわち，(1) 対人関係の葛藤，(2) 社会関係上の不満，(3) フォーマルな組織に関する問題，(4) 役割遂行に伴う困難，(5) 社会的な移行上の問題，(6) 反応的情動の苦悩，(7) 不適切な資源，である。加えて，リードとエプスタインは，クライエントが問題と取り組む動機を認識し，表すことが必要で，しかも，その問題は解決できるものであり，その範囲は限定される必要があると考えた (pp.42-53)。後に，エプスタインは，より包含的なアプローチを構想し，すべての問題は課題中心の介入に適していること，そして，援助者の責任は，クライエントに対して標的となる問題を規定し，具体的な焦点づけを明確にし，そしてこのモデルの技法を用いて援助に取り組むことであると提案した (Epstein, 1992, p.103)。

課題中心アプローチは1970～1980年代の間，十分な試行を繰り返し，そして発展した。エプスタインは『短期型援助と課題中心アプローチの新たな展望 In Brief Treatment and a New Look at the Task-Centered Approach』(Epstein, 1992) で，方法論的，詳細かつ規範的なアプローチがモデルへと展開した概要を述べ，連続的でしかも重複する4つのステップについて以下のように示した。〈ステップ1〉クライエントの標的となる問題の同定，〈ステップ2〉契約を結ぶ（ゴール・焦点・課題・面接計画・時間制限に関する合意を得る），〈ステップ3〉問題解決，課題の達成ないしは問題軽減の実行，〈ステップ4〉終結。時間制限が援助の初期段階で設定されていても，援助者とクライエントの相互の合意により，多少修正が加えられることもある。

ソーシャルワークで広く適用される課題中心アプローチは，より具体的で特定の問題を持ち，高い動機づけのあるクライエントに適している。このモデルに対するいくつかの批判には，アセスメントにおける人格機能と力動に対する全体的注目が欠如していること，介入と目標設定を狭め，機械的な適用となること，人の問題や改善に対する視点を極度に単純化し，より複雑な問題への取り組みが必要な援助に限界があることなどがある。

認知行動モデル

　1960年代に精神力動志向の援助が批判を受けるようになり，援助者の中には認知理論と行動理論を組み合わせ，考え方と行動のパターンが機能の問題を引き起こすと見なすものもいた。二つの理論は独自の焦点を持つ。認知アプローチは教育的な傾向にあり，クライエントの考え方を変化させることが中心となる。一方，行動的な介入はクライエントの行動そのものを強調する。しかし，これらを合わせたモデルは，重複する点や共通の特徴が含まれている。(1) 体系的なアセスメント，それは現在の考え方，観察可能な行動，環境などの諸要因がその問題に寄与しているという見地から，現在提示されている問題を再規定することである。(2) 湾曲した考え方や自滅的な態度を矯正する方法，自己や他者の新しい理解を生み出す方法，より望ましい行動や技術を開発する方法についての明確な手続き。(3) 経過と成果についての客観的な評価基準の活用である。

　この認知行動モデルは，介入プロセスにおいて時間を利用しないので，援助の期間が短くなる傾向にある。介入は，しばしば25から30回，またはそれ以上の面接回数で行われる。実際，このモデルが最初に使われた時点では，プラスの結果を出すというその急速性に議論が集中した（Wilson, 1981, p.131）。認知行動アプローチは，援助者を変化のプロセスに方向づける専門家とみなしている。このアプローチは，内省的なテクニックよりも積極的なテクニックの使用を支持する。たとえば，教育，直接的な影響，論理的な話し合い，リハーサル，宿題の割り当て，行動の強化，記録を利用した自己モニタリング，そして具体的な行動や不合理な，または歪んだ考え方を修正することを目指した多様なテクニックなどである。

　課題中心モデルと同様に，認知行動アプローチは，強い動機づけを持つクライエントの標的となる問題や症状に取り組むことに効果的であることが示された。しかしそのアプローチの限界は，適用の焦点や範囲が狭いことにある。

生態学的視点とライフモデル

　クライエントの問題についての環境上の要素への口先ばかりの注目や，精神力動理論や心理療法の技法に依拠し続ける状態から脱却するために，ソーシャルワーク実践の特色ある統一的概念を描写しうる包含的枠組みとして，一般システム理論を提唱した（Bartlett, 1970; Gordon, 1969, pp.5-11）。

　ジャーメイン（Germain, 1979），ジャーメインとギッターマン（Germain and

Gitterman, 1980）は，理論的，力学的，抽象的な特性を持つ一般システム理論を超越するものとして，生態学，自我心理学，なかでも特にエリクソン（Erikson, 1959）やホワイト（White, 1959）の研究からの概念，および進化した生態学的視点からストレスとそのコーピングの理論を適用した。ジャーメインは，適応プロセスにおける人と環境の交互作用や相互性・互恵性の影響に再度着目した。ジャーメインは，適応について，環境と効果的に取り組むために人が自身を変化させる努力，あるいは人々に応じた環境を作り出す努力のいずれかを包含すると考えた（Germain, 1991, p.17）。ジャーメインはまた，個人の幸福には本質的なものである人と環境の間の「適合のよさ goodness of fit」を強調し，問題については「一方では，ニーズと能力の不一致から派生するものとし，もう一方では環境上の質」から派生したものであると見なした（Germain & Gitterman, 1980, p.7）。

ジャーメインとギッターマン（Germain & Gitterman,1980）は，生態学的視点を維持しながら，疾病志向アプローチの代替として，ライフモデルを考案した。ライフモデルは，(1) 人生の移行期とトラウマ的な出来事，(2) 環境からのプレッシャー，(3) 対人関係上の機能不全，という生活の三つの相互関連領域で，クライエントの問題をアセスメントする。ライフモデルは，人と環境の適合の質を向上させるための介入を支持した。

ライフモデルは，成長，健康，社会的機能の適応性の可能性を見出し，人のニーズやゴール，能力に応じた社会環境を作ることを目指している（Germain & Gitterman, 1986, p.628）。ライフモデルは，病理性よりもストレングスに焦点を当て，そして組織や社会の変革を重視して個人を援助することを重点的に取り扱う。このようにして，ライフモデルはミクロ的およびマクロ的な両方のシステム介入を包含する。

ライフモデルは，はっきりとした短期型モデルとして開発されたものではないが，短期型を基盤として用いられる。アセスメント・プロセスは，援助者側だけが行う明確に規定された診断の段階から構成されているのではなく，むしろ，（クライエントを含めた）進行的，かつ相互作用的なものである。ライフモデルは，介入プロセスのなかで，(1) 問題の定義，目的，計画，行動に関するクライエントと援助者間における契約上の相互性，(2) クライエントの意思決定と認知，自己の方向づけ，自己像，コンピテンスの感覚を向上させること，(3) クライエントの能力を促進し，社会的距離や力の格差を減ずるために，クライエントと援助者との関係における相互性と信憑性が重要であることを，強調している（Germain & Gitterman,

1986, p.632)。技法に関していえば，ライフモデルは規範的なものではなく，人間と環境の適合性を改善することを目指した，共通するジェネリックな実践技術から構成されると考えられている。

ライフモデルは実践における心理社会的モデルの代替として，特に学問的なソーシャルワーク集団においてかなりの支持者を得てきた。しかしその反面，ライフモデルは，抽象的で適用困難であり，アセスメントと介入において人格システムを最小限に評価しており，また介入がより表面的なものになっていること，臨床志向のソーシャルワークと「リアル（福祉現場）」ソーシャルワークとの間に新たな分裂を招くものとして批判された（Goldstein, 1996）。

実践モデルの急増

直接援助は，マクロシステムの介入に焦点が当たることによって影を潜めたあと，1970〜80年代にその重要性が再び主張されるようになり，クライエントの差し迫ったニーズに対応させて個々のサービスを提供したことが，結果的には多くの新しい理論と実践モデルの発展につながった。これまで，すでに論じたものに加えて，精神力動理論は自我心理学，対象関係理論，および自己心理学において新たな発展とともに広がっていった。それは，対人的・交互作用的なものであり，夫婦と家族へのアプローチがより注目を浴びるようになった。また，集団援助はより多くの支持者を得ることになった。さらに差別是正モデルやエンパワメントモデルは，女性や有色人種，およびゲイ，レズビアンなどの取り組みに活用され，検証に基づく実践モデルが支持され，実践者たちによって，催眠，バイオフィードバック，ゲシュタルトのテクニック，その他の新しい介入形態が試みられるようになった。

一般的なソーシャルワークテキストは25以上の異なった実践の理論枠組みを引用しているが，その後に発達してきたいくつかのものは含まれていない（Turner, 1996）。たとえば，ある援助者たちは，よりスピリチュアル志向のアプローチを援助の取り組みに統合しており，また，ナラティブや社会構成主義アプローチのような新しいモデルが現れたが，双方ともに伝統的な理論枠組みとは根本的に異なる立場をとっている。

ソーシャルワーク実践モデルの急増は，援助アプローチの領域を拡大したが，断片化や分極化が進んだ。それぞれのモデルは特定の主張を持ち，そしてクライエントを見るレンズを持っているが，それぞれが修正版モデルとして紹介されることが多い。すべてのモデルは適用と利点において意義を持つが，それぞれに限界があ

り，一つひとつのモデルがすべての状況に適しているとはいえない。結果的に，一つのモデルの独占的な活用は，クライエントの幅広いニーズや問題に対して，また実践の複合性に対して，十分に真価を発揮しているとは言えない。

要約

本章では，短期型援助の範囲と発展について概観し，精神保健分野の短期型アプローチやソーシャルワークの主な介入モデルに関するそれぞれの特徴，強み，限界について論じた。短期型の援助方法は，広範囲のクライエントに活用されているが，その人たちの機能，動機づけ，取り組み能力，環境的ストレス，サポートなどのレベルはさまざまであり，短期型介入の統合的アプローチが必要である。

それは，ソーシャルワークの価値や人と環境に焦点づける考え方と一致しており，多様なクライエント層に対する援助実践の現実に適しているといえる。この統合的短期型介入のような新しい理論枠組みは，ソーシャルワークの歴史的基盤を再確認する機会を与え，また前世紀に行われた理論および実践の発展の蓄積の価値を引き出すことになるだろう。

第2章 Theoretical Perspectives and Major Characteristics
理論的視点と主要な特徴

　統合的短期型援助（Integrative Short Term Treatment 以下，ISTT とする）は，人間行動と不適応の視点を構築する上で，自我心理学やその他の現代精神力動的理論，危機理論，認知行動理論，さらにエコシステム理論などから概念を抽出した。本章では，まず ISTT の視点を述べ，次に介入の理論枠組みの主な特徴について説明する。

「人」の見方

　ISTT は，個人の独自性を重んじる。その理論枠組みは人間の発達全体を支配する一般原則を使用しているが，各個人の人格体系や他者との相互作用を含む世界を一つの明白な星座とみなしている。その輪郭は，外側から観察できる行動だけでなく，その人自身が経験する主観的な意味づけによって成り立っている。

　人は，情動，考え方，行動が相互に複雑に関連する全人的な存在で，しかも互いに他者から孤立することができない。個人については，自己の現存する能力や生活環境，過去の経験や将来の目標や期待という視点から見る必要がある。

　人々は複雑で多様なニーズを持っている。生存や安全，安心などの基本的要求が満たされたならば，さらに他のニーズ，たとえば支配，能力，自律性，財産，縁故，親密さ，生殖，意義などが生じる。個人は，これらのニーズを満たす条件を提供してくれる家族や環境あるいは社会に大きく頼っている。

　発達過程は，生涯続くもので，本来，生物的・心理的・社会的なものである。発達に応じて，遺伝的，生得的，心理学的，対人関係的，環境的，あるいは文化的な要因等が相互に関連し，個人の人格を形成する。そして，そのひとの潜在力，習

慣的な特性，特徴的なパターン，強さと脆弱性の領域に反映する。人格は，環境の充足と個人のニーズや欲求，才能，能力に応じること，他者との同一化や内在化，学習，発達上の課題の取得，効果的な問題解決，また内面的なニーズや環境条件，期待，ストレス，危機にうまく対処することを通して発達する。

　個人は，能動的で順応性のある有機体であり，環境からの影響に単に受動的に反応するよりも，周囲の状況に影響を与える能力を持つ。生得的欲求や無意識の動機によって行動が駆り立てられるが，また，人々は適応することで，合理的に，意識的に，問題解決の活動をすることができる。適応には，人とその周辺環境との互恵的関係を含む。人は，外的状況に合うように自己を調整する（内的環境変化の適応 autoplastic adaptation）だけでなく，人々のニーズによりよく合致するように（環境）条件を変える（外的環境変化の適応 alloplastic adaptation）ことができる。

　対処能力という用語は，ある人が適応過程のなかで，生活の交互作用に持ち込む手段や才能を意味する。個人の対処能力は，その人を侵害しうる社会と環境の脈絡とに関係づけて理解されなければならない。人々は，常に社会的環境の側面と交互作用しており，適切な対処を妨げるもの，ストレスなどを生みだす条件を決定づける。

　人格は，遺伝や生得的な要因，身体的健康，衝動，自我機能や認知能力，超自我，内在化された対象関係や自己構造によって組織化されている。人格はライフサイクルを通して発達し，それはいろいろな視点から概観することができる。さらに，性別，性的指向，民族性，人種，階層，宗教，スピリチュアリティは，人格や行動，また世界観に重要な影響を与える。

遺伝と生得的な要因

　環境は人格を形成する上で主要な役割を果たすが，人は特定の生物学的な特性や能力，すなわち気質，知能，協調性，才能，特定疾病の素因，あるいは選択された人格特性と脆弱性を持って生まれるということがより根拠づけられるようになってきた。これらの生まれつきの特性のいくつかは，生後1カ月で現れ，乳児の現世界の体験や，世話をする人との相互作用を左右する。そして世話する人は，乳児特有のニーズ，反応パターン，気質，後に現れる才能や能力に合わせて順応する。乳児や子どもたちは，自分たちのニーズを満たすために，積極的かつ継続的に環境に関わるという傾向を早くから示す。人格の生まれつきの特性は，子どもや成人が，トラウマや搾取された生活環境に直面して示すレジリエンスに関係している可能性

がある。

身体的健康

　人の身体的健康は，人格の発達や他者との相互作用に重要な影響を及ぼす。人のウェルビイングの（すべてではない）ある側面は，遺伝や生得的要因によって決定づけられるかもしれない。ある子どもたちが，他の子どもたちと比べて，感染症や小児疾患に対する脆弱性が高ければ，深刻な健康問題や身体障害の初期症状を呈するかもしれない。妊娠中の母親の栄養状態や健康状態，物質依存は，子どもの健康状態の重要な決定要因になる。健康を育み，不慮の事故を防ぎ，利用可能なメディカル・ケアを提供するような養育や社会環境の適切さは，子どもの身体的ウェルビイングにとって非常に重要である。身体的疾患や障害に見舞われた子どもたちは，さまざまな重荷を経験するかもしれない。たとえば，家族からの別離であるとか，仲間と違うという感情や，ときには侮辱を受けること，特定の手続きを順守すること，家族のなかで特定の役割を求められること，学校の出席や学習上の困難などである。その上，子ども時代の健康状態は，その後の自己概念において，長期にわたって影響を与える。

欲求

　行動を動機づける力の本質そのものについては，それぞれ見解に相違があるが，ほとんどの理論家は，生物学的な欲求が人格の決定要素であることに同意している。理論家たちは，以下の項目に異論を持つ。(1) 欲求は，本来，リビドーや攻撃的なものなのか，あるいは，支配－達成という別ものなのか，(2) 欲求は，緊張を低めるものなのか，あるいは，赤ん坊が他者との関わりを持つための生得的なものなのか，(3) 欲求は，人格発達に影響を与える主な要因なのか，あるいは，生物・心理・社会的な影響に関するより巨大な星座の一部なのか。人格は，これらの構成要素すべてを包括するものという見方も説得力がある。その欲求の強さは人によって異なる。欲求そのものはその発達段階において，その人の自我のコントロール下に置かれている。欲求の表出や充足に関する葛藤やその他の困難は，生涯を通じて発生する。

自我機能

　自我は，人と環境との中間に位置する人格の一部である。自我機能は，その人

が社会(世界)のなかで対処し,適応するための手段である。ベラック,ハービッチ,ゲディマンは,12の主な自我機能を明らかにした (Bellak, Hurvich, Gediman, 1973)。

現実検討 外的環境,その人の内的世界,それぞれの相違を正確に知覚する能力

判断力 行為の結果のマイナスを最小限にして,望む目標を達成するために,一連の行為を明確にし,その言動の成果を予期し,その価値を見出すことができる能力

世界と自己の現実感 自己と世界を的確な方法で経験により知ること。すなわち,自己と世界とのつながりは現実であるとする感じ方,または,身体が健全であると感じること,他者と自己の境界線を柔軟に感じることなど。

欲求・感情・衝動の統制と制御 衝動と感情の表現を現実と調和するように調節すること,遅らせること,制止もしくは制御する能力。また,困惑したり,衝動的になったり,症状を表したりすることなく,不安や不満,そして怒りや憂鬱などの不快な感情に耐える能力。

対象関係 成熟した互恵的な対人関係の能力。

思考過程 目標を設定すること,計画すること,現実志向であることなどで特徴づけられる二次過程思考が,願望充足で特徴づけられる一次過程思考に置き換わること。二次過程思考は現実原則(生得の満足感を現実の条件が的確に整えられるまで延期できる能力)と結びつけられる。反対に,一次過程思考は,快楽原則(現実を考慮せず生得的な衝動を直ちに放散する傾向)と関係づけることができる。

自我の働きによる適応退行 人は,現実へのしがみつきや関わりを控えることや,通常,現実というものに集中して注目したときには見えなかった自己の諸側面に近づく経験をすること,また,新しく生み出された統合によってますます増強された適応能力を発揮することを許容する能力を持つ。

防衛機能 特定の衝動や状況から生じる不安や恐怖の苦痛の体験を避けることができるように個人は無意識の内的防衛機制を発達させる。

刺激障壁 人は,さらされた刺激のレベルによって増減に差はあるが,均衡,

機能レベル，そして居心地のよさを維持することができる。
　自律機能　特定の自我機能である，注目，集中，記憶，学習，知覚，運動機能，意志などは，欲求に対して本来自律性を持つので，葛藤を免れる。
　支配−達成　人がうまく環境と相互作用できるという感情を持ち，実際にもそれが実行できる。
　総合・統合機能　人は，人格のそれぞれの側面を一つの統一した構造として協調するように調整し，外的世界で行動する（Goldstein, 1995a）。

　同じ個人でも，特定の自我機能が他の機能よりもよく発達していて，安定性が高いこともある。すなわち，それは状況から状況へ，あるいは時間の経過とともに，それほど動揺しない傾向が見られることや，ストレス下であってもそれほど退行や崩壊が起こらない可能性がある。さらに，自我の強さを表明した人でさえも，自我機能のなかの選択した領域で退行することは，病気や社会的変動，危機，そして役割移行などの特定の種類の状況下では，正常であり，必ずしも自我欠如を意味するわけではない。同じ個人でも，自我機能の変化が激しいとき，特に精神病理学的に最も深刻な場合，一般的には，その人の自我機能が損なわれているといえる。

　さまざまな自我機能のアセスメントは，個人が他者や社会環境との相互作用でもたらされる自我の強さの構成図を示すものである。さらに，観察力を持つ自我，すなわち自己の行動を観察する能力は，自我機能が持つもう一つの重要な側面である。それに加えて，その他に生得的なものもあり，発達の結果として得られた特性や特徴がある。それは，人の対処能力，たとえば，ユーモア，根気強さ，そしてレジリエンスなどに貢献する。

　現代の認知過程の重要性についての見解は，自我の概念化というよりも，思考の別の体系から派生したものである。それは，人格発達における思考の意味についての一連の仮説の組み合わせに依拠している。しかし，思考能力や情報処理，問題解決，その他の認知過程が，自我機能の重要な側面であるというにはまだ議論の余地がある。

超自我

　超自我は，人間の善悪の感覚を導く良心や自我理想，すなわちあるべき規範を含む人格の一部分をさす名称である。個人の超自我は，両親や社会の価値観や道徳観，禁止規定を反映する。超自我の機能は連続線上に布置できる。超自我が過度に

発達している人とほとんど良心の感覚のない人がいる。成熟した超自我を持っている人は，欲求充足する能力を制限するような，厳格でかつ機械的な方法によって，ある価値観を持つことや行動規範を主張するようなことはない。その人たちは，生活のなかのニュアンスや微妙な区別を考慮して，それに合わせて行動を決定することができる。超自我がとても弱い場合，人は，冷酷で暴力的に振る舞い，他者に無関心で，罪悪感を持たないこともある。

防衛

すべての人々が防衛を用いるが，人によって，その種類と程度が異なる。防衛は，意識的な気づきからの耐えがたく容認しがたい衝動や恐怖を持つことで生じる不安から，個人を守ろうとする機制であり，自我領域の一部である。よく知られている防衛には以下のようなものがある（Laughlin, 1979; Goldstein, 1995a）。

利他主義 容認しがたい感情や葛藤に対処する方法として，他者のために自己犠牲的に奉仕することや主義主張に参加することによって満足感を得ること。

禁欲主義 衝動的な満足感に関連するような不安や葛藤を避けるために，特定の快楽を自制すること。

否認 現実の重要な側面，または自己の感情，衝動，考え方，あるいは経験の確認や容認をしないこと。

置き換え ある人や状況について，容認しがたい感情を別の人や状況に置き換えること。

知性化 容認しがたい感情や衝動を，直接に経験するよりも，考えることで回避すること。

孤立 特定の感情に関連する具体的な内容や観念に関係する感情を気づきから切り捨てること。

投影 容認しがたい考え方や感情を他者に帰すること。

合理化 容認しがたい深層の動機を承認することを回避しようとして，ある観念，感情，行動を正当化するために，論理的で説得力のある理由を用いること。

反動形成 望まない感情，衝動が，それと正反対のものに置き換わってしまうこと。

退行 不安の回避のために，初期の発達段階，機能レベルや行動のタイプに逆行すること。

抑圧 望ましくない考え方，感情，衝動および経験を意識から締め出すこと。

身体化 容認しがたい衝動あるいは葛藤を身体症状に転換すること。

分裂 愛と憎しみのように区分され，統合されない二つの矛盾した状態。

昇華 容認できない衝動が社会的に容認できる方法で表出されること。

自己への転換 愛すると同時に恐れている相手（生きている，もしくは死亡している）に対する怒りの衝動が直接経験されずに，内へと向かい，抑うつや自滅に向かわせること。

打ち消し 容認しがたい，罪悪感を覚えるような行為，考え方，感情を無効にするための補償の試み。

　防衛は無意識に作用するため，人は特定の防衛を使っていることに気づいていない。あらゆる防衛は，多かれ少なかれ現実をごまかしたり，歪めたりする。人が，厳格ではなく柔軟なやり方で，しかも現実をさほど歪めずに防衛を使い，不安を抱え込むことなくうまく機能することができるなら，その防衛は有効で適したものであるといえる。しかしながら，この同じ防衛が，現実を認識する能力や効果的に対処する能力をひどく制限することがあり，そうなると不適切であるといえるだろう。たとえば，手術で起こりうる結果についてのある程度の否認は，リスクを伴う危うい手順を追及することに役立つだろうが，もう一方で健康状態の重症度を否認しすぎることは，必要な医学的な治療を避ける結果を招くだろう。

　人は故意に防衛にしがみつこうとはしないが，防衛は保護機能を果たすことから，通常，その防衛の修正を意図した働きかけは，その人の抵抗を受けるものである。しかし，このような抵抗は，その人が求めている到達したい変化の妨げになる。防衛が効果的な対処を妨げるために，その人の不適切な防衛を減らすか，修正するように努力することは望ましいが，これらの努力は相当な不安を生じさせることになる。多くの場合，防衛は尊重されるべきものであり，注意深くアプローチがなされ，ときには強化されるべきである。急性の，あるいは慢性のストレスや，疾病，あるいは疲労の場合，自我の防衛は，他の自我機能に準じて作用しなくなる。重大な防衛の失敗は人を不安でいっぱいにさせる。その結果，重症で急激な自我機能の悪化を引き起こすだろう。そして，精神病のエピソードに見られるのと同じよう

に，人格が分裂し，混乱状態に陥るケースもある。防衛が厳格なものであれば，一見，過度に脆く，緊張して，動揺した状態に見え，その行動はますます機械的で，しかもひきこもった状態で奇妙に見えるかもしれない。

対象関係

　内在化の過程，すなわち外にあったものを取り込み内面世界の部分に組み入れる行為を通して，人は，幼児期における重要な対人関係の経験から，自己や他者への基本的な姿勢を獲得する。これらの内面世界の表象が，自分と相手の良い面や悪い面のいずれかに的確に反映される。また新しい経験の局面で修正されるならば，人は，通常肯定的な自己像を発展させ，維持し，満足のいく対人関係を持つことができる。しかし，ときにこれらの基本となる姿勢は，より現実的な視点を覆すほどに非常に否定的であるが，一方的で凝り固まったものである。これらの基本的な姿勢は，とても影響力がある。人は，これらの内的自己の対象や表象に忠実である。たとえば，自分が知的ではないと信じる人は，知的であることを示す証拠にはまったく目を向けず，この考え方にしがみつくかもしれない。また，幼児期に性的に乱暴をされた女性は，すべての男性を潜在的な虐待者と見なし，男性の性的関心に対して容易に被害意識を持つ。したがって，内的対象関係が損なわれ苦しんでいる人にとっては，過去からの産物が現状における他者との相互作用を支配し，自尊心を維持することや満足のいく対人関係の獲得が困難になる。また，人は幼児期の対象体験を現状の生活経験で繰り返す傾向があることもある。

　これらの自己や他者に対する基本的でかつ内在化された態度については，もう一つの見解がある。これらの態度を，重要な他者との相互作用から感情レベルで学び取った一つの働きであると見なすのではなく，自身の利益を考えることや，情報を認知的に処理する学習方法による産物であると見なすことである。しかし，対象関係論についてのそれぞれの主張と認知理論とは，感情的および認知的な諸過程が人格と相互に関係しているものであり，行動を形づくることにつながると見なす考え方は，可能であり，有効であるという意味から，補完的な関係にあるといえる。

自己

　自己とは，単に人が他者との関係から内在化される産物であるだけではなく，各々の発達過程を持つ生得的で独自の人格の構造であると理解できる。コフート（Kohut, 1971, 1977）によれば，自己は，共感的自己対象を必要とする。すなわち，

自分でいろいろとできない子どもの生活機能を遂行する人のことである。自己対象のニーズには，少なくとも主要な三つの類型がある。(1) 子どもの活力，偉大さ，そして完全さの感覚を確認できる鏡映のニーズ，(2) 他人が，自らの強さや穏やかさで子どもを落ち着かせることができるとする理想化のニーズ，(3) 人間らしさ，似たもの同士の感覚や，他者とのパートナーシップを子どもに提供する双子の，あるいは代理自我のニーズ（Elson, 1986）。養育環境や自己対象の環境が，中核自己の生得的な潜在性に合わせた方法で自己対象のニーズや反応を提供するとき，その自己は開花し，強固になりしかも凝集性の高いものとなる。人は，人生で精神的打撃を食らったときでさえ，少しは一時的な変動があるとしても，前向きで安定した状態を維持し自己実現や自己評価に向けて努力することができる。これとは反対に，調和のない，放棄された，またはトラウマを与えるような養育の結果，自己の構造が脆弱であれば，自己概念や自尊心の統制は損われる。

　そのような人は，機能やウェルビイングの感覚において深刻な混乱を経験する危険に陥るかもしれない。また，その才能や力量を維持することに慢性的な困難を持つかもしれない。

発達段階の過程

　多くの理論家は，人格の発達を一連の段階を辿ることと考えているが，その具体的な特性は，適用する特定の理論枠組みによって異なる。たとえば，性衝動の発達に関する文献において，フロイト（Freud, 1905）は口唇期，肛門期，男根期，潜伏期，性器期段階に区分し，それぞれの段階で，特定の身体領域を中心に快楽と欲求不満が生じると述べている。エリクソン（Erikson, 1950, 1959）は，自我発達と自我同一性の形成について，ライフサイクルの八つの連続する段階における心理社会的な課題と危機の統制の結果であると見なした。そのライフサイクルとは，信頼対不信，自律性対恥と疑惑，自発性対罪悪感，勤勉対劣等感，同一性対役割混乱，親密さ対孤立ないしは自己陶酔，発生対停滞，そして自我の統合対絶望と嫌悪である。それぞれの段階での解決は，どの個人においても自我同一性の感覚を持って達成できるポジティブな課題とネガティブな課題の観点から説明できる。また，各段階で提示された核となる発達段階の課題は達成されるが，その達成度はさまざまであり，最良から最悪までの連続線上に布置する。

　マーラーは，個人が，まったく関わりのない状態から愛着関係までの移行において，分離，個体化，自我発達段階，内在化された対象関係の領域での主な課題

を達成する段階について，分離－個体化の過程として説明した（Mahler, Pine, & Bergman, 1975）。自閉期には，新生児は前愛着期にあると考えられている。共生期には，乳幼児は「本能衝動を満たしてくれる対象」として，自他未分離のまま，他者に注ぎ込む能力を見せ始める。そして月齢4，5カ月頃の分化期においては，幼児は共生期のような内向きの注意から，外向きの注意へと移行し始め，また養育者の表象から自己の表象を分離し始める。練習期には自己と対象表象との分離や個体化のプロセスが急速に進み，幼児自身の自律的な自我機能がより重要となる。再接近期には，自立と依存の間をゆれ動き，自分自身を他者から区別する能力が増すとともに，分離不安や対象喪失への恐怖も増す。そして自分と他者を，すべて良いか悪いかで判断する。最後に，情緒的な対象恒常性に向かう過程では，情緒的な対象恒常性が達成されるにつれ，幼児は再び母親の所在について過度な関心を持つことなく，自分自身を区別することができるようになる。そこでは，対象の不在，ないしは欲求不満に直面したときにも対象の肯定的な精神的表象を維持する能力を示す。

その他の内在化された対象関係の発達に関する文献では，特定の段階と関連づけるのではなく，子どもの養育者との関わり体験の質を中心に論じたものがある。それらは，養育環境で母親役割を十分に遂行できたか，できなかったかが，成長した子どもの重要な能力や自己と他者に対する基本的態度の獲得を左右すると強調している（Klein, 1948; Fairbairn, 1952, 1954; Guntrip, 1969, 1973; Winnicott, 1965）。それらの理論家たちは，自己や他者に対してより強い否定的な見方がいったん作り上げられると，人格や他者との相互作用の特性に固守するようになり，容易に変えることはしないと主張する。

スターン（Stern, 1985）の研究では，自己の発達が，特定の発達段階という時系列的なものではなく，対人関係の複雑な交互作用から発展した連続体であることを見出した。彼は自己の潜在能力を生得的なものと考え，四つの「関わりあいの領域」を説明した。新生自己感，中核自己感，間主観的自己感，言語的自己感である。

最後に認知理論家であるピアジェ（Piaget, 1951, 1952）は，一連の知的発達段階に焦点を当てた。それぞれの段階は，誕生から2歳頃の感覚的運動期，2〜7歳の前操作期，7〜11歳の具体的操作期，11〜15歳の形式的操作期に分けられている。

成人はこれらのどこかで，もしくはすべての段階に生じる発達上の課題に関連した進行形の，または急性の問題を持つこともある。さらに，成長は，人生のライ

フサイクルを通してずっと起こりうるもので，成人期は過去からだけでなく現在と未来からも影響を受ける。

ジェンダー，性的指向，文化，その他の多様な人々

人格の限られた見方は，社会階級，民族性，宗教，ライフスタイルなどの多様性を持つ，女性，ゲイやレズビアン，有色人種，その他の人々の独自の発達や経験，特徴，強さに対して十分に注目してこなかった。最も伝統的な理論に関する文献では，このような要素が考慮されなかった。たとえば，フェミニストは，女性を理解するための枠組みは，男性の発達段階を用いているとして精神力動理論を批判してきた。また，有色人種，民族的少数派，ゲイやレズビアンの人々は，人間の発達や不適応に関する伝統的文献記述が生み出した偏見を指摘してきた。実践家が標準的で適切な態度を期待することや特定の態度や行動に病的であるとラベルづけをすることは，異なるタイプの多様な人々を画一的で，不的確で，否定的に見たことの結果であると，強く主張してきた。

伝統的記述のなかで見逃されがちなもう一つの重要な領域は，人がその人生を，ときに宗教やスピリチュアリティによって意味づける方法であった（Sermabeikian, 1994）。霊的な信念は，しばしば宗教上の確信や宗教への帰属の有無にかかわらず，人の主要な強さの源である。さまざまな集団についての理解は急速に蓄積されつつあり，徐々に人格発達の最新の考え方に組み込まれるようになってきた。

現在では，さまざまな人々の文化的側面やその他の側面およびスピリチュアリティの重要性の評価や尊重がいっそう行われるようになってきた。しかしながら，この過程は進化の途中である。したがって，何が画一的で間違った態度や信念となりうるのかを問うことや，各個人をすべての経験の文脈のなかで個別的に捉えることが重要である。

社会的環境

社会的環境の概念は，個人の具体的な物理的環境を包含する。たとえば，家族や社会的ネットワーク，これは，身近な隣人や地域社会における資源やサービスを含む。文化や社会，これは，政策，計画，価値観，態度などを含む。社会的環境は，ストレスを生み出す条件やうまく取り組むことを妨げる条件をもたらす。

物理的環境

　個人に影響する社会的環境の重要な側面として，実際にその人が住んでいる物理的な環境，すなわち住宅の規模，条件，配置，道路，近隣，地域の物理的状態がある。個人のニーズを充足したり，効果的な取り組みを促進したり，妨げたりするという環境の具体的かつ実践的役割に加え，物理的環境はその人にとって心理的意味をもたらす。それは，個人が，他者からどのように見られ価値づけされているのかに表れ，ひいてはそれが自尊心を促進したり，低めたりすることになる。たとえば，住宅が過密で，暖房や換気設備がなく，ネズミがうろちょろする壊れかかったアパートで，何人かの薬物常用者がおり，近所では暴力が当たり前のようになっている場所に住むことは，疑いもなく健康問題や病気，不安，事故，または死にもつながるだろう。その上，多くの場合，そのような環境は，不安定さに対する基本的な感覚，安全である感覚の欠如，乏しい自尊心，無視されているという感情，そして悲観的な運命論的態度を作り出す一因となる。望ましくない，ストレスの多い特性を含んでいるにもかかわらず，多くの地域は，それぞれが独自の強さやサポートを持つ。ストレスの多い環境条件のなかで育った誰もが，同じような人格になるわけではない。

家族

　家族システムは，主要な潜在的サポートシステムである。その主な責任は，子どもの養育，保護，指導，そして個人の社会化である。個人が生まれ育った原家族と結婚や他のタイプのパートナーづくりと出産によって創り出した家族とを区別することは一般的である。原家族は人格の発達を形成し，その後の人生で獲得する家族に対しても強い影響を与える。ときには数世代にわたり作られた家族パターンが存在する。

　どのような場合でも，誰を家族であると見なすかは，個人の文化的な背景とライフスタイルの文脈と，別の形態の家族構成を生み出し，認識してきた社会の変化から理解することが必要である。たとえば，ひとり親，拡大家族，混合家族同様，ゲイや婚姻制度によらないパートナーシップも，一般の家族の形態である。

　家族のあるべき正しい姿はない。どの家族も環境に適応するために，それ自体を独自の方法で組織し，独自の強さを持つ。それぞれの家族は以下の点で異なる。すなわち，特徴，構造，労働や仕事の分担。自身の文化への同一化と支配的文化へ

の同化。世代的，性別的，その他の内的境界線の管理。外的な境界線。養育，保護，指導，社会化の提供。感情，親密さ，性的特質，依存，自律，葛藤，言語的および身体的な攻撃，金銭，喜びと娯楽，スピリチュアリティ，分離と個体化の管理。役割を規範として示すこと。主な社会的役割遂行，新たな投入と外的影響への開放性。そして金銭面およびその他の物質面での資源とサポートである。

文化

すべての家族が文化的な源を確認できるわけではないが，家族は特定の背景の産物であり，その影響を受け，またその伝承者である。彼らの伝統，慣習，価値観，態度，子育て実践，人格特性，その他の行動の保持や伝達は家族の文化的な源に由来する。人の文化的な同一性は，帰属感，安全感，安心感といった欠くことのできない感覚を与える。

人が新しく，なじみの薄い環境に入るとき，自身の文化的な伝統と絆を保持しようとすることは重要である。しかし，そのような努力は，人が慣習を学習せず，周囲の文化に関与しないことになり，孤立した感情を抱くことになる。すなわち，移民の大人も子どもも，二つの文化の間に巻き込まれ，葛藤を感じるという例はたくさんある。これとは逆に，自分たちの文化の源を恥じていて，その伝統や歴史から離れて，新しくより価値ある環境に同化しようと努力する家族もいる

社会的ネットワーク

どの人も，インフォーマルな対人関係や活動と，フォーマルな地域の機関，制度，資源の独自の組み合わせと相互作用しており，それが効果的な取り組みを促進したり，妨げたりする。たとえば，友人，知人，隣人，同僚といった他者と，意味のある関係性をどれほどうまく作れるかは，人によって違いがある。ときには，対人関係を作る機会があるかいなかに左右され，またときには，他者に手を差し伸べたりうまくやっていくことの困難性が反映するかもしれない。まったく孤立してしまう人がいる一方，活動やサポートの豊かなつながりを持っている人もいる。

人々は，インフォーマルな関係に加えて，より多くの地域のフォーマルシステム，たとえば，学校，保健施設，礼拝の場所，社会福祉機関，裁判システム，職場，治療やサポートサービスと接点を持つ。社会的ネットワークのこれらの側面における有用性と質は多様であり，人々はその地域の資源についての知識，接近性，利用する意欲や能力という点で異なっている。人々がサービスを容易に利用できるよう

に整備されていない機関もある。申し込み手続きと受給要件は，分かりにくくて非効率である。たとえば，窓口の時間は制限され，力量不足のスタッフで，申請者の言語を話せず，方針は厳格で，サービス利用者に対する配慮がなされていない。その設備の物理的条件は快適でなく，歓迎的でなく，うまく機能していないかもしれない。プライバシーの保護は最小限にとどまり，スタッフの態度は審判的，懲罰的で，偏見を持っていることもある。

社会

人々は，一般社会の価値観，法律，政策，態度に影響を受ける。たとえば，家族，子ども，女性，高齢者，貧困生活者，精神や身体の病気あるいは障害のある人，移民，有色人種，その他のマイノリティの社会的な評価が，国家の基調を規定し，それが国民にさまざまな方法で浸透していく。それは，法律，社会政策，重要な資源の利用可能性，人々が互いに関心を示し行動する方法に反映される。人種差別，性差別，相違を理由に特定の集団を差別する待遇，市民権の剥奪，社会的に望まれないことなどは，多くのレベルにおいて人を陥れるような影響を及ぼす。それは，機会，公平，社会正義を制限することに加えて，人々を分断し，心の底からの激怒の感情，絶望，疎外感，低い自尊心，報復，そして自身や他者に対する暴力さえも発生させるかもしれない。

問題の本質

自発的に，あるいは指示されて相談に来た場合，その人々が経験する問題の発生源は，五つの領域にまたがる。(1) 社会的環境，(2) 人生の出来事と周囲の事情，(3) 対人関係，(4) 遺伝，体質，健康上の要因，(5) 人格の特徴，関係のパターン，脆弱性，である。ある問題は，一つ以上の発生源を持ち，また複数の領域にまたがっていることもある。それらの問題には，急性のもの，現時点にその発生源があるもの，慢性的で長期にわたるもの，介入を受け入れやすいものもあれば，深くこり固まっていることもある。多くの場合，その困難は人が環境に適合できないことが原因となっていると考える。たとえば，学習問題を持つ少年に対して教師がその少年の独自のニーズを充たさなければ，その少年は教室内で，または学校で，より深刻な学習の問題を示すことになるだろう。

社会的環境

雇用，財政的な報酬と保障，住宅，医療ケア，教育，身体的な安全，レクリエーションに関して不十分，または不適切である資源は，大きな苦難や心理的ストレスをつくり出すことがある。このような環境上の不十分さは，さまざまな問題を生む。学習上の問題や教育上の失敗，あるいは意味ある社会的役割を確立することや能力を十分に発揮すること，また人生の喜びや満足を得る機会の半減，うつ状態，絶望，低い自尊心，無力感，貧弱な身体的・精神的な健康度，さらに暴力や反社会的な言動さえも生み出す。

特定集団のニーズに対する公平さや敏感さに欠けた法律や社会政策の結果として，社会自体が個人の問題を生み出すことがある。たとえば，特定のグループや地理上の領域にとっての必要な資源の不足，また有色人種，移民，特定の民族や宗教の背景を持っている人々，女性，ゲイ，レズビアン，高齢者，子ども，精神疾患の患者その他に対する偏見，差別，抑圧，暴力の容認や鼓舞である。

人生の出来事と環境

現代のストレスのある人生の出来事やそれを取り巻く環境は，個人が向き合う諸問題の主な発生源である。これらは，青年期，中年期，老年期，結婚，離婚，失業，ホームレス，移民，転居などのライフサイクル上の発達段階や役割変遷，また，死，病気，レイプ，虐待，近親姦，その他の暴力行為などのトラウマ的危機，そして洪水，火災，竜巻，飛行機事故，テロリストの攻撃などの現実に生じた災害を含む。これらの出来事は，人々の対処能力を試し，心の均衡を乱し，機能の深刻な低下をもたらす。

対人関係

対人関係の問題，すなわち親子関係，夫婦や家族の葛藤，社会的孤立，あるいは友人，仲間，同僚，従業員，雇用主，教師などとの関係は，しばしば個人が援助を求めるのが困難な領域である。これらの問題はときとして，外的な要因の反映である。たとえば，失業，資源の欠如，移民，ストレスのある出来事，そして抑圧的な態度や条件などである。またその他の例として，ライフサイクルの段階での利害の対立，ニーズに対する矛盾した，あるいは不十分な理解，誤ったコミュニケーション，そしてよりこり固まった他者との関係上の不適応パターンなどの結果である。

遺伝，体質，健康上の要因

　遺伝や体質の要因，身体的，精神的疾病から生じる問題を経験することがある。たとえば，神経学的損傷，身体的障害，認知の障害は，ある特定のニーズや脆弱性を生み出し，個人の効果的な対処能力を制限するかもしれない。心臓発作を経験した人や，躁うつ病の発症歴を持ち入院を繰り返している人は，将来，何もできなくなってしまうという恐れを体験するかもしれない。

人格の特徴，関係のパターン，脆弱性

　個人の人格特徴，内的葛藤，自我の機能と認知能力の減退，他者との関係パターンの障害，低い自尊心，自己とアイデンティティの障害は，以下のような症状となって現れる。対人関係の葛藤，たとえば，教育的，職業的，関係的および人生の諸目標を追求する上での問題，アイデンティティの問題，破壊的で自滅的な言動や，不安やうつ状態の感情などである。その上，子ども時代の性的身体的虐待と放任，家族に見られる薬物依存や暴力，疾病と障害，両親の離婚や死は，人格に長期にわたって影響を与える。

実践環境

　クライエントのアセスメント，問題の質，そして解決可能な方法の選定は介入の質を決定づける。しかしながら，実際の援助実践では，しばしばその実践環境の目標，構造，方針，資源が，クライエントの困難の把握の仕方や，取り組みの方法を決定づける。今日の実践領域では，相談機関がクライエントのニーズにサービスを適合させるよりも，むしろ相談機関がクライエントに，機関の要件に従うことを期待する場合がある。このような状況は，主に三つの側面から生じている。（1）援助の質や変化のプロセスの適切さに関する理念，（2）人員配置，サービスの質・期間・頻度，還付などに影響する財政上の要件，（3）認定機構の基準に合わせた機関の規定。これらの要因から，特定の援助が一つの機関でしか受けられないことや，クライエントに提供できるサービスが，地域の特定の相談機関に限られることもある。非常に疑い深いクライエントのニーズに対して，薬物検査や鍼灸のような身体に針など器具を使用する手続きを求める，有害なサービスを提供する相談機関もある。

援助者は，相談機関に雇われていても，個人的に開業していても，クライエントを援助する上では，ある程度ジレンマや制約に直面するものである。職場環境の方針を尊重し遂行することを期待されているが，援助者としてはその環境のなかで，より積極的にクライエントを擁護し，クライエントが必要とする資源やサービスを確保することが求められる。そのためには，クライエントのニーズをより効果的に満たすためのサービス調整や相談機関の方針設定を緩和し，改善することに取り組むことが必要であろう。さらに，クライエントが数人の援助者や複数の機関と関わることが多いことから，協働と調整は，介入プロセスにおいて重要な構成要素となる。

　個人開業の場合には，クライエントに対して保険の給付金受給のための説明をすること，保険会社からの還付金の受け取りのために何度も連絡をとる了解を得るなどの事項には，十分に考慮した建設的な計画づくり，ケースマネジャーとの良好な協働関係，十分なクライエント擁護が求められるだろう。また，個人開業であってもクライエントは一連のソーシャルワーク・サービスのニーズを持っているので，他の専門職と関係し，密接な協働を必要とし，地域資源と結びつけることが必要である。

援助者の姿勢

　ISTT を実施する実践者に必要な四つの姿勢がある。

援助は限られた時間内で可能である

　実践者は，限られた時間の枠内で，クライエントの生活を改善できるという確信を持つこと。短期型介入で対応可能なさまざまな問題に対してクライエントは援助を求めることが臨床経験から理解できる。短期型支援に適した（すべてでではないが）いくつかの状況を以下に示す。

1. クライエントが通常に機能できず，打ちのめされ対処できない状況。元の機能レベルに回復させるには，短期型支援が適している。
2. クライエントに必要な情報や社会資源の不足があり，現在の生活状況に対処できるように助言や指導を求めている状況。教育，問題解決の促進，資源活用などを提供するアプローチが有益であろう。

3. クライエントの主訴が事実上、その範囲を限定する状況。クライエントは「今－ここで」の機能に強調点を置いた短期型の支持的アプローチによく反応するだろう。
4. 高い動機づけと強い自我を持つクライエントが、長期にわたり潜在化した問題を抱えている状況。クライエントは、人格や他者との関係パターンの特定の部分を選定して焦点化し、修正や再形成をしようと努力することから、集中的に取り組む短期型アプローチは、クライエントに重要な変化を起こさせることができる。
5. クライエントが人格の機能不全を呈している状況。クライエントは、特定の自我機能、問題解決能力、対処機制、対象関係、自己評価を発展させ、高めるような支持的アプローチを利用できるだろう。
6. クライエントが、複数の慢性的な内的および外的な問題を示す状況。しばしば、クライエントは、全体を分割し、部分を重視した、また範囲を限定した介入をすることで、効果的に日常生活を調整でき、その結果、社会的環境と取り組み能力のよりよい組み合わせを創り上げることができるようになる。

援助の本質は多次元である

　実践者にとって、援助を構成する概念を精査し、ときに再評価することは必要である。治癒とは異なり、援助には、必ずしもクライエントの人格変容を含める必要はない。また、個人のニーズすべてを満たす必要はない。さらに、抱える問題のすべてを援助し、人格や生活状況を完璧に変える必要もない。援助は、居心地の悪さ、ストレス、苦しみなどを軽減する、あるいはクライエントの機能、ないしは生活状況の一側面の改善を目指す活動であると定義できる。
　これらの目標を達成する方法はたくさんある。たとえば、クライエントが感情や関心を共有でき、励まし・支持・指導を得られる雰囲気を提供すること。クライエントの必要な資源や機会を結びつけること。クライエントが人格機能を修復し、維持し、強化すること。クライエント自身が人格機能のある側面を修正できるように援助すること。また、これらの目標は、環境状況を改善、修正することで達成できるかもしれない。このように、援助の本質は、それぞれのクライエントや状況によってさまざまである。

変化の焦点とその本質は多面的である

　実践者が，支援において変化させるものは何か，そして変化自体の本質は何かについて視点を広げることは重要である。問題は，複数の要因から引き起こされ，長引かせられているかもしれないので，変化を目指した取り組みは，人または環境に，もしくは両方に向けて行われる。多くの場合，個人の考え方や振る舞いを変えるより，むしろ生活状況を修正する介入のほうがよいかもしれない。さらに，変化を目指した取り組みについて個人に焦点化した場合，洞察や自己覚知が常に必要となるわけではない。変化が起きる他の心理機制には，対処能力の向上・自我サポートと自己形成，自己と他者についての考え方と認知のゆがみの修正，学習と正の強化，自我統制，修正感情体験，役割モデル化などが含まれる。

短期型援助はユニークな特徴を持っている

　ISTT の援助期間は，面接回数が 8 回から 25 回である。面接はだいたい毎週であるが，面接の間隔は柔軟に設定されている。たとえば，危機にあるクライエントにはより頻繁な面接が必要となるだろう。また状況によっては面接と面接との間隔を広くとり，クライエントにはその変化を実行に移し，強化するように仕向けることもある。理想的で適切な面接回数と頻度は，クライエントのニーズと介入目標によるが，実際には機関の方針と還付金制度により，これらの基準が決められる。8 回から 25 回の面接頻度の違いは，援助の目標とプロセスに応じたものである。

　短期型支援の統合的アプローチを実践するには，その介入枠組みの特徴を理解し，このアプローチを実践するための必要な知識と技術をさらに発展させなければならない。

ISTT の重要な特徴

　ISTT には際立った 10 の特徴がある。

1. 時間の意識的な活用
2. 援助者の専門的な働き
3. 迅速な関わり
4. 短時間のアセスメント

5. 分割化と焦点化
6. アプローチと技術介入での柔軟性
7. 援助者－クライエント関係の特異性の活用
8. クライエントのストレングスと能力を強調すること
9. 協働，連携，権利擁護
10. 援助の限界の容認

時間の意識的な活用

　援助が特定の時間枠内で行われることによる援助者とクライエント双方の気づきが，以下のような多くの結果をもたらす。明確な構造や焦点を維持する必要性／問題に対する取り組みとその動機づけを高めること／必ずしもすべてではないが，クライエントの困難性のある側面は限られた期間内で解決されるという期待／現実的で，到達可能な目標を設定すること／援助者の存在にいつまでも頼ることはできないので，クライエントの自律性の育成／チームワークにとって必要な，援助者とクライエントの間の相互性を体験すること／プロセスの開始時から終結が予測できるので，介入の初期，中期，終結期の段階を強く意識して正確に把握すること。

援助者の専門的な働き

　援助過程の時間が限られているという本質から，援助者は，援助構造の介入プロセスの開始時期から援助の構造化，クライエントとの関わり，取り組むべき問題の確認，目標設定，介入の焦点化，モニタリング過程などに積極的に関わる。ただし，この要件は，クライエントに援助者の考えを押しつける特権があると解釈されてはならない。むしろ援助者は，クライエントに応じることと責任をとることのバランスをとり，援助過程を方向づける責任を負うことが必要である。このバランスを最もうまく保つ方法としては，援助者がその段階にそって介入過程の本質について解説すること，援助や援助者に対するクライエントの感情や反応について話し合うこと，そして，問題への取り組み方法の決定にクライエントを積極的に巻き込むことである。

迅速な関わり

　関わりあいは，感情的かつ認知的な過程である。感情レベルでは，援助者はク

ライエントに受けいれられた，理解された，耳を傾けてもらえた，尊敬されたと感じられるような環境を作ることに努める。関わりあいは，クライエントのニーズに対する援助者の敏感さや反応によって育まれる。認知レベルでは，援助者はクライエントの問題の見方を支持し，その問題を軽減し，そして何が必要とされ何が助けとなるかについて見通しを立てることに努める。これらの二つのレベルから，援助者はクライエントが問題と取り組むための動機づけを高め，協働を促す。

短時間のアセスメント

アセスメントには，主訴だけでなく，クライエントの人格や生活状況，そしてクライエントに相互影響するすべてのシステムの理解を含める。問題やその解決はしばしば多面的であり複雑であることから，包括的な評価を必要とする。アセスメントは以下のことを決定する手段である。(1) クライエントの主訴の本質や想定される潜在的な困難性，(2) いかなる過去や現在の「人と状況」の構造が，その人の問題に影響しているか，(3) 問題の解決を妨げているもの，(4) 最も変化しやすい問題の側面，(5) 問題を解決する上で活用できる内的，外的資源。

このようなアセスメントを行うために，援助者は問題に対するクライエントの見方に沿うことが必要であると同時に，クライエントの問題とその解決に関係する事柄を調査し，優先順位をつけるための専門的な知識や技術が求められる。その査定の領域には，クライエントの生得的・遺伝的資質，文化的・人種的・民族的な背景，人格の強さ・能力・限界性，動機，家族や対人関係の影響，そして環境的な資源・サポート・その欠陥などが含まれる。

分割化と焦点化

分割化は介入過程の鍵となる原則であり，援助者とクライエント双方の作業をより管理しやすく，また圧倒されないものにする。クライエントは長期にわたる複数の問題に直面しているかもしれないので，目標設定や焦点化のプロセスは，緊急性と，変化や解決の容易さの観点から優先順位をつける必要がある。ときとして，一連の問題群の特定の局面のみを選択することも必要となる。同様に，問題をより小さな要素に分割すると，望みを持つことができ，より制御できる感覚を生む。そして，少しずつ目標を達成することで，統制感を生み，動機づけを強める。

援助者とクライエントはともに，取り組みの最先端を維持できる明確なゴールを設定することが必要である。援助者は，その取り組みの焦点を維持することを援

助するが，それは常に容易なことではない。一連の援助のなかで新たな関心事が発生することもありうる。また，援助全体がより切迫したものになるかもしれない。援助者は，開始時に表明された目標や確認した問題とは一見無関係の発生した別の課題と取り組めるような柔軟性を持たなければならない。援助者の仕事は，話し合いの流れの方向が援助の焦点に関連しているのかどうか，目標を再設定する必要があるのかどうか，あるいはクライエントを主たる問題に連れ戻す必要があるのかどうかなどを決定することである。

アプローチと技術介入での柔軟性

援助は多様な方法によって提供できることから，アプローチの選定は援助者の好みよりも，問題の本質とクライエントの能力の両方に合わせて行われるべきである。これは，多様な介入の方法に精通し，技術的にも熟練していることを援助者に求めるものである。たとえば，ある状況下で援助者は，自我の機能障害を持つクライエントであっても，自我形成よりも環境の介入が最も適切であると決定するかもしれない。別のクライエントには，介入過程において認知モデルと精神力動モデルの両方の要素を組み合わせるかもしれない。さらに別の場合には，精神力動モデルを優先して使うかもしれない。

クライエントとの取り組みにおいて，効果的に活用できる技術は広範囲にわたり，その活用の柔軟性が示唆されている。支持，情緒的換気，探求という技術はほとんどの状況下である程度使われている。また，直面化，解釈，宿題，ロールプレイング，リハーサルという技術を選択して使うことがある。

援助者－クライエント関係の特異性の活用

援助者－クライエント関係は，実践家が援助を提供するための媒体であり（Perlman, 1957），したがって援助者にとって開始時から肯定的な同盟関係においてクライエントに積極的に関わることが重要である。援助者は，クライエントの援助の専門的知識を持つ慈悲深い権威者として，もしくはクライエントを合同問題解決活動に取りこむコラボレーターとして，自分自身を活用する傾向がある。関係性は多くの場合，期待感を注ぎ込み，動機づける上できわめて重要である。

短期型援助は，援助者とクライエントの間の相互作用の感情転移の側面よりも，より現実的な側面を強調する。共感，思いやり，誠実さ，受容，傾聴，安全を確保した環境の提供は，援助者－クライエント関係を築き，維持するために使われる重

要な構成要素である。どの形態の多様性をも尊重し、クライエントの背景や人生経験を理解することに純粋に関心を持つことは、クライエントが理解され、価値を認められたと感じるために重要である。

援助者は、打ちひしがれ、自分の最良の利益のために活動できなくなっているクライエントのために、直接クライエントとともに、ないしはクライエントの代理として、クライエントの補助自我として機能する。つまり、サポートと励ましを提供すること、問題解決を促進すること、クライエントを教育すること、役割モデルを示すこと、クライエントが他の資源を手に入れ使うように援助すること、クライエントの環境に介入すること、クライエントを擁護すること、そして、クライエントの不適応な人格パターンや他者と関わる方法を修正する援助などである。

援助者は、両者がともに行っている取り組みにおいてクライエントの投入分を顕在化させることによってその関係の質を点検する。肯定的な関係を保持することが重要であるため、援助者の介入に対する否定的な反応について探査し、対処する。しばしば援助者もしくはクライエント、または両者の相互作用に見られるある特徴が、肯定的な取り組み関係を築き維持することを困難にすることもある。たとえば、疑い深いクライエントや権威的人物に対して数多くの否定的な経験を持つ人は、援助者を信じることが難しいかもしれない。また、クライエントの文化的背景や、人と関わる方法に敏感でない援助者は、クライエントと疎遠になるかもしれない。援助者の責任はこれらの困難を認識し、それらに打ち勝ち、乗り越えようと努力することである。

クライエントのストレングスと能力を強調すること

ISTTには、ストレングスの視点が組み込まれている（Weick, Rapp, Sullivan, & Kisthardt, 1989）。援助者にとって、調査すること、確認すること、そして時機を逸することなくクライエントが問題を解決できるように、クライエントのストレングスと能力を使って取り組むことが、特に重要である。クライエントが深刻な人格や環境の問題に悩んでいるとき、常にストレングスの視点を保持することは容易ではない。しかし、少なくともクライエントが援助を求めているという事実自体が、つくり上げるべき一つのストレングスなのである。長きにわたり深刻な問題を持つクライエントでも、居心地の悪さを軽減しようと駆り立てられることがある。さらに、自我機能が広範囲にわたって損なわれている人でも、生得の機能している側面を示すことがある。たとえば、思春期の少年は衝動を制御する力は弱いかもしれな

いが，自分の行動の結果については理解力を示すかもしれない。援助者は，少年が自分の行動が引き起こす可能性に焦点を当てさせ，自分の行動を制御できるよう援助するだろう。

協働，連携，権利擁護

援助者は，介入過程のなかでクライエントのストレングスと能力を引き出すだけでなく，外的資源も活用する。援助者はまた，クライエントを支える資源となりうる他者に接触し，巻き込むことが多々ある。たとえば家族，仲間，受給資格のあるプログラム，セルフヘルプグループ，そして地域の援助機関やサービスなどである。クライエントを極めて重要な資源やサポートシステムに結びつける上で，異なる職種間，および同職種間の協働やクライエントの社会的ネットワークのなかの人たちと取り組むことがしばしば必要となる。ある場合には，クライエントは，必要とするものを得られるよう擁護を求めることもある。協働，連携，権利擁護は，援助者がレパートリーの一部としなければならない特有の技術である。

援助の限界の容認

短期型援助には，クライエントが短期間で一定の範囲の変化を起こしたり，差し迫った問題をある程度解決できるなどの利点がある。また，介入過程が短い特性から，援助者とクライエント双方にとってはいくつかの限界がある。

問題のすべてが軽減されるわけではないので，援助者とクライエントが目標を分割する考え方を容認することや，最も変化させやすいものに焦点を合わせることは重要なことである。しかし，これは，クライエントの問題が複雑で，固着した人格パターン，環境上の欠乏や窮迫があれば難しくなる。そのような場合，援助者は，自分がクライエントを充分に援助できなかったと感じるだろうし，クライエントの問題が再燃するのではないかと懸念し，さらに援助を続ければもっと何かできただろうにと考えるかもしれない。援助者よりもクライエントのほうが，短期型援助の結果に満足する傾向があるとの指摘がある（Mayer and Timms, 1970）。援助者とクライエントの両者が達成できたことを認識し，評価するとともに，小さな成果がより大きな成長につながること，援助が終わったあともその効果は続くということ，クライエントはその後再び援助を求めることができることを，改めて確認しておくことも重要である。

このアプローチの短期型の本質は，自律性と熟達度を高めるが，援助過程が開

始から終結まで特定の期間内に設定されているため,別離と喪失の問題が潜んでいるという限界がある。援助者もクライエントも双方が,お互いにとって関係の持つ意味,別離過程のなかで沸き起こる感情,あるいは援助の有益な結果による満足や喜びを経験したいと願うからこそ,関係の延長を望むのかもしれない。人生のすべてには別離があることから,援助関係の終結があるという経験は,今までの喪失体験に再度取り組むことや,終結に関連した感情を統制する機会をクライエントや援助者に提供してくれる。

要約

本章では,ISTTの人の見方,社会的環境,問題の本質,実践状況について論じた。短期型介入の特徴,本質,有効性に関する援助者の積極的な姿勢の重要性を強調し,ISTTの重要な10の特徴の概要を紹介した。次章では,これらの原理をさらに概説し,多様なクライエントの問題と状況への適用について述べる。

第3章 The Beginning Phase : Part I
開始段階／パートⅠ

ISTT の開始段階は，5つの構成要素からなる。(1) 問題の確認，(2) 生物・心理・社会的アセスメント，(3) 関わり，(4) 介入を計画する，(5) 契約，である。実践では，これらのプロセスは同時に始まることも多く，互いに強化し合うこともある。ここではそれぞれの固有の特性について解説する。本章では，そのうち「問題の確認」と「生物・心理・社会的アセスメント」の二つの構成要素について説明する。そこでは，援助者はクライエントの主訴とその根底にある問題を顕在化させ，より包括的なアセスメントを行う

構成要素 1　問題の確認

　ISTT では「問題の確認」および「生物・心理・社会的アセスメント」は，それらが目標設定と援助計画の基盤を作るということから，介入過程の中枢をなす特性である。これらは，クライエントとの初回の接触から直ちに始まる。援助者は，初回の面接が終わるまでに，クライエントの問題と何がその問題に影響を与えたか，またその問題に取り組むためのクライエントの力量とストレングス，そしてクライエントを援助するために動員する必要のある外的資源について，初期の理解をしていることが求められる。より包括的でしかも焦点化された生物・心理・社会的アセスメントを完了するには，後の章で述べるが，一般に少なくとも1回以上の面接が必要とされる。しかし，新たな情報が入手可能になるにつれ，クライエントの状況が変化していくにつれ，アセスメントは継続した活動となることを覚えておかなければならない。

　時間に即すがゆえに，問題の確認とアセスメントの過程は一つの挑戦である。

援助者は，重要な情報を得るという行為と，クライエントのペースと関わりのスタイル，あるいはクライエントを疎外したり，混乱させたり，失ったりするリスクに応じることとのバランスを保つことが必要である。関わることのプロセスについては，第4章で取り上げて検討するが，関係性の構築とアセスメントの過程は，相互に密接に関係し，影響し合って進んでいくのを覚えておくことは重要である。加えて，援助者にとって，個人の独自性とその状況について良識のある好奇心を持つことも役に立つ。

　迅速な評価には，主訴に影響を及ぼしているクライエントの生活の主要な領域とその背景を，援助者が積極的に探究することが必要である。

　援助者は，形式的な質問に固執せず，それぞれの特徴と状況を心にとめて，クライエントが提示することに柔軟に対応する。たとえば最近ホームレスになったクライエントには，援助者は，ホームレス状態にある周囲の環境だけではなく，クライエントの健康状態，教育や職業上の技能，家族や対人的なサポートなど，このようなケースにおいて通常重要な領域についても尋ねるだろう。もし，クライエントが援助者の質問に対して懐疑的であれば，クライエントとの関係をさらに構築できるまでは，援助者はその反応を認め，微妙な話題に触れないように制限すべきである。しかし，援助者は別の状況下でクライエントが自殺をほのめかした場合は，その考えの本質や重大さについて，他の問題を尋ねるより優先して，精査すべきである。

　クライエントの評価を実施するために，援助者は，クライエントの状況に相関した五つの側面に焦点を当てる。(1) クライエントが援助を求めてきた理由となっている主訴，(2) 主訴と関連した根底にある，または付加的な問題の程度，(3) クライエントの解決できない問題，またはその問題に寄与する過去や最近の生物・心理・社会的状況の要因，(4) クライエントの問題に取り組む動機や援助プロセスへの期待，(5) クライエントの内的力量やストレングス，援助に動員しうる外部資源，などである。

主訴の理解

　援助者は，(1) から (4) について積極的に質問し，引き出す。(1) クライエントが援助を求めてきた問題の描写，生活歴や背景，その意図と成り行き，(2) 援助を求めたクライエントの感情や考え方，特にクライエントが自発的に求めたかどうか，(3) クライエントの問題解決の努力，(4) クライエントが問題の原因や可能

な解決を考慮する能力。

問題の探求

　援助者は，クライエントの問題に対する視点やその感情，成り行きや意味するところ，生活歴やその背景を積極的に探求する立場をとる。クライエントの問題についての感情，現状をどのように認知しているかなど，援助者はその全体像を得るように可能な限り努力すべきである。クライエントの主な関心ごとは一般的には，初期の問題がなんであっても居心地の悪さの原因となっているものすべてを軽減することにあるので，たとえどのようなことがあってもクライエントの過去を性急に調べることはせず，クライエントのもともとの関心事の「今・ここに」とどまることが重要である。

　問題を探求する方向づけや焦点化のために，問いかけのスキルを向上させることは，援助者にとって役に立つ。よくあることだが，経験の浅い援助者は，クライエントの話すままに任せてしまうので，探求を深め，広げる仕方を知らない。プロセスにそって話を進める方法は，クライエントの言ったことを援助者が言い換えることとクライエントが話し続けられるように励ましの策を練ることである。ときに援助者にとって，「そのことについてもっと話してもらえますか？」「その経験は，あなたにとってどのようなものでしたか？」などのオープンクエスチョンを使うことは有効である。援助者は，その反応に対するコメントやその領域を認識し，工夫や取り組むことの必要性を知る。たとえば，クライエントがあることを大丈夫だと言うならば，援助者は，「何が大丈夫なのですか？」と探求する。また，たとえば，クライエントが「腹が立つ」といったなら，援助者は次のような，一連の質問をするとよい。「どの状況に腹を立てていますか？」「誰か特定の人に腹が立つのですか？」「あなたは怒りをどのように表しますか？」「あなたはどのように怒りを克服するのですか？」など。もし，クライエントがこれらの質問に戸惑い，返答が難しい様子であれば，援助者はクライエントの反応を認め，それを理解すること。また，クライエントになぜ，特定の領域を探求するのが重要であるかを教育すること。そして，何がクライエントを話しやすくするかについては，クライエントから得た情報に基づき決定すること。

　クライエントが質問に答えるとき，援助者は，クライエントの表情やボディランゲージ，声の調子，視線の合わせ方や態度など，クライエントから発せられる非言語的な手がかりに注目する。このようなクライエントが見せる特徴は，クライエントがそのとき経験している重要な感情を示していると思われる。援助者が，人々

は顕在的なレベルと潜在的なレベルの双方でコミュニケーションをとっていると認識することもまた役に立つ。また，クライエントの主張を額面通りに受け取ることは一般的にはよき原則であるが，クライエントが明らかに述べたことと，クライエントが実際に考え，感じたこととには，矛盾があるだろう。たとえば，クライエントが誰の助けもいらないと言語的に言ったとしても，本当の気持ちとしては，他の人を信頼できないとか，失望させられると思っているのかもしれない。援助者にとって，クライエントをより徹底して理解できるまでは，開始段階でクライエントの潜在的なレベルでのコミュニケーションを理解することは難しい。

　クライエントが問題を説明するとき，援助者は，クライエントに対して，クライエントの抱える困難の意味，成り行き，可能な要因について，クライエントによく考え，思うように求める。ホリス（Hollis, 1964）は，「今－ここ」で起こっていることに関連しているという理由で，このことを「状況のなかの人」の反映と呼んだ。クライエントは自分自身について考える能力はそれぞれ異なることから，慎重に，非審判的な形で，反映的質問をすることは非常に重要である。たとえば，過去に何度も職を失っていて，現在雇用主の不公平な扱いに不平を言っている男性クライエントに対して援助者が，「人々の間に問題があるときは，しばしば，両者で一つの役割を果たしています。たとえ，あなたの上司がかなり難しい人であっても，あなたもその問題に少しは寄与しているかもしれないと考えてみたことはありますか？」と言うかもしれない。同様に，援助者のところにやってきて，子どもが言うことを聞かないと不満を述べ，きまって子どもたちに怒鳴ってしまうと訴える女性クライエントの場合，援助者は「子どもたちがあなたの言うことを聞かないとき，あなたは腹が立つのですね。あなたは，なぜそうなるのかについて考えたことはありますか？」とコメントする。

　クライエントの最近の状況に関連する情報のすべてを把握したあと，援助者は，主訴の背景と，それに関係する課題について探求することに着手する。これをするには，援助者にとって再度，明確で具体的な一連の質問をすることが役に立つ。たとえば，男性のクライエントが，離婚後の苦しさに悩み援助を求めてきたならば，援助者はその混乱の質と期間についてだけではなく，離婚に導いた出来事，彼の生活にどのように影響したのか，そして結婚生活はどのようなものだったのかを尋ねるだろう。加えて，援助者は，過去と最近の出来事とに類似性があるか，または最近の別居が，初期の出来事と関連した感情を刺激したかどうかを見るために，過去の喪失と別離の影響と結果について，またどう対処してきたかについて尋ねるか

もしれない。この探求はまた，特にクライエントの成育歴の中で，両親の別居や離婚，または死について知るために，援助者がクライエントの両親の結婚について尋ねることにつながる。このような方法で，援助者は，クライエントの主訴が以前の経験とどうつながっているかを理解するようになる。

　主訴とその背景についての一連の質問に基づき，援助者は，問題の所在についての第一印象を作り上げる。クライエントの主訴が，社会環境の条件や影響性について，あるいは必要な資源の不足についてどの程度示しているかを考えることは援助者にとって有益である。たとえば，ライフイベント，役割，発達段階の課題／対人関係／遺伝的，体質的，健康的な要素／人格特徴，関係性のパターン，脆弱性（Goldstein, 1995a）である。

援助を求めることの感情と理由

　援助者は，クライエントが援助を求めてきたことの感情とその反応について常に探求することは，重要であり，この件についての感情そのものが，介入過程におけるクライエントの関与に影響を与える。クライエントの多くは，他者に助けを求め，相談することに希望を抱くこともあるが，またおびえたり，困惑したり，恥ずかしいと思ったり，憤慨する人もいる。援助者はまた，この特定の時期にクライエントが援助を求めてきたことの的確さを理解する必要がある。援助者はどのような危機をクライエントが経験してきたかを知ることは重要である。たとえば，トラウマ的出来事，役割の変化，人生の転換期／悪化したり，あるいは新たな結果が生じた進行性の，もしくは慢性的な問題／過去の問題の再燃／クライエントの苦悩のより強い感覚が引き金になったり，援助を求める決断となった記念日や誕生日，または出来事に直面することなどである。

　クライエントは，自らの意志決定で援助を求めたかどうかによって違いが生じる。あるクライエントは，援助が必要であることの決断をしたという意味で自発的であるといえる／他のクライエントは，当初から誰かの助言で来る／従わなければ深刻な結果に直面することになるので，何らかの介入を受けいれるよう指示されてくるクライエントの場合もある。他の人が気にかけるほどの深刻な問題なので援助を受けるよう指示されても，クライエントが自身の問題について無関心を装うことや，援助者が関わることに対して憤りを示すかもしれない，あるいは援助過程においてクライエントが関与した結果について疑いや恐怖を抱くこともあるだろう。このように紹介されてきたクライエントは，クライエント自身とその状況についてきわめて重要な情報を持っている。援助者は，クライエントと会う前に紹介先と連絡

をとっているかもしれないが，クライエントの承諾を得たあとで，紹介先と接触を持つこともできる。ときに，紹介されたクライエントと紹介先の機関とには，問題の視点に食い違いがある。これらの食い違いの理由は常に探求されるべきであろう。ある場合には，紹介された個人または機関は，クライエントの正確な像を把握していないかもしれない。また一番の関心事に働きかけていないかもしれない。したがって，クライエントは自分の問題の深刻さや本質について理解や認識をしていないかもしれない。

問題解決へのクライエントの試み

援助者は，クライエントの問題対処方法に関する情報を引き出すよう試みる。たとえば，ある人は絶えず解決を見つけようとする，また，ある人は問題を無視し，過小評価し，まるで問題が解けて消えていくかのような希望的観測を持つ。ある人は，取り組みに際して，強いストレスの環境下にありながら豊富な資源を持ち，創造性を豊かに持っている。またときには，極度の疲労から，利用できる資源について知識が不足していたり，すでにあきらめてしまっている人もいる。これらのクライエントの機能側面について援助者が得た情報は，クライエントの問題への対処能力の重要な指標となる。

クライエントの自己内省力

クライエントが，問題やそれを軽減するための一連の行動をとる自分の役割について，どの程度同定できるかの評価は，クライエントのもう一つの重要な特性である。自分の問題にしろ，必要なサポートや資源につながるための援助を求めることにしろ，より効果的に取り組むことにしろ，決して責任をとろうとしないクライエントがいる。しかし，クライエントが自己の問題に貢献していると考えられる場合には，その役割をクライエントが自覚することで，問題解決をもたらすための責任を十分果たすことができるかもしれない。問題解決に役立つとの実感がある場合，そのクライエントの行動をサポートすることができる。対照的に，クライエントが生活を管理できていないと思うときや他者がその問題を非難している場合には，援助者は，クライエント自身が状況を変化させる力を実感できるような援助に焦点化する必要があるだろう。

付加的ないしは潜在的問題を確定すること

主訴は，最近のできごとによるものや周囲の状況変化に影響を受けているもの，または資源の不足，サービスの所在地やつなげることの困難さが関係している。そ

のため，単にサービスの利用のし難さの問題であるかもしれない。これらの場合，問題は通常変化しやすく，介入はより単刀直入で，実施しやすい。

　しかし，クライエントの問題には種々の側面があり，ときにクライエントに影響を及ぼす人格に根深く関係する症状や困難性，対人関係，または環境の問題に関連している。さらに，クライエントは多重の問題を体験している。関連する，潜在的で付加的な困難性が存在しているという事実自体は，必ずしもISTTの介入の焦点とはならない。このことは，これらの問題が主訴の原因となっている程度，または長引かせている程度について，したがって取り組む必要があるのかについて，援助者が確定しなければならないことを意味している。

　以下に，同じような経済的不安を抱えた三事例を示す。しかし，それぞれの事例の詳細なアセスメントは，彼らの問題に影響を与える要因に大きな違いがあり，かつ異なる介入戦略がとられた。

ロビンソン・ケース

　ロビンソン夫人は，35歳で二人の学童期の子どもを持ち，別居中である。心配事が増え，仕事がはかどらず，労働組合の相談援助者に紹介されてきた。その労働組合では8回の無償のカウンセリング面接を従業員に提供している。初回面接で，ロビンソン夫人は深刻な経済的問題で苦しんでいることを話した。ロビンソン夫人の経済的問題は半年前に，これまで家計を管理していた夫が家庭を離れ，金銭的援助をしなくなって間もなく始まったことを援助者は理解した。見合った使い方をしていれば，今の収入で生活するには十分であったが，ロビンソン夫人は別居する以前と同様の生活を続けていた。彼女は，一人暮らしをしたことがなく，ほとんど金銭管理もしたことがなかった。彼女のクレジットカードの返済金額は増え，もはや彼女は月々の最低限の返済さえできなくなった。結果として，債権者から脅迫電話を受けており，家賃も滞納していた。

　調査した結果，ロビンソン夫人は週末に副業を行おうとしたが，子どもを預かってくれる人がいなかったことが明らかになった。彼女の友人が感情面ではサポートしてくれたが，子どもの手伝いや経済的なことを助けてくれる人はいなかったと報告した。加えて，彼女の母親は一年前に亡くなり，女きょうだいは困難な離婚調停中である。彼女は幼いときに父親を亡くし，母親が遺族年金とパートの仕事で家庭を支えたことを援助者は理解した。ロビンソン夫人は，自分も母親と同じような生活の仕方をしなければならないと思っていた。

ロビンソン夫人は，夫との別居や母親の死を受けて対処困難な時期はあったが，主にひどい経済状況に囚われていたと援助者に話した。彼女は，父親を失った子どもたちの反応についても心配していたが，子どもたちの感情に向き合うエネルギーがなかった。彼女は，その問題は自然と整理され，子どもたちは父親と離れて暮らすことに慣れるだろうと願い続けていた。

ケース検討

ロビンソン夫人の主訴のすべての側面を精査した結果，母親と夫を失ったことへの反応，お金を扱う経験の不足，子どもたちについての心配，時間とエネルギーの過剰な要求などの多様な課題が，彼女の家計を効果的に管理する能力に影響を与えていたことが明らかになった。ロビンソン夫人にとって夫との別れは，昔の父親を失ったときと同じような感情を思い出させたと援助者は推測した。にもかかわらず援助者は，クライエントの経済的問題は，他の問題に着手する前の最優先事項であると結論づけた。結果として，援助者は8回の面接を使って，債権者と家主への返済計画を実施し，資金の配分の最適な方法を学習してもらい，出費を減らす方法を見つけることで，ロビンソン夫人に家計を管理してもらう援助をした。

サイモン・ケース

サイモン夫人は45歳，未亡人で，7年間の禁酒でアルコール依存症から回復した。彼女は10回の面接を提供している地域の家族援助機関に援助を求めた。彼女は鬱的で不安な様子で，財産を管理することができず，多額の借金があることについて援助者に話した。サイモン夫人は債務者グループミーティング（Debtor's Anonymous）に何回か参加したが，最善の努力をしたにもかかわらず，実際に必要でもない洋服を衝動的に購入し続けていたことに彼女自身は気づいていた。

サイモン夫人の浪費は長年の問題であり，定期的に深刻な借金は積み上がり，そのたびに僅かな遺産から返済していることを援助者は確かめた。この財産がすべてであったが，使い果たした。彼女はいつも姉妹や友人からお金を借りていた。サイモン夫人は，アルコールのときと同じように，お金で同じことをしているのではないかと思った。

サイモン夫人の生活の他の側面について検討するなかで，気まぐれで，お金も愛情も与えない無責任な男性と，何年かつき合っていたと話した。彼女は失望し，無視され，認められていないとしばしば感じていた。彼女が洋服を買うのは，彼女がひどく酒を飲んでい

たときと同様，居心地の悪い感情に対処するためではないかと援助者は思い始めた。

サイモン夫人に関連する過去の出来事を調べるなかで，彼女が厳しく，信心深い労働者階級の家庭に育ち，物的財産は乏しく軽んじられていたこと，情動的な欲求は無視されていたことが明らかになった。彼女は，自分と同じようなつつましい収入の家庭にもかかわらず，よりたくさんの洋服や宝石を持っていて，注目を受け，両親と親密である家庭の女の子をうらやんでいた。サイモン夫人は高校を卒業したとき家を出て，それから結婚するまでの間，自分で生計を立てていた。夫は10年間の結婚生活後，突然亡くなった。彼女の飲酒がエスカレートしたのは，そのときだった。

ケース検討

サイモン夫人の主訴は浪費に関連する抑うつと不安であったが，なぜ債務者グループミーティングによる金銭管理のアプローチを使っても，彼女の浪費を抑えることが難しいかを援助者は理解していた。洋服を買わないことは，彼女にとってとてもみじめな思いとなり，さらにその感情をあおるのである。援助者は，彼女の経験が彼女の原家族のそれに似通っていると認識した。つまり，サイモン夫人は，情動的ニーズが満たされない関係にあり，問題のある対象関係の歴史を示した。援助者は，サイモン夫人にとって洋服が愛や感情の代用品であり，過度の浪費が彼女自身の感情の欠乏を埋め合わせるための行為と，混乱した感情に対処することを意味しているのかもしれないと考えた。

援助者は，この時点でのサイモン夫人に対する最も有効な援助方法は，貧しかった幼少期の感情を引き出す試みや深い探求はせず，現時点での洋服を買う目的を明確にし，自我機能を高めることであり，彼女のニーズや，ボーイフレンド，他者とのふれあいのなかで，いつ，どのように欲求不満になるのかに焦点を当て，彼女自身が心地よくなるような他の選択肢やより適切な対処方法を見つけることであると結論づけた。

ホフマン・ケース

ホフマン氏は52歳で，慢性精神疾患を持つ人たちのための地域生活援助施設の住人である。彼は，月ごとの社会保障の障害手当（social security disability checks）を管理できないために，施設配属の女性援助者に紹介された。ホフマン氏は手当が支給されると，買い物をして料理をするよりも，すべての食事をレストランで済ませ，文化イベントに参加していたこと，そして10日後にはお金を使い果たし，次の手当の前に追加の生活資金を要求していたことを援助者は理解した。

ホフマン氏は，限られた収入で生活することになじめず，自分は施設のなかで他の入所者より教養があり，文化的で，洗練されていると思っていると援助者に説明した。さらに，自分はよい食事や上等なレストランに慣れていて，自分で食事の準備をすることなどは軽蔑するとつけ加えた。援助者は，ホフマン氏がだらしない服装で，いつも同じ服を着ていたことに気づいた。また，彼がほとんどの時間を一人で過ごしていること，彼を好んでいるとは思えない入所者や職員をひどくけなし，あら捜しをしていることに援助者は確証した。

ホフマン氏がいやいやながら生活歴について語ったことによると，彼はユダヤ人の移民で一人っ子であり，ニューヨークの行政区の小さなアパートの孤立した環境のなかで育った。彼は，高校を中退してから，一度も仕事に就いていない。そして，両親と暮らし，めったにアパートから出ることもなかった。彼は，本を読んだりテレビを見たりして時間を過ごし，母親が彼の食事を作り，洋服を洗濯し，彼の部屋の掃除をした。父親が10年前に亡くなったあともこの状態は続き，そして，母親が一年前にこの世を去ったときにこの状態は終わった。家賃は支払われておらず，近所の人たちからのアパートの臭いに苦情が出たので，家主は成人保護サービスに電話をした。

援助者はこのホフマン氏の生活史から，彼の日常生活技術について質問をしたところ，その技術がほとんどないことを知った。彼は，めったにシャワーを浴びなかったし，その予定もなく，洗濯はめったにせず，お湯の沸かし方も知らず，一人で料理することもできず，小切手を切ったこともなかった。しかし，ホフマン氏は，これらの事柄に無関心であり，援助者は，彼の得意げな話し方と実際の生活様式の違いに衝撃を受けた。援助者は，彼が高慢な態度をとることによって，自信喪失した気持ちや傷つきやすさ，恐怖から自分を守っていると推測した。ホフマン氏の経済的な困難は，大きな問題群の一部に過ぎないということが明らかになった。そのなかには彼の生活技術の欠如だけでなく大げさな見せかけという手段を使って彼の壊れやすい自尊心を守る必要性などが含まれている。

ケース検討

ホフマン氏が潜在的な不安定さを持ちながらも，家計管理や日常生活技術の向上のためには具体的な援助を受けるニーズがあるにも関わらず，相談機関が提供する介入そのものを受けいれることや衛生，栄養，買い物，料理，金銭管理の講座などの活動に参加することを嫌がる理由を述べる準備ができていないと援助者は理解した。ホフマン氏が女性援助者を能力のある優しい親のイメージに結びつけたので，援助者はホフマン氏との関係形成に努めた。援助者は，彼が家計を脅かさずに，何か楽しめる方法を見つけ出すことと，彼

の知性を利用して，自尊心と日常生活技術を高める活動を見つけ出すことを目的に面接の機会を提供した。

　これら三つの事例はまさに短期型援助であるが，クライエントの主訴に関連するすべての要因について確定することが重要である。正確なアセスメントは，より適切な個別介入につながる。

　主訴に関連する付加的問題や潜在的問題を確証するために，援助者は，多様な方策を実行する。たとえば，クライエントの機能不全の行動が，自己感覚や他者との関係を保つために重要な働きをすることから，特定の行動がそのクライエントにとってどんな目的や意味があるのかを援助者は考える必要がある。もう一つ別の方向からの精査として，クライエントがかつて似たような問題や感情を経験したかどうか調べてみることがある。援助者は，クライエントに「かつてこのようなことが起こったことがありますか？」「今までこんな風に感じたことはありますか？」「この経験はあなたに何かを思い出させますか？」などと聞くかもしれない。また，クライエントに最近の問題に影響している，もしくは関連している問題が他にあるかを尋ねるかもしれない。これらの質問は，主訴が，困難の独立した現れなのか，困難のパターンの現れなのかを援助者が見きわめる助けとなる。

　クライエントは潜在的な，もしくは付加的な要因に気づいていなかったり，関連づけていなかったり，明らかにしたがらない場合もある。あるいはクライエントがそんなふうに考えていなかったり，援助者を信用していなかったり，恥だと感じていたら，問題に光が当たってしまうような情報をすすんで提供しようとはしないだろう。援助者は，クライエントが考えていることや重要なデータの報告を刺激するように組み立てられた質問をすることが必要であろう。援助者は，探求をさらに続けるために人間行動や発達過程，社会環境の影響に関する知識を用いる。

　以下の事例では，援助者が，クライエントの主訴の潜在的要因を構成する重要な情報をどのように顕在化させたのかを説明するものである。

メイ・ケース

　メイ夫人は48歳，既婚，二人の思春期の子どもがいて，職業婦人として働いている。彼女はマイクという8年にも渡って不倫関係にある男性を追い求め，夫と別れるかどうかについて非常に葛藤し相談に訪れた。マイクは，妻との関係は幸せではなかったが，これ

までの状況に満足していたので，彼はメイ夫人に離婚を勧めなかった。

　メイ夫人は，夫は優しく家族をよく養ってくれる人ではあるが，18年前に結婚してから彼はうつ状態が続き，愛情を注いでくれなかったと説明した。彼女はマイクを恋しく思い，彼がいかにわくわくさせてくれ，魅力的であるかを説明した。彼女は夫と別れてマイクと結婚する思いに夢中になり，そしてその方法を熱心に考えることに相当な時間と労力を費やした。彼女は，自分と一緒にいないとき，マイクが同僚の女性と浮気をしたり，たくさんの女友達に会ったり，家にいるよりもバー巡りをし続けることに動揺していた。彼女は，自分が夫の元を離れたとしても，マイクが妻の元へ戻ったり，誰か他の人を見つけたりするかもしれないということに悩みながらも，彼をあきらめることができなかった。

　メイ夫人は，ときが過ぎてもマイクが妻の元から離れないため，ますます意気消沈した。彼女は，マイクに何らかの行動を起こして欲しいと言ったが，彼もまた，自分のために離れるのではなく，メイ夫人が本当に結婚生活を終らせたいと思うなら，夫から去るか，夫の元にとどまるのかどちらかに決めてほしいと言った。こうして手詰り状態が続いた。メイ夫人のジレンマや脅迫観念，麻痺した感覚を探究しても，彼女が途方にくれている理由について洞察を深めることにはならなかった。援助者は，メイ夫人と二つの事実を共有した。一つは，過去がしばしば現在に影響を与えるという事実，もう一つはジレンマに影響を与えている別の要因について解明するために，彼女にいくつかの質問を用意しているという事実である。

　援助者はまずメイ夫人に尋ねた。近づくことのできない人へのあこがれの思いは，幼少期に経験した何かを思いださせることになったのかどうか。メイ夫人は，この質問に答えることはできなかった。そこで援助者は，人々は原家族での重要な経験を，現在の家族との関係に再生する傾向にあるという知識を引き合いに出した。援助者は，メイ夫人の両親や互いの関係について尋ねた。

　援助者は，メイ夫人にとって現在の状況は初めてのことではなく，彼女はこれまでずっと，一方でうつ状態のパートナーとともに過ごしながら，理想的で，刺激を与えてくれるような人と一緒に過ごしたいと想い焦がれていた事実を知った。メイ夫人の父親は，魅力的で刺激的で優しく，仕事で成功をおさめた人であり，彼女と仲がよかった。にもかかわらず，父親がメイ夫人の女友達に関心を向けているときは，遠い存在に感じていたという。思春期になってからも，彼女は父親とより多くの時間を一緒に過ごすことを望み，父親が彼女を特別に思ってくれることを願った。彼女は友達と比べて自分のことを魅力的ではなく，興味を向けてもらえないと感じていた。メイ夫人は，母親については，批判的で，冷淡で，うつ状態であったと表現し，彼女にとって近しい存在に感じていなかった。クライ

エントが17歳のときに，父親が心臓発作で突然亡くなった。彼女は見捨てられたように感じ，母親にすべてを任せて家を離れた。この喪失のトラウマは，父親に対する満たされなかったニーズと母親から感情的に分離した憤りであった。

マイクが彼女の愛した父親に似ているのかどうかについてメイ夫人に質問したところ，マイクは特にハンサムではなかったが，最初は魅力的で，新入社員だったころに彼から指導を受けたとき，彼女の目には強い人と映り，そしてで彼女は彼といると安心だったと話した。対照的にうつ状態である夫は弱々しく見え，彼女の母親を思い出させるものだった。

ケース検討

もし，クライエントの現在の問題や潜在的な問題が介入の焦点になると援助者が判断するならば，過去の経験と現在の問題の間にはしばしばなんらかのつながりがあることを，そしてこれらの課題に対処することが，現在の問題を解決するために本質的なものであることを，クライエントに教育する必要がある。

メイ夫人の場合，彼女が非常に行き詰ったように感じた理由として想定できるものは，彼女の現在の問題が実際に起こったものであっても，幼少期の両親との体験，特に父親との関係や彼の死による衝撃に影響を受けていること，また，それらの幼児期の関係性について話し合う必要があることを援助者は彼女に提案した。メイ夫人がそれをすることで何か違いが生まれるのかと尋ねたので，援助者は，現在の困難性を軽減するために，過去からの未解決の課題を理解し，対処することが大切であるといった。

クライエントが助けを求める問題は，しばしば精神的兆候に関連した症状であるといえる。すなわち，不安や自殺企図，集中力の問題，侵入思考，強迫的行動，身体化，飲酒・浪費・摂食に関するコントロールの問題である。同じように，クライエントの主訴が，深刻な問題の指標となる場合もある。たとえば良心の呵責から恥じること，恐れ，開示したくないもの，たとえば物質依存，家庭内暴力，または性的虐待がある。クライエントの真の問題性を査定するためには，援助者はDSM-IV分類（APA, 1994）の範囲を含む，多様で主要な障害症候学を理解し，これらの複雑な症候群を明示できるよう，精通しておくことが重要である。正確なアセスメントに基づくことで，援助者は援助の方向を決定し，クライエントが必要とする援助を提供しやすくなる。

ニコルズ・ケース ....

　ニコルズ氏は 28 歳，銀行出納係で，出勤回数の問題，遅刻，憂うつ，同僚の問題を抱えていて，会社の従業員援助プログラムの担当ソーシャルワーカーに紹介されてきた。話をしたところ，彼はこれらの問題について認め，直ちに改善するつもりであるとつけ加えた。彼は面接を歓待しているように見えたが，問題を抱えている理由の説明や，職場の外での自分の生活についての話は曖昧であった。

　しばしば銀行員たちは，仕事を危険にさらすかもしれない情報を開示することを恐れていることを援助者は知っており，ニコルズ氏がそれを心配しているのかを尋ねてみた。彼は最初にその可能性を否定し，生活をコントロールできていると感じていると言った。ニコルズ氏の行動からは，アルコールか薬物の問題が考えられたが，微妙な話題への直面化は避けたかったので，援助者は「私が言おうとしていることは，あなたには当てはまらないかもしれない，でも，あなたが抱えているいくつかの問題は，多量の飲酒や薬物を使用する人に共通するものです。私たちは，多くの有能な社員たちがこのような苦境にあることに気づき，この種の問題を一緒に解決した経験がたくさんあります。私たちは，裁いたり，罰を与えたりするのではなく，援助するためにここにいます」と言った。

　ニコルズ氏は，明らかに緊張がほぐれたように見え，彼は夜眠るために，ときどき 2，3 杯のビールを飲んでいることを認めた。ニコルズ氏が援助者の反応を見るために，あるいは面目を保つために，アルコールの量を少なく答えたのだろうと気づいたが，援助者は，「あなたがそれについて話そうと思ってくれたことはとてもうれしいです。リラックスするためにアルコールを飲む機会は他にもありますか？」と聞いた。「少しだけ飲みすぎてしまうことがあるかも……」と，ニコルズ氏は躊躇しながら答えた。

構成要素 2　生物・心理・社会的アセスメント

　前述の議論では，アセスメント・プロセスの重要ないくつかの特性を示し，どのように援助者が問題を特定するまでに至るのかに重点を置いた。以下は，クライエントとその状況，および問題解決のための利用可能な内外の資源についての要点を詳しく説明する包括的なガイドラインである（82 〜 83 ページ）。

　このガイドラインは，項目を選択して用いることを意図したものである。援助者は，クライエントの生活とその状況一つひとつをすべて体系的に調べる必要はなく，形式的に完璧な生活史を得る必要もない。とはいえ，クライエントの自我機能

生物・心理・社会的アセスメント・ガイドライン

I. 人
A. 遺伝と素質の要因
B. 身体的な健康と物質依存
C. 内的能力と対処機制
　1. 衝動
　2. 自我機能
　3. 超自我機能
　4. 防衛
　5. 対象関係
　6. 自己構造
　7. ストレングス
　8. 援助を求める姿勢
　9. 動機づけ

　　a. 現実検討
　　b. 判断力
　　c. 世界と自己の現実感
　　d. 欲求、感情、衝動の統制と制御
　　e. 対象関係
　　f. 認知機能と思考過程
　　g. 自我活動の適応的退行
　　h. 防衛機能
　　i. 刺激障壁
　　j. 自律機能、可動性、運動性、記憶、知性、知覚
　　k. 支配―達成
　　l. 合成機能と統合機能
　　m. 観察自我

D. 発達段階上の課題
　1. 精神・性的段階
　2. 心理・社会的段階
　3. 分離・個体化の局面
　4. 対象関係、自己、認知の段階

E. ジェンダー、性的指向、民族と文化的背景、および他のタイプの多様性
F. 意義とスピリチュアリティ

II. 社会的環境
A. 物理的環境
　1. 住宅
　2. 近隣とコミュニティの状況
　3. 学校、病院、礼拝の場所、刑務所、社会的施設・機関

B. 家族
1. 構造と発展
   a. 歴史と構成員
   b. 家族類型（たとえば核家族、拡大家族、親族、混合、ゲイまたはレズビアン）
   c. ライフステージ
   d. 役割と仕事
   e. 内的・外的境界
2. コミュニケーションのパターンとスタイル
3. 文化的背景と文化変容の程度
4. 他者やコミュニティとの関係
5. 環境条件、ストレッサー、資源
6. ストレングスと問題解決能力
7. 援助を求める姿勢
8. 動機づけ

C. 近隣とコミュニティにおける社会的ネットワーク
1. 公的組織
2. 非公式集団
3. 対人関係
4. サービスと資源

D. 文化的文脈
1. 価値と宗教的な信条
   a. 価値と宗教的信念
   b. 慣習と育児法
   c. 帰属化
   d. 文化変容の程度
2. 慣習と育児法
3. 帰属化
4. 文化変容の程度
5. 援助を求めたり、受けたりする態度
   a. 直接的または間接的
   b. 非公然か公然
   c. 明文化された、もしくはされていない規則

E. 社会
1. 人種差別、性差別、同性愛嫌悪、高齢者差別、およびその他の差別や偏見に対する姿勢
2. 貧困者、身体的障害・精神的な障害を持つ者、子ども、高齢者、移民や、選挙権を剥奪された、あるいは抑圧された集団に対する法案と社会政策
3. 社会制度の履行

について包括的に評価することが援助者にとって常に必要となる。なぜなら問題が社会的環境のなかに存在したとしても，クライエントの能力が彼らの外的ストレッサーへの対処や，環境資源を探し利用する力に影響を及ぼすからである。問題が自我機能障害と関係があるか，ないしは原因となっているクライエントの場合，介入は，援助する上で最も関係のあるクライエントの能力を強化することに焦点が当てられる。

　上述のガイドラインの領域の多くに，クライエントが語るにつれて光が当てられ，援助者は，その語りの中からクライエントが言及したことについて選択的に探究する。援助者の問題のありかについての感じ方が発展するにつれて，問題の探求は焦点化され，深められる。ISTTにおいて自我評価を実行するには，援助者とクライエントとの相互作用を含むクライエントの現在の状況に，自我の機能がいかに示されているかについて援助者が精通していることが求められる。加えて援助者は，選択的な問いかけによって直接的に，また振る舞いや様相から間接的にクライエントに関する重要な情報を集める。

　クライエントが自分の状況についての情報を話すとき，援助者はクライエントのコミュニケーションのスタイルや振る舞い，たとえば感情統制，思考，認知過程，衝動制御，フラストレーション耐性，現実検討，判断力，支配と達成の感覚，自己概念，対象関係などに，そしてクライエントが困難の原因と可能な解決策を考慮する能力に注意を払う。具体的には，援助者は以下の事柄を評価する。クライエントが首尾一貫して論理的に話すことができるか，漠然としているか，横道にそれるか，断片的かどうか。困惑，うつ状態，不安，怒り，孤立，ひきこもった状態か。問題の取り組み方は現実的で適切か，回避的か，衝動的か，魔術的思考に巻き込まれているか。憂鬱，感情的に不安定，感情の不適切さ，感情抑制。自虐的か，おおげさか。また安定して相互に満足した関係を結ぶことができるか，または孤立しているか，回避しているか，依存しているか，他者との荒れた相互作用に巻き込まれているか。

　しかし，面接状況でのクライエントの振る舞いや態度の観察では，援助者はクライエントの能力について，別途証拠となるデータなしに早計な判断をしないよう注意しなければならない。クライエントの自我機能に関する初期の印象は，クライエントの生活歴，他者との関係，現実社会で機能する力をさらに探求するにつれて，確認されたり，修正されたりするだろう。

　援助者は，ゴールドスタイン（Goldstein, 1995a, p.211）が指摘するように，面接

のなかでクライエントの振る舞い方に影響を与える。また，援助者がどんな態度や介入をしても，かりに鈍感であっても，クライエントを刺激して，クライエントは独自の人格傾向やパターンではない方法で反応するかもしれない。クライエントもまた，援助者に対して，抑圧，差別，脅威を感じる社会の権威の象徴，代表者と見なし，反応するかもしれない。これらの理由により，援助者は，自分自身と所属する機関の双方がクライエントに影響を与えることを理解するように努めなければならない。

以下の事例は，援助者が気づかずに行ったクライエントに対する断定的な反応がもたらしたネガティブな結果を描写したものである。

マックグロー・ケース

マックグロー嬢は22歳，両親と同居している独身の事務員である。レイプ後の医療処置を受けた病院の援助者のところにやってきた。彼女は最初の面接で，近所の若者ベンと6カ月間つき合っていてあっけなく別れてしまったことを話した。数週間後，ベンは，別の町からやってきた彼のいととともに，地元のクラブに行こうと彼女を誘ってきた。彼女は一緒に行くことにした。彼らが通りを歩いているとき，ベンのいとこは面白そうな廃墟を探検してみようと提案した。いったん全員が建物に入ったとき，そのいとこは彼女にキスをしようとした。彼女は彼を突き飛ばした。彼は腹を立て，彼女が抵抗しても無視して，ベンがいる前で彼女をレイプした。その後，彼女は建物を走り出て，家に着いたとき，彼女の両親は，彼女の乱れた服装や混乱状態を見て，近くの緊急外来へ連れて行った。

援助者は，そもそもなぜ彼女がベンとそのいとこと出かけたのか，またなぜ彼女は廃墟に入ったのか，そしてその行動から起こりうる結果を考えたかどうか，矢継ぎ早にマックグロー嬢に質問し始めた。クライエントは泣き始め，困惑し，気が咎めていると言った。援助者は，彼女が感じる罪悪感は理解できると言い，なぜクライエントがそのような誤った判断をしたかを話し合うことが重要であると言った。マックグロー嬢は再訪したものの，両親を喜ばせるためにそうしているだけだと言い，コートを脱ぐことを拒否し，会話もしぶった。援助者は，マックグロー嬢の日常の機能が低下している事実を知った以外に追加情報を何も得ることができなかった。

援助者は，マックグロー嬢の反応は，レイプ事件で彼女が果たした役割の否認を暗示していると解釈した。彼女が次の面接で自殺のことを話し始めたとき，援助者はスーパーバイザーに援助を求めた。スーパーバイザーは，援助者のマックグロー嬢に対する審判的で，

少し腹を立てた態度がどのようであったかに注目し，マックグロー嬢にレイプに対する感情を表現させる機会を持ったかどうかを援助者に尋ねた。援助者は，彼女が自分の誤った判断に向き合うことを望んでいたために，感情を表現することを促すステップを省略したことを認めた。スーパーバイザーは，援助者のマックグロー嬢の苦境への共感の欠如と直面化を強いるスタイルに，マックグロー嬢が激しく反応したのではと考えた。それはマックグロー嬢が誤解されたと感じ，罪の意識を感じかねないものだった。

援助者は納得しないままに，マックグロー嬢の状態がますます悪化したため，積極的に別のアプローチを試みようとした。援助者は次のセッションの開始時に，自分が間違っていたこと，そしてマックグロー嬢にとってレイプの体験がどれくらい恐ろしいことか，元ボーイフレンドによってどれほど裏切られたと感じたかについて，詳しく尋ねていなかったことを伝えた。マックグロー嬢は驚き，椅子に深く座りなおした。援助者がレイプに対する彼女の感情に関してもっと話すように彼女を促すと，彼女はどれくらいベンを信頼していたかについて話し始めた。

援助者は，クライエントが見せる文化的背景およびライフスタイルから生じた特徴を，誤って理解することや解釈することもある。援助者が特定の人々の価値観，慣習，コミュニケーションパターン，育児法，感情に対処する方法，親密さ，金銭，性役割期待，家族の絆などを認めない場合には，クライエントの振る舞いおよび態度を病理学的に規定する危険性がある。以下に事例を示す。

アーチュロー・ケース

アーチュローさん（27歳）は二人の小さな子どもの母親である。息子の言語障害について彼女が見るからに悩んでいるのを気にかけていた教育委員会の評価委員の紹介を受けて相談にきた。アーチュローさんの夫がどのように子どもの障害に対応しているかを質問したところ，アーチュローさんは，夫に非難されることを恐れて，息子の問題の事実を夫にはまだ伝えていないと言った。彼女は夫が他の女性と恋愛関係にあることを知っており，夫が自分から遠ざかってしまうことを心配していた。

息子の事情や夫についての心配事にどのように対処してきたか援助者が尋ねたところ，アーチュローさんは非常に親密な関係にある自分の母親に話してきたと言った。母親は娘に，夫と話すときは息子の問題を最小限にしておくようにと言った。息子はどこか塾に連れて行けばいいし，夫が充分な給料を家庭に入れて，いつも家に帰ってくるのであれば，

夫の行動についてあまり心配する必要はないと言った。「男なんてそんなものよ」とつけ加えたという。母親はさらに，アーチュローさんの父親にも似たようなことがあったし，母親の兄弟も同じであったが，家族の価値を一番に優先していたので，常に妻のところにとどまっていたと打ち明けた。アーチュローさんは母親の助言によって安心したが，息子を非常に心配し，状態が改善するためなら何でもしたいと思い援助を求めて来た。援助者が夫の問題に対する彼女の感情を聞き出そうとすると，アーチュローさんは息子の問題に話題を戻した。援助者は，これがアーチュローさんの抵抗の表れであると考えた。援助者は彼女の母親や夫に依存しすぎており，従順すぎるとも考えた。

援助者はスーパーバイザーとの定例の話し合いで，アーチュローさんのアセスメントについて，そして彼女の依存性と受け身に焦点を当てた計画について共有した。スーパーバイザーは，援助者が証拠がほとんどないなかでアーチュローさんに関する仮説を立てていること／アーチュローさんの文化的背景，および貞節と夫婦関係への姿勢について十分に考慮していないこと／アーチュローさんがこのとき提起したのは夫婦の問題ではないこと／そして援助者がアーチュローさんのストレングスを認め，サポートするよりも，早急に彼女の欠点を探そうとしていると感じ，援助者の結論について心配した。

クライエントの動機づけの決定

動機づけは，特定の問題のある側面と取り組むための願望や積極的意思を含む。クライエントは，問題のどの構成要素と取り組みたいのか，またその動機づけのレベルに関してはさまざまである。しかし，クライエントの動機づけを促進することが援助者の役割であるが，4章で議論するように，援助者の姿勢および振る舞いが，介入のプロセスの重要な要素に影響することを心にとめておくことが重要である。クライエントの動機づけが低い場合，援助者はその理由を理解しようとし，クライエントの援助プロセスに関わる意欲を徐々に植えつけるか，動員するよう試みる。

クライエントの動機づけに影響を及ぼすいくつかの要因は，彼らの不安感や期待の程度，自発的または強制的な状態，これまで援助を求めた経験，援助のプロセスについての期待，問題解決のために時間，エネルギー，資源を投資することができる能力である。

不安感と期待

不安感は，無関心や断念に結びつく可能性があるため，クライエントの動機

づけは,「不安感のひと押し」および「期待の誘引」の両方によって助長される(Perlman, 1979, pp.186-87)。クライエントが,彼らの問題の結果として経験する不安感および期待の程度はかなり多様であり,その問題の本質と深刻さ,将来に対する展望と期待,クライエントの背景と経験からの影響,クライエントの自己概念と価値観の影響に左右される。クライエントには共通してみられる取り組みがある。たとえば,あまり居心地のよいということではないが,宿命論的な考え方を持っていて,人生で起こるどんなことをも受けいれたり,ときにはそれを神の意志あるいは物事の自然の秩序にゆだねたりするクライエント／苦痛を感じながら,彼らの人生に何も期待せず,できることはないと甘んじることや,または決して変わることがないと感じ,状況を改善することに無力を感じるクライエント／不安感を持ち,自分自身で問題を扱うべきであると思うこと,または他人に自分の問題を認められることを恥と思うクライエント／変化の可能性を楽観的に捉えるクライエント／耐えることができないと思われる状況,または絶望的で期待がないように見える状況であるが,苦痛の軽減の可能性を抱き,いくつかの手段をすすんで試そうとするクライエント／低い自尊心や不合理な罪の感覚に悩み,自身が価値のないものと感じるクライエント／不安感の軽減を求め,無能力であることや不適切であるという感情から,他者や状況が変化することを期待するクライエント／そして,問題自体はそれほど不快ではないが,その結果がネガティブであることから不快に思っているクライエントがいる。たとえば,薬物使用はあからさまに不幸ではないが,物質依存の人たちを対象とするリハビリテーション・プログラムに参加しない限り投獄される危険があるクライエントなどである。

このようなクライエントたちやその他の状況において,援助者は,クライエントの不安感のありかを明確にし,彼らの期待感を動員することが必要である。

自発的・強制的な状態

クライエントが自発的か自発的でないかは,動機づけに影響すると考える。自発的なクライエントは,少なくとも開始時期には何らかの変化を求めて来所するが,それがどのような形で示されても,その変化に対するアンビバレントな感情が表出されるだろう。彼らは知らないことに恐怖を,なじみのあることに安心感を,あるいは変化がもたらす結果に恐れを抱くかもしれない。さらに,状況によるが,援助者がクライエントの求める即座の軽減策を提供できないときやクライエントの言動の側面を修正する必要があるのに,その取り組むべき問題を明確にできないとき,クライエントの動機づけは低下するだろう。

自発的でないクライエントは，悲惨な結末に恐れを持ち，他者から援助を求めるように命令され，または助言された場合，開始時期にはほとんど動機づけがなく，侵害されまいと自身を守ろうとして自らの立場に固執するだろう。援助者が問題と取り組むなかで，プラスの得られるものをクライエントに明らかにすることができれば，クライエントの動機づけは強化されるかもしれない。

これまで援助を求めた経験

　クライエントの動機づけに影響を与えるもう一つの重要な要因は，援助を求めた過去の経験である。肯定的な経験は，クライエントが助けを求めようとすることにつながるが，否定的な経験は，それを求める努力を妨げることもある。ソーシャルワーカーは，クライエントの人生に対して権力を持ち，コントロールする人々と見なされることがあり，恐れられたり，不快に思われたり，敵意を抱かれたりするかもしれない。4章でさらに議論するが，援助プロセスに関する過去のクライエントの経験を援助者は理解し，取り扱うことが必要である。

援助過程への期待

　クライエントは，問題の軽減や解決，そして過程そのものに関して何を望むかによって，援助過程への期待が異なってくる。たとえば，症状の軽減の必要性，資源の利用方法，助言，情報・ガイダンス／共感的傾聴や受容／励ましと支持／問題解決，対人関係の葛藤の解決や自己理解を援助してくれる人／即座の解決策や内省過程／一方的な問題解決策の提示，または相互参加の過程を活用する権限などである。クライエントの多くは，何を期待すべきか，または，何が期待されているのかについての理解が明確ではない。援助者は，クライエントの期待を引き出し，介入過程を通して，どの方法で，また充足できるかどうかについて対処する必要がある。

援助過程への資源の投資力

　援助努力に参加することは，時間とエネルギーの消費とある程度の不便さが求められる。クライエントは，仕事や彼らの家族の責任に時間を割くことや，サービスを利用するための情動的な資源，財政的手段，あるいは社会的なサポートを持っているというわけではない。関係機関は，地理的に利用困難であったり，制限されていたり，あるいは利用時間に不便さがあるかもしれない。これらは，クライエントの動機づけに影響する現実的な要因であり，介入計画を立てる際に考慮すべきである。

内的能力と外的資源

　アセスメント過程の最終局面は，クライエントの能力，ストレングス，援助過程に適用できる外的資源についての援助者の見積もりである。ISTTでは，援助者にとって介入を促進するためにこれらの事柄を探し出すことが特に重要なことである。自我機能の重い障害のあるクライエントでさえも，忍耐，ユーモア，感受性，そして知性などの特質を持っているので，援助者はそれらを引き出すことができるだろう。たとえば，イライラすると飲酒をしてしまう物質依存の男性をアセスメントする場合，クライエントが知的で，現実検討ができ，内省力があり，読書などの活動に資源を投資できるとする援助者の観察は，感情の動揺，衝動コントロールの欠如や欲求不満に対する耐性などに取り組むよい方法をクライエントが見出す助けになる。さらに，他者から孤立し，ソーシャルサポートのないクライエントは，地域にある潜在的資源へのアクセスについて認識がないか，その方法を知らないかもしれない。引きこもりぎみで，帰宅後に一人で長い時間を過ごしている思春期の娘のことで援助を求めている一人親のケースで，援助者が，娘を助けたい母親の関心の純粋さと，家庭や学校における子どもの全体的な機能レベルの高さをアセスメントしたならば，まず環境への介入が役立つだろう。コミュニティセンターで行われている課外プログラムを見つけたり利用を援助すれば，子どもの仲間との交流促進に役立つだろう。また母親が一人親のためのサポートグループと関わるように援助すれば，孤独感の軽減に役立つだろう。

要約

　本章では，クライエントの問題について，それに影響するすべてのシステムについて，そして内外の資源について探求することの援助者の能動性と焦点化の重要さを強調してきた。問題の明確化，生物・心理・社会的アセスメントの構成要素について述べ，そして実践のためのガイドラインを提示した。

第4章 The Beginning Phase：Part II
開始段階／パートⅡ

関わり（engagement）とは，クライエントと援助者が展開する援助関係の一過程をさす。この段階は，援助者の用いるクライエントへのアプローチの仕方や相互作用の方法によって円滑になる。援助者のクライエントと関わる能力の敏感さは，クライエントが情報を共有しようとするその積極性や，問題を探求しようとするその強さに影響を与える。

ISTTの重要な側面は，この援助者の関わりの能力である。それは，クライエントを，援助を求める立場から介入過程の能動的な参加者へと移行させることである。特に，開始段階の構成要素には，介入計画と契約がある。ここでは，アセスメント過程に基づき介入の目標と焦点について援助者とクライエントが相互に決定し，協働作業の合意形成をする。

構成要素 3　関わり

ISTTでは，クライエントと関係を形成する援助者の能力は，援助過程において本質的なものとしている。援助者との関係を意味あるものと認識することで，クライエントが助言や指導を受けいれやすくなり，新しい考え方や感じ方，行動について考え，試みようとし，リスクも負い，他者との取り組みや関係の取り方を部分的に修正しようとすることもある。この関わりの過程は，援助者とクライエントが互いに接触することから始まる。

初回面接の終了時までに，援助者とクライエントの両者は，意味ある何かが起きたという関わりの始まりの感覚を経験するだろう。援助者は，クライエントの問題，クライエントは誰か，クライエントの生活はどのようなものかを把握し，クラ

イエントを援助できると考え，また，クライエントと援助者の双方が，クライエントのために，ともに苦悩に取り組もうと思うだろう。理想的には，クライエントが理解されたと感じることが必要であり，同時にクライエントの困難と取り組む効果的な策を練ることができるという望みを，クライエントと援助者が持つようになることである。

アセスメント過程で用いられた探求，明確化，内省の手順は，クライエントとの関わりをある程度促進するが，その他にも重要な技術がある。それは，援助者が表出を促し，共感を示し，適切な再保証と励ましを提供し，クライエントの感情を認識して正当化し，介入過程の情報を提供することなどである。援助者は，まさに現実的な方法でクライエントを援助したいという積極性，望み，そして能力を示す必要がある。援助者は，選定した助言や指導を提供し，具体的な援助を与え，ときにはクライエントに同行し，クライエントを擁護して，クライエントがさらに他のサービスを利用できるように援助する。これらの技術は第5章で詳述する。

よい関わりの形成には，援助者が採用する技術だけではなく，援助者の関係づくりの方法も寄与する。すなわち，援助者は，（1）雰囲気ないしは環境を形成し，（2）クライエントの立場から考え，そして（3）クライエントの動機づけに基づき，刺激し，行動化させることを試みることである。

関係を促す雰囲気づくり

関係を促す環境を創りだす援助者の活動には，三つの重要な要素がある。それは，援助者の姿勢と特徴，援助者の役割と機関の機能の明確化，そして自己決定と守秘義務の重視である。

援助者の姿勢と特徴

援助者は，積極的にクライエントに仲間入りができるように，すばやく関わるように努める。ISTTにおいて援助者は，最初からすべての介入の，すべての形態に共通する特定の姿勢と行動を用いて，積極的に，意識的に，意図的にクライエントと関わるようにする。援助者が，あたかも援助関係が時間の経過のなかで自動的に発展するかのように考え，行動するのは間違いである。むしろ，援助者はクライエントが，言わんとしていることに関心を示し，クライエントに尊重を示し，援助したいという望みを示すことが必要である。さらに，受容，誠実さ，共感，そして温かさを伝えることによって，援助者はクライエントに考えや感情を共有するように勧める。結果的に，安心感を徐々に植えつけることもでき，クライエントが理解

されたと感じさせ，クライエントが介入過程で援助者に期待を表現するように援助する。

　これらの一般的な特徴に加えて，ISTT ではクライエントと関わるために必要な四つの姿勢がある。援助者はクライエントに次のことを伝えなければならない。(1) クライエントが短期に援助を受ける，(2) 小さなものであっても変化や獲得したものが重要である，(3) すべてのクライエントは援助過程で活用できる強みを持っている，(4) 援助者は積極的に指示的な姿勢をとりながら，援助過程では援助者の方針や援助者の一方的な入力というよりも，一種の相互関係を保っている。これらの姿勢を伝える援助者の能力は，介入過程の開始段階で統制感や望みをクライエントにもたらすことになる。それは，クライエントの不安や落胆，孤独を軽減し，そして，以下の事例が示すように，積極的な参加を期待できる。

ニーベンス・ケース ....

　ニーベンス夫人は子どもを持つ母親で，生活保護を受けている。彼女は，勤務先での態度が問題で紹介されてきた。初回面接で，援助者は彼女にいろいろと尋ねた。彼女は，最低賃金で召使いのように働かされたことに対して憤慨していること，これまで稼ぎが少なかったことや職業訓練も受けることができなかったことに失望している気持ちを話した。面接の終わりに援助者は言った。「そのような低賃金で，見通しのないまま仕事に行くしかなかったことが，どんなにあなたをがっかりさせたことか……。そして，そのような感情を抑えながら働くことがどんなに難しかったことか……よく理解できました。でも，あなたの気持ちはさておき，あなたが仕事をずっとしてきたこと，あなたがさらによくしたいと望むこと，そして，あなたがこの状況で最善を尽くそうと努力してきたことは大切ですよ。この仕事はあまりにも値打ちがなかったこと，そしてあなたが望むような仕事に就くには時間がかかることも確かです。あなたがこの状況を何とか切り抜けられるように，短期間であなたとともにいろいろと考えていきましょう。そうすれば，今後に向けてよりよい状況になれると思います。今の仕事にもうしばらくとどまる手立てを見出すことができれば，あなたの職歴が一貫したものになり信頼もされるので，よりよい仕事を得ることができるでしょう」

援助者の役割と機関の機能の明確化

　ほとんどのスタッフは，援助者と所属機関がクライエントのためにできること

を，クライエントは理解しているはずだと思っている。クライエントは，援助者が何を行い，その機関でどのような援助ができるかについて知識をあまり持たず，誤った情報を得ている。関わりの最初の段階で，援助者は，自らの役割と機関の機能について，また援助の方法について，クライエントに明確にする。この明確化は，クライエントに必要な情報を提供でき，またクライエントを尊重していることを示す方法である。

援助者の役割と機能についての説明は，わかりやすくかつ具体的でなければならない。治療のために入院したクライエントに対して，援助者は次のように言うかもしれない。「あなたの担当のメアリー・リチャードです。入院されると，自分の状態や家族のこと，自分が亡くなったあとどうなってしまうのだろうなどの疑問や心配を抱いたりするものです。病院での私の仕事は，ここで起こるあなたの状況を理解することです。そこで，あなたの要望や心配・疑問についてお話を伺います。また，退院についてもご相談に乗れると思います」

ときには，クライエントが援助を求めても，機関がそのニーズに応えることのできない場合，また援助者がクライエントの援助に際して必要な専門的知識を持たない場合がある。援助者には，そのような状況のとき，適切な資源を探し出すか，クライエントに探せるように援助する責務がある。

クライエントの自己決定と守秘義務

援助を求めるとき，クライエントは援助過程についての誤った認識を持っているかもしれない。たとえば，裁判所の指示で来所したクライエントの場合，意に沿わないことを他者から求められるのを恐れているかもしれない。また，他のクライエントは，援助者に対して，自分の代わりに，一方的に問題解決をしてくれる親的役割を望むことがある。さらに，援助者に依存的になりすぎることを不安に感じるクライエントもいる。このような場合，援助者は，援助過程でクライエントの自己決定を認めることや，クライエントの持つ強さや能力を活用するように促すことが重要である。クライエントが，自分自身の関心に基づいて行動する能力に障害がある状況であっても，援助者は可能な限り，クライエントが最大限に自己決定を行えるようにする。

自己決定に関する検討は，それぞれのクライエントに合わせ，個別化して行う必要がある。援助者に依存的になることに不安を抱くようなクライエントに対して，援助者はそのクライエントの恐怖心を探り，共感しながら次のように言うかもしれない。「特に私に話してくれた内容の範囲内で，あなた自身が決めなければならな

いと自覚することが重要なのです。確認しておきたいのは、私がここにいるのは、このような事柄を指摘し、提案し、あなたにすべきことを命令するとか、代わって行うのではなく、あなたが望む、あるいは、必要とする方法で決定できるように、あなたを援助することです。最終的な決定を下すのは、あなた自身です」

　自己決定の対処の仕方のもう一つの例は、援助に強制的に来所させられたと思っている裁判所の指示で来所したクライエントの場合である。援助者は、可能な限りクライエントの選択を最大限にさせるように努め、クライエントの感情や自己決定権の制限について認識する必要がある。もしクライエントが、強制的に援助を受けることに対して怒りを示せば、援助者は次のようにコメントするだろう。「あなたがここに強制的に来させられたことに腹を立てていることは理解できます。残念ながら、あなたが援助を拒否したならば、厳しい結果を招くだろうというあなたの心配もその通りです。ですから、あなたの腹立たしい気持ちは理解できます。あなたはどのような選択もないと思うかもしれませんが、今日ここにきたという事実と、あなたが自分の状況について心配していることは理解できます。あなたの人生に起こったことに対して、援助できる方法を一緒に見つけていきましょう。あなたと私が一緒にどう時間を使うかは、あなたが選ぶことができます」

　援助者－クライエント関係における守秘義務は介入過程の基本原則であるが、今日の実践現場のすべての状況下では、必ずしも完全な守秘義務を約束することはできないし、すべきでもないという理由で複合的な考慮が必要である。たとえば、児童虐待やネグレクトを含む、クライエントに自傷他害のおそれがある多くの状況下では、守秘義務の原則に厳格に準ずる上で限界がある。さらに、いくつかの機関では、援助者がクライエントの面接参加率やクライエントの物質依存の禁断状況を監視することが必要とされる。その他の場合でも、援助者には、クライエントが子どもの親権を得たり、仮釈放となったり、司法命令による援助の終結に向けて、クライエントの機能状態について報告したり検証したりすることを期待されている。そのようななかで最も重要なことは、援助者が開始の段階で守秘義務の限界について明瞭に伝えておけば、クライエントは援助者に話す内容を吟味することができる。

クライエントの立場から考える

　援助者の「クライエントの立場から考える」という能力は、すべてのソーシャルワーク介入の重要な実践原理である。クライエントのコミュニケーションや感情状

態に寄り添うこと，クライエントの述べたことの意味合いを感じること，またクライエントを個別化することは，援助者の能力を示すものである。短期型介入では，時間的制約のために，あまりにも急ぐ傾向になることも明らかである。ISTT では，援助者の積極性，焦点化，最適な時期に介入するニーズと，クライエントの持つ関係づくりのペースやその方法を尊重するニーズとのバランスをとることが求められる。開始段階でこの原則を実行するには，援助者がクライエントの問題を引き出すだけではなく，介入過程におけるクライエントの気持ちや期待に沿うこと，そして彼らの人格や状況，背景を尊重して個別化することである。

クライエントの恐怖，望み，期待に関わること

クライエントの援助を求める感情や介入過程に対する期待は，さまざまである。クライエントの多くは，援助を求めるときや援助を必要とするとき，相手に期待を抱くかもしれないが，そのときに恐怖や困惑，恥ずかしさ，怒りを持つ人もいるかもしれない。しかし，これらの感情は援助者との関わりを妨げる可能性があるので，援助者はクライエントの感情を認識し，探求し，そして取り組む必要がある。

このような反応についてクライエントの多くは，直接話せるが，自分の考え方や感情について率直に共有したがらない人もいる。権力に対してネガティブな経験をしたクライエントは，援助者をそのイメージの代表者と見なすことがある。彼らの認識は，援助者との関わり方に影響し，その援助過程に何を期待するかに影響を及ぼすだろう。このような場合，クライエントのこれまでの経験を調査し，その受けた衝撃を認め，またクライエントのことを十分理解したとしても，クライエントが自分の視点を変えるにはまだ至っていないことを，援助者が受けいれることは重要である。援助者は，一貫してクライエントに敏感であり，クライエントが過去に経験したよりも，さらに肯定的な関係を作り，クライエントが不信や敵意を表出し続けても，挑戦・応酬することのないようにする。

バクスター・ケース ....

バクスターさん（24歳，独身）は，建設作業員であったが事故で重傷を負った。病院のリハビリテーション科で理学療法のプログラムに意欲的に取り組まず，病棟スタッフにけんか腰であったことから援助者に依頼があった。

女性援助者との面接で，援助者が彼の状況についてより知ろうとしたことでバクスターさんは腹を立て，ほっといてくれと怒鳴った。援助者は「あなたは，確かに私がここにい

ることに動揺しているけれど、私はただあなたの助けになりたいのです」と言った。バクスターさんは「あんたはここに来るやつらと同じだ。俺に興味がない。ただ質問をしたいだけで、俺が何を必要としているかになんら関心がない」と反論した。援助者が、自分も他の人たちと同じと言った彼の発言の意味を尋ねると、バクスターさんは、初めて彼が病院に来たときの医師や看護師を非難した。彼は、まるで人間ではないように扱われたと言った。採血され、真夜中に起こされ、薬も待たされ、自分のしてほしいことや気持ちについては聞いてくれなかった。援助者はバクスターさんに共感を示したが、彼はさらに非難し続けて次のように言った。「俺は前にもあんたのような援助者に会ったことがある。あいつらは俺から母親を取り上げ、俺の人生をさらに悪くしただけだった」援助者は、平静を保ちながら次のように言った。「あなたは私が言うことを信じないでしょうが、私はあなたの力になりたいし、あなたの言うことをじっくり聞きたいと思います。あなたが必要としていることを察知したいです。私にチャンスを与えてほしいし、これからの成り行きを一緒に考えていきましょう」

　冷静で、適切で、配慮された援助者の予期せぬ返答に対して、バクスターさんは驚きを見せ、静かになった。どんなことを考えていたかと尋ねると、彼は「俺はあんたを信じないが、ベッドに寝ている以外に何ができるというのだ」と言った。援助者は、ずっとベッドに横たわっていなければならないことについて、もう少し話をしてくれるように尋ねた。すると、彼は「それがどんなものか、わかるか？」と怒って叫んだ。援助者が「愚かな質問だったのでしょうけど……」と応じると、バクスターさんは「俺が考えているのは、自分の二本の足でここを抜け出すことができるかどうかだ」と答えた。

　介入過程におけるクライエントの期待や望みは、現実的なものもあれば、非現実的なものもあるだろう。特に、それらが非現実的なとき、援助者はクライエントの実際の要求と援助者のできることとを繋ぎあわせる必要がある。クライエントの期待や望みの妥当性の有無にかかわらず、クライエントの願望をまず大切にすることを通して、これらを繋ぐことができるだろう。クライエントの望みについて調査や理解がなければ、クライエントは受けいれられたとか、理解されたとは感じないので、前に進むことができず、クライエントの十分な関与を受けられないまま援助が進められるというリスクが発生することになる。

グラント・ケース ....

　グラントさんは精神科の入院患者で，現在，精神病の症状が続いているにもかかわらず，すぐにでも退院したいと訴えた。援助者はその理由を検討した結果，投薬計画に従わないのは患者が副作用のため服薬を嫌がっていることであると理解した。援助者は薬の副作用の具体的内容を探り，グラントさんが薬という異物によって身体を奪われ，彼自身から身体を切り離されていると感じて，「ボーッと」している状態であり，このことが最も不快に思っていることであると知った。援助者は，それらの経験がどんなに不快で恐ろしいことかについて共感し，薬の服用を中止し自宅に帰りたいというグラントさんの願望を認めた。援助者は，退院援助をしたいと申し出て，グラントさんに，退院のための端的な方法は，副作用に対処する方法を見つけることで，薬物療法に耐えることだとつけ加えた。しかし，グラントさんはただ単に病院から出ていくことについてだけ話しあうことを望んでいた。

　投薬計画を無理に推し進めたことは時期尚早であったことを認め，援助者は残りの面接時間を，グラントさんの病院での経験，彼の思い，退院計画について焦点をあて話した。グラントさんは，両親と一緒に暮らしたいこと，両親が彼の病状がよくなるまで自宅退院を認めてくれないことに腹を立てていることを援助者に話した。援助者は，「よくなること」の意味を探り，グラントさんが薬物治療を継続すれば，彼の行動が家族に受け入れられることに気づいた。援助者は，両親の姿勢に対するグラントさんのフラストレーションに共感し，「もう一方で，嫌な思いをするから薬を服用したくないとあなたは思っています。しかし，家には帰りたいのに，家族は，服薬しないときのあなたの振る舞い方から判断して退院を認めてくれないのですね」と，グラントさんのジレンマについて明らかにした。グラントさんはしぶしぶではあるが少なくとも薬物療法の話し合いには応じた。

　クライエントの多くは，援助者に，また援助過程に何を期待してよいのかよくわからないので，援助者は想定している援助過程そのものについてクライエントに教え，クライエントが前進する意欲を引き出そうとする。たとえば，どの援助過程にもこれまでに関わったことのないクライエントは，何をすればよいのか，援助者に何を期待したらよいのかわからないものである。そこで援助者は，「私はあなたを援助するために，あなたの抱えている問題について，それがいつから始まり，人生の中でそれが他者とあなたにどんな影響を与えたか，今まであなたがそれに対しどのように対応してきたのかについて理解する必要があります。そして，あなたの抱える困難について共に援助し，何を明確にするのかを含め，もしあるとすれば解

決する方法を取り入れます」と，説明するだろう。

　あるときは，クライエントと援助者の期待が異なることもある。この事例では，援助者は，その援助過程で必要とされる事柄の同意を得ることが，援助者とクライエントの双方で可能であるかを証明する必要がある。これを明確にするには援助者は，まずクライエントのニーズと願望に基づいてその人にとって何が一番よいことかの援助者の考えを検討し，必要ならそれを修正する。たとえば，自らの状況について指示なしで自発的に十分に話すことをクライエントに期待する援助者がいるかもしれない。そのような援助者の期待に沿うことのできない，不安そうで居心地悪そうに見えるクライエントに遭遇すると，援助者は，より積極的に質問し，クライエントの参加を促し，その結果クライエントの不安を軽減することが援助者にとって必要だろう。もし，援助者が一辺倒な態度をとるならば，クライエントは自分には得るものがないことに苦痛を感じるだろう。

　あるときは，機関や援助者が，クライエントの求めている具体的なサービスや実践モデルを提供できないこともある。その場合，一般的には，利用可能な援助を受け入れるように説得するよりはむしろ，クライエントを適切な関係機関のサービス提供者に紹介するほうが望ましい。しかし，単にそのクライエントを気に入らないとか，援助者の期待に応えられないからという理由で別の機関に紹介することは援助者にとって不適切で，しかも倫理に反することである。

クライエントを個別化すること

　クライエントと効果的に関わるために，援助者は，介入過程においてクライエントの社会階層，ジェンダー，人種，民族性，宗教，性的指向に基づく多様性を認め，尊重し，敏感に対応することが重要である。それらの要因は，クライエントが情報を共有する意思，およびその可能性，そして介入努力への参加に対する期待の程度が，クライエントと援助者との相互関係の持ち方に影響する。

　たとえば，文化的に男の強さや権力の誇示を強調する男性は，女性援助者に弱点を見せることが難しいかもしれない。権威やプライバシーに高い価値をおくクライエントは，援助者に心配や疑問を投げかけることに消極的かもしれない。そして，レッテルを貼られ，抑圧された集団に属するクライエント，あるいは差別を経験したクライエントは，審判されることや拒絶されることに対する恐れから，自身についての重要な詳しい情報を隠すかもしれない。このような場合，援助者はより大きな安心と信頼を確立するために，クライエントの姿勢，価値観，文化的背景，ライフスタイル，現実的な恐怖，年齢，ジェンダー，人種などの特徴の相違につい

て認識する必要がある。

　地方のメンタル・ヘルス・クリニックの援助者に対して，同性愛の男性クライエントが，長く同棲している相手と葛藤を持っていて，彼らの関係性の本質について話すことを嫌がり恐れている場合，それを話すことを躊躇する思いや審判されるのではないかという気持ちと何らかの関係があるのではないかという疑問を援助者が言葉にするなら，クライエントはもっとオープンになるかもしれない。最近夫を亡くした中年女性が，若い援助者の苦痛を理解する能力に関して疑問を持っている場合，援助者が両者の年齢と人生経験の違いを率直に認識するならば，クライエントはより包み隠さず話すようになるかもしれない。

　クライエントの背景や独自の特徴を理解しようとする援助者の試みは，それ自体に関わりのある質問をすることで，クライエントに思いやりと尊敬を伝えることになる。クライエントの個別化は，援助者のクライエントに対するアプローチやコミュニケーションの仕方につながる。したがって，クライエントとの関わり方は，一つの方法に固執するのではなく援助者側の柔軟性が重要となる。

　関わりは，援助者がクライエントにわかりやすい言葉と表現を使うことで育まれる。援助者は，クライエントにとって親しみのない言葉を使うことは避けるべきである。たとえば，初回面接で，経験の浅い援助者が自殺企図のある女性患者のことをもっと知ろうとして，彼女が自分自身を傷つけようとする「幻想」を持っていたかどうかについて尋ねた。毎回援助者は，クライエントにその幻想について質問し，クライエントはそのたびに否定した。面接の終わりにクライエントは去りたくないように見えたため，援助者がそれについて質問すると，クライエントはリストカットをする「白昼夢」にふけっていると言った。援助者は，この新事実に対して意気消沈し，クライエントが援助者の言った言葉である「幻想」の意味を理解していなかったことに，スーパーバイザーからの指摘を受けて気づいた。

　クライエントと援助者との間により はっきりした言語の壁が存在し，通訳が必要であるケースにおいて，援助者は通訳者のニーズや存在に対するクライエントの感情を調べるだけでなく，クライエントに関係する言葉以外の別の手段を使う必要がある。加えて，自分の考えや気持ちを抑制する環境で育ったクライエントもいる。援助者はそのような事柄を質問する理由を，説明する義務がある。

クライエントの動機づけを結集し，解放し，強化すること

　不安感を軽減しようと強く援助を求めてきたクライエントは，その達成のために

は何でもするという高い動機を示すかもしれない。しかし，多くの場合は，不安感の軽減というクライエントの願望があっても，その取り組みに必要な意欲や能力をクライエントがもっているとは限らない。クライエントが経験している苦悩に焦点を当てたとき，援助者がすべきことは，クライエントが抱える困難を解決するための援助は，行動，解放，動機づけをすることである。これを達成するには，援助者はまず，クライエントの動機づけを妨げているものを理解し，取り組むことが求められる。これを行うには，クライエントが援助者との協働作業によって明確な利益を見分けられるように援助することが求められる。たとえば，娘の死について深刻な悲嘆反応を示している母親は，少しでも楽になりたいと言ったにもかかわらず，「話すことでどんな意味があるのですか？　何をしたって娘が戻ってくるはずはないですよね」と，娘のことについて話したがらないかもしれない。母親が経験している深い苦しみと気持ちを話すことで子どもが戻ってくるわけではないという事実を援助者は認識して，次のような言葉をつけ加える。「あなたは，この苦しみから楽になれることを想像することは不可能でしょうが，誰かに話すことで，一人ぼっちになったという気持ちを和らげることはできるでしょう」

　クライエントに介入が有益であることを理解させるには，二つの面倒なことのうち，本人にとってうけいれやすい方を提示すること。たとえば，男性のクライエントが，職業訓練サービスを受けるという動機を持っているのに，それと並行してプログラムでの彼の体験，進行中のニーズ，将来の計画について話し合う目的で援助者に会わなければならない場合を考えてみよう。クライエントがこの過程に関わりたくないと思っていても，この要件に対する彼の感情を援助者が受け入れ，援助者に会うことで，自分の望むサービスが受けられることを理解させ，機関の調査結果として援助者に会っているクライエントの方がプログラムをうまく達成できることを説明するならば，クライエントはしぶしぶそれに応じるだろう。

　クライエントが定期面接に来所することを阻害する現実的要因は，クライエントの動機づけに影響を与える。援助者は，常にクライエントが相談機関に適応することを期待するのではなく，むしろ援助者がクライエントの状況に適応する努力をすべきである。援助者や相談機関がクライエントのニーズを理解し，的確に応じる程度によって，クライエントが援助過程に関われるかどうかが異なってくるであろう。

| 構成要素 4 | 介入を計画する

　アセスメント過程では，クライエントの重要な問題領域として，問題解決に貢献する，または妨げるクライエントの人格や状況の要因，またクライエントの困難を改善するのに活用できる内的ストレングスや外的資源について援助者は理解する。このアセスメントに基づいて，援助者とクライエントは，ゴール設定，すなわち達成しようとしている事柄，そして焦点，取り組む事柄などについて，介入を計画することになる。

　ISTTでは，援助者にとって，制限された目標であろうとも達成することが，クライエントを安心させ，クライエントの機能を向上させるという信念が指針となる。通常最長3回の面接が必要な場合でも，ケースによっては初回面接で，現実的で意味のあるゴールと焦点を設定することができる。介入を計画する上で援助者は，いくつかの主要な活動に関わる。

問題を分割化する

　クライエントは，自らの困難に圧倒され，自分自身を救うためにどこから何に手をつけてよいかわからないでいる。ときには，クライエントは何が悪いのか，ただ漠然とした考えしか持っていないこともある。加えて，問題は広範囲で複雑，しかも，クライエントは一つ以上の問題を持つこともある。以上のような理由から，援助者はクライエントが扱いやすいように問題を分割する必要があり，その過程を分割化という。この過程では，緊急性や重要性の見地から，異なる問題，問題の構成要素のいずれを優先させるかを決めることになる。このような分割化は，クライエントの無力さや混乱を軽減し，クライエントに，ある意味でのコントロール感や望みの感覚を与える。

テイラー・ケース ....

　離婚歴のある会計士で，初老の父親の定期健診の通院介助をしているテイラーさん（女性45歳）は，クリニックから紹介され，援助者に会った。スタッフの一人が待合室で彼女が泣いているのを見つけた。援助者との話し合いの中で，テイラーさんは重なる仕事のプレッシャーに対応しながら，父親への介護の経験で生じている困難についてかなり感情的になり，気持ちを表出した。加えて，父親は身体的衰えと依存が高まり，攻撃的で非難

がましく，再三，職場に電話をかけてきた。彼女の雇用主は，このような妨害やテイラーさんの関心事が容認できなくなってきた。テイラーさんはどうしていいかわからず，これ以上働き続けながら家で父親を看ていくことはできないと感じていると言い続けた。彼女にとって仕事は大切であり，辞めたくはないが続けることもできないでいたのである。彼女は当惑し，不安，疲労，抑うつ／倦怠，憤りと罪悪などを感じ，朝起きることが難しく，友人とも疎遠な状態にあると報告した。彼女は一人っ子であり，家族からのサポートがなかった。

　優先した援助は，テイラーさんの困惑を軽減することであった。テイラーさんの抱えている困難のさまざまな要素を調査し理解した後に，援助者は言った。「あなたは多くのストレスを体験してきました。しかし，覚えておいてください。問題を一度に解決する必要はありません。一緒に一つずつ対処していくことが大切ですよ」と話した。テイラーさんは自分の時間がなく，すべての責任を背負いひどく疲れていたので，援助者は，「あなたは自分の時間が持てていないこと，そして多くの時間をお父さんと過ごしていることが主な問題のようですね。私たちはそこから始めたらいかがでしょうか」と意見を述べた。テイラーさんはこの助言にホッとして，彼女は，自分自身の時間をもつことに罪の意識を感じると話した。また，彼女は父親からかかってくる職場への電話の対応方法がわからなかった。援助者はこれらの問題は相互に関連しているので，テイラーさんを手助けできると説明した。

目標と焦点の選定

　クライエントが提示した問題の全体像，クライエントのもつ能力，強みと資源，そしてクライエントの期待と動機づけなどを検討した後，援助者とクライエントは具体的な目標を設定する。それをするために，援助者は，クライエントの困難について早急に対応し，最も影響しやすい，または変化しやすい側面を選定することが求められる。

　この選定についてさらに考慮すべき点は，クライエント自らを問題に取り組むように動機づけることと，クライエントが達成感を経験できるような問題の側面を見出すことである。

　特にこれは，クライエントの問題が長期化し，または彼らが当惑し，無力さを感じているとき重要になる。自らの困難を軽減するために，わずかな前進でもできるクライエントの能力が，自信を生み出し動機づけを強化する。

前述したテイラーさんは，留意すべき多くの問題を示した。彼女と援助者は，父親と一日に何時間か過ごすことができる人を地域で見つけることによって，テイラーさんの実際の介護責任を軽減することが最初の介入目標であると合意した。援助者は，テイラーさんの負担を軽くすることで，彼女の苦悩をいくぶん軽減することができ，彼女がほかの側面と取り組む能力を高めることができると考えた。テイラーさんは少しでも自分のための時間を持ちたいと願っていたので，この目標に取り組むことに動機づけがあった。同時に，父親に対する怒りと罪悪感からテイラーさんを救い出し，そして彼女が父親からの電話を制限し管理する方法について話し合うことが必要であった。

　援助者とテイラーさんは，目標の達成に至るまでの段階を確認した。テイラーさんは介護者を探すために，父親の主治医と教会の牧師に電話をすることに同意した。援助者は自発的にクリニックに確認し，地域の訪問看護協会に電話した。話し合いの後，援助者とテイラーさんはいくつかの代替案の是非を検討し，父親が外部からの援助を拒否するだろうという心配，現在の父親との関わりや，父親からの要求の扱い方，そして彼女の責任と怒りの感情について話し合った。父親に対するパートタイムの介護者の手配や，その計画を実行するのに1カ月を費やしたが，テイラーさんは自分の状況について精力的に取り組み，負担を感じることなく父親に対して，特に職場から父親に話しかける時間をある程度制限するなど，これまでよりも主張することができるようになった。彼女は，介護者のための支援グループに加わることや外部の人たちとの関係を持つことができるようになり，孤独と取り組むことができた。

　場合によっては，取り組むべき事柄についてクライエントと決めるプロセスが，本人の潜在的な問題にも取り組めるような援助となる。しかし，以下の二つの要約例でも示すように，多くの場合それを行う必要はない。

　マレー（10歳）は賢い少年で，教室内で破壊的な行動化があり，スクールソーシャルワーカー（以下，SSWと略す）に紹介されて来た。彼は学校を退学させられる危機にあった。SSWのアセスメントの結果，学校でのマレーの問題は，主に彼の衝動制御力と善悪の判断力の乏しさを推定される誘因とした。また，SSWは，マレーの行動化が3カ月前に両親が離婚した後に現れ，両親が互いにマレーのことでひどく責めあっていたということを理解した。

　SSWは，現状が改善するならば，潜在的な誘因は重要であるが，すぐに取り扱う必要もなく，後に話し合えばよいことであると結論づけた。そこで，SSWは，マレーが退学の

危機にさらされていて，そのことで混乱しているので，学校にとどまるためには，まずは怒りを抑えて，善悪の判断力を改善することに焦点を当てることを援助目標とした。SSWは，マレーが行動に関する判断力と抑制力の改善に取り組む能力と動機づけをもっていることを認め，むしろこの範囲内で早く効果を出せると考えた。SSWは，マレーに関心を持ってもらい，援助の協力を得るために担任の先生と会うことを計画した。

　スー・エレン（10代のシングルマザー）は，2カ月後の高校卒業にむけて何をしたらよいのかと葛藤を抱き，通っている高校のSSWに援助を求めた。彼女は父親と継母と同居しており，彼らは彼女に短大進学を望んでいた。しかし，彼女は，高校卒業後は就職をして，娘と二人でアパートに住み，自分の手で育児をしようと考えていた。
　SSWのアセスメントから，スー・エレンが子どもを自分で育てたいとする決定は，彼女が幼いころ実母に捨てられた過去の喪失を埋め合わせたいという彼女の願望に関連していると結論づけた。このような潜在的な課題が，情報の少ない中ではスー・エレンに決断を迫ることになるのではないかとSSWは心配した。しかしSSWは，スー・エレンがこの重要な課題について言明した要求と時間の制約の観点からみて，彼女に洞察を促すことはあまり効果があるとは言えないと判断した。それよりむしろSSWとスー・エレンは，学期末までに当座の計画を確実に決定できるよう援助目標に同意した。これを実施するためには，SSWとスー・エレンの双方が，彼女の考えていたさまざまな選択肢の良し悪しについて議論することに焦点をあてる必要がある。

　これらのケースにおける援助者のアセスメントは，クライエントたちの援助には，マレーやスー・エレンの主訴に関する潜在的な誘因的な課題を取り扱うことは重要ではないと結論づけた。しかし場合によっては，以下の2例で示されたクライエントの状況を改善するには，さらなる困難や潜在的な課題への対処が必要となることもある。

　移民のジョーゼットさん（女性35歳）は，仕事を探していて，相談に来た。援助者は，仕事の見つけ方について彼女が情報不足であり，英語が読めないことで公共交通機関を利用できないこと，雇用主と衝突することから職歴が良好でなかったこと，彼女は自分がこなせる仕事の能力に対して，非現実的であった。援助者は，アセスメントに基づき，このクライエントには職業に関する資源情報が十分提供されていないことを明らかにした。しかし，援助者は，彼女が仕事を得て雇用され続けるためには，彼女の他の問題，つまり，

非現実的な期待，英語の読解力の不足，そして雇用主との衝突という潜在的な課題について援助する必要があると結論づけた。

援助者は，ジョーゼットさんが仕事を確保することが困難である理由を丁寧に説明し，彼女が抱える問題を一つずつ援助していきたいという気持ちを伝えた。援助者は，彼女に，「まず何に焦点を当てたいのか」と尋ねると，「わからない」と答えた。援助者は，クライエントが取り組まなければならないことがたくさんあるが，英語が読めないことは彼女の困難の中でも極めて重要であると指摘した。クライエントがそれに同意したので，援助者は，英語の読み方を学べるところを探すこと，仕事に関する彼女のもつ資格について，そして彼女が以前に仕事をしてきた経験で生じた問題の種類について，さらに話し合うことは彼女にとって役に立つだろうと言った。

ムーアさん（女性 55 歳）は，糖尿病で，近年除々に視力を失い，今では法的に失明状態である。生活の質を改善するための技量を磨くことを目的に，主治医から幾度となく援助者に紹介されてきた。当初，彼女は主治医の提案に従わなかった。ついに面接の電話予約をいれたにもかかわらず，面接に来なかった。彼女は状況がより切迫したことから，再度自ら援助者に連絡してきた。彼女はインテークワーカーから面接を受けたが，点字や歩行の方法を学習できるクラスに参加することや，視覚障害者のための活動や資源の情報提供に対してかなり躊躇していた。

援助者は，アセスメントして，ムーアさんが視覚障害者になったという現実を受け入れられず，視力の喪失という大きな衝撃の意味に直面してこなかったことを認めた。援助者は，ムーアさんが機関が提供するどのプログラムにも参加する準備が，気持ちの上でも整理できていなかったこと，そして現状に対する彼女のためらいやもろもろの感情について話す機会を提供する必要があることを認識した。

構成要素 5　契約

介入の計画と実行は，一方的な過程ではなく，クライエントと援助者の双方による協働活動を伴うものである。援助者とクライエントが一緒に進むことを確実にする方法は，対処すべき問題，介入の目標・焦点・構造について，双方で明確に同意することである。この活動は契約と呼ばれるが，法を厳密に適用したり，機械的に行うことを意味するものではなく，関わりの過程を最も確固たるものにすること

である。契約の目的は，ともに遂行するための共通基盤を提供することにある。その必要な形式は，クライエントや機関によって異なり，一般的なものもあれば非常に具体的で詳細なものもあり，口頭や公文書で行われる。

一般的に，十分に条件を満たした契約には以下のことが含まれる。(1) 問題の領域，(2) 介入の目標，(3) 問題に取り組むことの意味，(4) 契約期間，面接の回数や長さ，そしてキャンセル規定について，(5) 活動，整合性，有効性，守秘義務に対する援助者の責任，(6) 来所，面接料金，そして参画に対するクライエントの責任である。

ある状況では，クライエントは注意を要する複数の問題を表わしているにもかかわらず，相反する感情，ためらい，用心深さ，または援助を得ることに対して憤りをみせることがある。この場合には，介入努力にまつわるクライエントの感情をさらに探求することに対する明確な賛同を得ることは，特定の問題領域における契約に勝るものである。この課題に関する契約は，不必要であるようだが，クライエントの尊重と理解を示すことであり，クライエントの意思決定を引き出し，相互関係を育てることになる。

契約は，援助の方向を維持するために，介入過程の最前線に位置づけられる必要がある。援助者もクライエントも，援助の焦点がズレたり，漠然としていたり，横道にそれたりしたとき，あるいは，参加者のどちらかが面接の予約に来ないとか，キャンセルの連絡を入れないなど，契約構造を順守しないならば，契約内容に注意する必要があるかもしれない。このような状況では，この行動の意味を理解し探究する必要がある。これらについては第 5 章で論じる。しかしながら，契約は，新たなニーズや関心事に応じて柔軟性が必要であり，時間をかけて再交渉する必要があるかもしれない。

要約

本章では，関わり過程のさまざまな側面，すなわち関わりを進めていく環境を作り出すこと，クライエントの立場から考えること，クライエントの動機づけを動員し，解放し，形作ることの重要性を検討した。さらに，問題の分割化，目標と焦点の選択，契約を含む介入計画について検討した。

第5章 The Middle Phase : Part I
展開段階／パートI

　ISTTは，広範囲にわたる方法と介入技法を援用している。援助者とクライエント双方が関わりを通して，展開段階で多くのさまざまな援助活動を行うが，その大部分はこの段階で完了する。その活動は，多様なクライエントの個別性を反映し，その具体的な活動の形態は各事例でそれぞれ達成される目標や焦点によって定まる。

　ISTTの展開段階には五つの構成要素がある。すなわち，介入計画の実施［構成要素6］，焦点の維持・転換［構成要素7］，進展状況のモニタリング［構成要素8］，変化を妨げるものに対処すること［構成要素9］，クライエント・援助者関係のマネジメント［構成要素10］，である。本章では，これらの構成要素のうち，6から8について検討し，例示する。

構成要素 6　介入計画の実施

　ISTTは，短期間だけでなく，再開可能な，あるいは長期間にわたる援助方法を援用しているが，より積極的で焦点を絞った形で用いられている。

介入技術

　下記の介入技法のリストや定義は，すべてを網羅したものではない。個別のクライエントへの援助で用いる技術を編集したものである。そのいくつかはより一般的な技術であり，その他はより特殊で限定的なものである。

一般的な技術

　この分類に含まれる技術は，ほとんどのクライエントに適用される技術であり，

人と環境への介入方法の共通コアとなる。

情緒的換気 クライエント自身の感情，生活状況や経験，さらに介入過程や援助者への反応を表出する機会をクライエントに提供する。

是認 クライエントの経験に理解を示し，援助者がクライエントに共感する，さらに確認，妥当性の検証，促し，再保証を適宜に提供する。是認は，注意深い傾聴，アイコンタクトやボディランゲージにより，言葉でも，また行動でも可能である。

探求 クライエントの問題・思考・感情・言動，現在の生活状況や背景，能力・強み・外的支援，介入過程と援助者への期待や反応について理解するという援助者側の努力である。

明確化 クライエントの言動の中に存在する曖昧さ，混乱，矛盾を明らかにすること。またコミュニケーションの意味あいを理解するように促す。

合理的な話し合い 一連の行動や選択肢とそのプラス面およびマイナス面をクライエントと話し合う。

内省 クライエント自身の思考・感情・言動／言外の意味・結果・クライエントの困難に対する影響要因と潜在的動機／クライエント自身や他者への一連の行動の結果／他者の動機・感情・言動について，クライエントによく考えられるように援助する。

分割化 クライエントが扱いやすいように，問題をより小さく分割することを援助する。

教育 クライエントが，介入過程に参加し，さまざまな役割を担い，必要な資源あるいはサービスを利用し，外部のシステムと交渉できるように，重要な情報を提供する。

助言と指導 クライエントに可能な考え方・感じ方・言動の仕方を示すことである。援助者の助言や指導は，慎重にすべきである。クライエントの選択肢についての考え方に関わり，クライエントの自己決定や強み，能力を尊ぶことが大切である。

肯定的な関係の活用 安全，共感および受容，さらに励ましをする存在に援助者がなることで，クライエントは，自分の考え方や感じ方を共有しやすくなり，あまり孤独感をもたず，自身の問題について話し／新しい考え方や感じ方，言動を試し／失望や挫折，成功した時にもサポートを受

ける。

ストレングスや達成感を認め，確認すること クライエントが自己の適応能力やプラスの特性，また自助努力をしていること，少しでも習得できていること，達成感を確認できるように援助する。

資源を補足的に併用すること クライエントの困難について改善・解決するために資源やサービスを補足的に活用できるように援助する。

協働 クライエントを援助する上で，援助者はクライエントの日常生活上の関係者，あるいは援助過程において必要な人々と関わる。

権利擁護 クライエントに代わって，援助者はクライエントのニーズや関心事を他者に伝達し，サービスの保障をするために介入する。

連携 クライエントを必要な資源やサービスに結びつくよう援助する。

調整 クライエントのニーズが充たされるように，クライエントと他者との間の交渉を援助する

特定領域の専門技術

この項に含まれるのは，特定のタイプの問題への対処や特定の目標を達成するうえで，選択して活用できる専門的な技術である。

言語化の促進 クライエントが考えや感情を言語化できるように援助する。自分の感情を他者に表現することに慣れていないクライエント，その能力に欠けているクライエント，言葉よりも行動で表現しがちなクライエント，そして常に自分の感情に気づいていないクライエントに対する重要な介入方法である。

接触 援助者がクライエントの援助への関心を示すよう務めること。たとえばクライエントが予約した面接に来なかったとき連絡を取る。次の予約を提案したり，ストレスに耐えていたり病気であれば，電話で話し合う。また必要があれば家を訪問する。

より広範囲の社会政治的な現実からの影響の認識 クライエントを援助する際に，人種差別，性差別，同性愛恐怖症，年齢差別，文化的偏見，貧困，暴力，価値や規範の変容，移民などの社会的，環境的な要因がクライエントの生活や問題に与える影響効果について考慮する。

現実的で客観的体験の提供 より現実的で真の関係を求めるクライエントの

ニーズを優先的に充足すること。プログラム活動や相談機関に同行すること／個人的な質問に答えることや個人的な経験を共有すること／たとえば注目，妥当化，評価，あるいは依存など，これまで獲得できなかったニーズを充たすこと／履歴書を書くこと，求人広告を探すこと，下調べをすること，仕事の応募書類の記入などの活動を共に行う。

自我の借用　不十分な，あるいは一時的に損なわれているかもしれないクライエントの能力を補強もしくは代替するために，援助者自らの能力や存在を活用すること。すなわち，電話するように促すこと，書類を書かせること，家族や雇用主，あるいは教師に話しかけること／クライエントや他者を保護すること／医療的ケアの調整やその他の具体的な援助を行うこと／クライエントに自らの利益につながるような行動を取るように促すこと。

ミラーリング　クライエントの承認，妥当化，感心，賞賛，誇りのニーズに，援助者は継続して反応する。

構造化　クライエントの日課，娯楽，スケジュール，生活費の見積もり，働く習慣，日常生活のその他の活動の確立を援助する。

制限の設定　援助者とクライエントがともに取り組んでいくために，クライエントの行動指針を——可能ならば協働的に——規定する。

直面化　不一致や矛盾，否定的な結果，不適応な防衛，抵抗，問題のある特性やパターンについて非審判的に指摘する。

解釈　クライエントの知覚や態度，感情，関わりのパターン，特徴的もしくは独自の言動，防衛，抵抗，葛藤，問題について可能な解釈をする。ときに，これらの解釈は，クライエントの幼少時の出来事や人生での経験が現在の機能や困難に関連していることがある。

思考や感情，知覚のパターンの明確化　クライエントの潜在的な非合理的な見解や認知のゆがみを明らかにし，それを取り上げ，クライエントが考えていること，問いかけていること，言動の仕方についてフィードバックする。

思考，感情，知覚の新しい方法の提示　クライエントが示す認知のゆがみや誤認について探求し，これらに挑戦し，思考，感情，知覚，言動について新しい方法を提示する。

リハーサル　特定の相互作用ないしは筋書きに対し，クライエントが何を言

い，何をするかを練習することで，予測や準備ができるように援助する。
ロールモデリング クライエントが受け入れ，活用できるような，特定の態度，特性，言動を例示する。
ロールプレイング クライエントが新しい言動を練習するために，あるいは，他者の考え，感じ方を理解するために，援助者とクライエントが特定の相互作用を通して役割を演じる。
下準備と課題の割り当て 援助過程の面接場面以外でクライエントが取りうる段階や行動に対して，援助者とクライエントが同意をする。

援助者・クライエント活動

展開段階では，クライエントの個別化された目標にそった過程を辿る。次の事例は，3人のクライエントに対する援助過程の展開段階の抜粋で，それぞれ異なる技術について描写されている。

クライア・ケース

16歳のアフリカ系アメリカ人の高校生であるクライアさんは，ニューヨーク市の社会経済的に貧しい地域にある地域家族サービス機関を訪れた。彼女が8人の白人少女のグループから下校途中に身体的な嫌がらせを受け，言葉でなじられ，1カ月が経過した頃であった。クライアさんはケガをしなかったが，怖がって学校へ戻るのを拒んだ。母親は，当初クライアさんが事件を乗り越えられるだろうと確信していたので，クライアさんが家にいることを認めた。クライアさんはその後もクラスに戻ろうとしなかったが，彼女は自分や母親のために家事や夕食を作っていた。その間も彼女は泣いていた。1カ月たって彼女は，遂に母親の勧めで，カウンセリングを受けることに同意した。

クライアさんは，嫌がらせの出来事以来，学校へ行くと何かまた起こるのではないかと恐れていたことを援助者に話した。援助者は，クライアさんが落ち込んでいるように見えたので，その問題の背景に他の要因があるのではないかと思った。クライアさんと母親とに面接して，クライアさんは成育歴から全般的に十分に自我が機能しており，優良な学生だったが，内気で自信に欠けているように見え，社交性は低く，親しい友達はおらず，自由な時間のほとんどを共に過ごした一人親である母親への強い愛着を示していることを援助者は理解した。クライアさんが学校に戻ることが困難なのは，ただ単に安全でないと感

じていることや脆弱性によるものと援助者は仮説を立てた。分離と社会化の二つの問題が彼女の困難に関連しているように見えた。

　相談機関は，アセスメントと契約の2回を含む計12回の面接を提案した。開始時の面接時には，クライアさんは，気が進まず警戒心が強かったが，自分が学校に戻るために援助者と会うことに同意した。この目的を達成するために，援助者はクライアさんが，（1）恐怖心を表出すること，（2）安全の感覚を強める方法を見つけること，（3）母親からの分離を助けるために母親との関係について話し合うこと，そして（4）彼女が他者との関わりをもつことが大切だと考えた。

　3回目の面接で，援助者はクライアさんに嫌がらせの出来事をもっと詳細に説明してくれるよう求め，起こった事柄についてのクライアさんの感情に触れようとした。クライアさんが明らかに動揺しているのを見てとり，援助者は彼女の表現した苦悩に焦点を当て，その暴行がいかに彼女を動揺させたかを強調し，彼女の感情についてさらに話すように勧めた。クライアさんは，彼女に暴行した「最低の白人たち」への怒りを話し始めたが，彼女は突然話を止め，援助者の促しにもかかわらず，押し黙ったままになった。それで援助者はクライアさんに，「自分も嫌がらせをした人たちと同じ白人だから，私に怒りについて話すことを怖がっているの？」と尋ねた。クライアさんは，援助者の質問に動揺しながらも，頷いた。クライアさんが自分の感情を話したことで不安になったのかもしれないが，援助者は，彼女が報告すべきことを聞きたかっただけであり，攻撃されたとか，怒りを感じたとか，責められたとは思っていないと説明した。それに応じて，クライアさんはさらに話し続けることになった。

　その後の数回の面接では，クライアさんが学校に戻った場合の安全に対する恐れと，彼女の日常活動に焦点が当てられた。彼女が家事について話す様子は，嬉しそうでいくぶん誇らしげであった。援助者は，クライアさんにとって母親を手伝うことが嬉しいのかしらと疑問を口にした。すると，クライアさんは，母親が自分のためにどれほど犠牲になってきたか，そして，仕事から帰宅した時，掃除が行き届いていて，テーブルに夕食が用意されていることに，母親がほっとしていい気分になっていることが自分にとっていかに心地よく感じられるかなどと長々と話した。援助者は，クライアさんがどんなに動揺していても協力的で思慮深いことは彼女の真の強さであると気づいた。クライアさんは喜んでいるようにも見えたが，また悲しそうでもあった。援助者は，クライアさんの入り交じった反応を理解しようと試みたところ，彼女は学校に行きたいと思うが，母親から離れることも心配だと明かした。クライアさんに，学校を休むことでどんなことができないと思うのかと尋ねると，クラスメイトも先生たちも好きだけれど，ときにはもっとたくさんの友達が

いたらいいのにと思うと言った。このようなことを表出したことで，同級生たちと心を通わせることや，関わりを持つことの困難について，さらに深く話し合うことができた。援助者が，「今すぐ私たちにできることがたくさんあります。あなたが学校にもっと安心して行けるように援助したり，新しい友達をつくる方法について話しあったり，お母さんを手伝うことについてのあなたの気持ちについて話し合うことなどです。あなたが最初にしたいのは何？」と聞くと，クライアさんはさらに安心して，新しい友達をつくるために援助者が何をしてくれるのか知りたいと言った。

　6回目の面接で，クライアさんはもっと安心できて，新しい友達を作るための手段について考えつかなかったので，援助者はいくつか提案し，二人はいろいろな策を話し合った。クライアさんは学校に一緒に行ってくれる知人を呼ぶことや，彼女が望む社会活動について考えることに同意した。

　クライアさんは次の面接に現れなかった。援助者は，彼女が来所しなかったことを確認するために自宅に電話をすると，彼女が，学校に行かなかったこと，また援助者が自分に失望したのではないかと恐れたことを打ち明けた。援助者は，それはクライアさんにとってはつらかったことだろうと言って，次の約束をとった。二人が再度会ったとき，クライアさんは，学校に一緒に行くことに同意してくれた女の子に電話をしたけれど，自分は約束を守ることができなかったと言った。援助者は，彼女が友達に電話したのは肯定的なサインだと言い，自分の安全についてよりも，家にいることに何かほかに関係することがあるのかと疑問に思った。彼女は，家に帰ったときに夕食の用意ができていないと母親が動揺することを心配して，神経質になっているのだと応えた。彼女は，母親の重荷になりたくないと思い，自分の心配を母親に話してはいなかった。彼女の心配事についてさらに話し合った後，援助者は3人で一緒に話すことが助けになるだろうかと尋ねた。クライアさんはすぐに同意して，次の予約を決めた。

　この面接で，母親はクライアさんが生活を楽にしてくれたことは認めるが，もし彼女が学校へ戻ってくれるなら，動揺するよりむしろ安心するという気持ちを娘に伝えることができた。母親は自分が娘に感情的に依存していると話し，「クライアは自分のすべて」であることを告白した。母親は寂しそうで，社会的なはけ口がほとんどないようで，母親自身が娘を必要としていることを娘に知らないうちに伝達していたので，援助者は，クライアさんが他の人と関われるように援助するためには，彼女の状況についてさらに話すことが二人にとって助けになるのではないかと示唆を与えた。母親はすぐに同意し，クライアさんはほっとしたように見えた。

　何回かの面接で続けられたクライアさんと母親へのソーシャルワークは，クライアさん

が最終的に学校へ戻ることと，友達をつくる努力，そして母親が一人親のグループを見つける努力に焦点を当てた。

ケース検討

　援助者は，クライアさんが学校へ戻るために，面接を通してさまざまな技術の活用を試みた。加えて，クライアさんの問題をさらに詳細に調べ，情緒的換気を促しながら双方の関係を是認した。援助者は，クライアさんが伝達した内容の意味を明確にし，問題領域を分割し，冷静に議論を展開し，クライアさんが今後とるべき行動の仕方について助言した。援助者は，クライアさんが予約した時間に来ないときには電話をかけ，クライアさん自身が約束を守らなかったことの理由について考えるように内省させ，彼女の母親をこの協働に加わらせた。援助者は，いくつかの点で，クライアさんのストレングスや一つひとつの達成した事柄について認めた。この援助のすべてが積極的な援助者－クライエント関係のなかで行われた。

ロペツ・ケース

　19歳で，ヒスパニック系の高校を中退し，市内の犯罪多発地帯に母親と暮らしているロペツ氏は，母親に連れられて地域家族サービス機関を訪れた。彼は母親に強制的に連れてこられたが，インテークの担当者には素直に応じた。学校を中退したこと，仕事を辞めたこと，薬物依存，警察沙汰など，いくつかの困難を抱えていることについて，母親もロペツ氏も意見が一致した。ロペツ氏は，道を外さないようにしようとしたが何かがいつも邪魔をしたと言った。彼は職業訓練プログラムに登録したが欠席することが多くなり，マリファナや飲酒を頻繁にすることになったことや，犯罪者との関わりがあったことを述べた。

　ロペツ氏には，一生懸命働いた割には賃金が少ないことにくじけてしまう経験が何度かあった。彼の仲間たちは，努力している彼をおとしめ，容易に金儲けができる薬物の取引や車を盗むことへと誘惑した。ロペツ氏は，当惑し，イライラしたときには，自分の感情の管理や衝動のコントロール，適切な判断ができず，自分の責任を回避し，アルコールや薬物に逃避する傾向にあった。

　アセスメントでは，ロペツ氏のいくつかの強みが示された。彼は，自分の問題と取り組む意欲があり，知的で，いくらか内省的で，家族のサポートを受け，母親や拡大家族と良い関係である。また意欲的で勤勉で，生活を軌道に乗せようとする多くの努力をしてきた。彼の状況改善の努力を妨げる環境上の圧力に直面しながら，近隣や仲間たちには学校を卒

業して，薬物に依存せず，賃金のよい満足できる仕事に就いて，地域の人々の尊敬を受けているような例はほとんどなかったにも拘わらず，である。彼は，人格上では欲求，感情，衝動の統制と判断力，自尊心に問題を呈していた。また援助者は，支配的な文化の抑圧のなかのヒスパニック系の男性として，マイノリティとして以外の機会を得られないだろうというロペツ氏の気持ちが，どの程度抱えている問題に関係しているだろうかと考えた。

相談機関は20回の面接を提案した。主たる介入目標は，ロペツ氏を職業トレーニングプログラムに定着させることだった。援助者はこのために，個人と環境両方の要因から取り組む必要があると考えた。つまりプログラムを休んでしまう引き金を特定するロペツ氏の能力を向上し，より適応的な方法による自己の感情管理の習得を援助し，新しい友達を作る機会となる活動に繋げ，そして薬物使用のコントロールを援助することである。

最初の2回の面接では，ヒスパニック系の男性援助者が担当し，ロペツ氏がプログラムを休んだり，友達を求めたり，薬物を使用したり，警察沙汰になる環境的状況について検討した。援助者は，自分自身を弱いと責めるロペツ氏に対して，彼の感情を認めたうえで，でも自分を責め続けるよりも，一緒にこの行動の理由を理解して，順調に物事を進めていくためにどうしたらよいか考えた方が，われわれ二人にとって有益だよと言った。ロペツ氏は2回の面接に来所したものの，その次の面接には現れなかった。

ロペツ氏と援助者とが再会したとき，ロペツ氏は仲間と外で飲んでいたので，約束を忘れてしまったのだと言った。援助者は，この面接のことをどう感じていたかと尋ねた。彼は，別に何も問題ないよと答えた。援助者は，問題について話すことが難しいこともある。なぜなら人は湧き起こる感情にどう対処してよいのかをいつも知っているわけではなく，容易に感情を取り扱ったり避けたりするいつものやり方に戻ってしまうものだから，と言った。ロペツ氏は，「実は今日，来るつもりはなかったのだけど，母が行くように命じたんだ」と言った。援助者は，ロペツ氏がどう思ったかは別として，来てくれたことはとても良いことだと言った。しかし，ロペツ氏に，母親の介入に憤慨して，「うるさい」と言って来ただけなのかと尋ねた。ロペツ氏は，母が僕に最善を尽くしたいと思っていることは知っている。自分も助けてほしいと思っていると言った。援助者は，私たちの間で起こっていることは，別の状況でも起こっていることの繰り返しである。つまりロペツ氏が面接に来たいと思ったとしても，来れない事情が次々と発生するのだとコメントした。彼は驚いたが，その通りだと思うと言い，それの止め方がわからないことを認めた。援助者は，これは二人で話し合う必要があるが，そうするためにはあなたがここに来ることが必要だと答えた。そして援助者はロペツ氏に，予約を守るにはどんな援助が必要だろうかと尋ねた。彼は即

座に，あなたから自分に電話で知らせてくれると助かると言い，援助者はすぐに同意した。

この面接が終わるころ，ロペツ氏が友達に助けを求めたことについて焦点が当てられた。職業訓練プログラムにあまり出席しなかったことに対して失望したと母親から言われていたことを思い出し，それが友人に会う直前であったこと，そのときには友人に会いたいと願っていたので，すぐさまアパートから走って出たことをロペツ氏は思い出すことができた。援助者が，ロペツ氏に母親と話しているときに何を感じたかと尋ねると，彼はわからないと答えた。援助者が，自分の感情をもっと考えるようにと強く勧めると，彼は，たぶん怒っていたと言ったが，母親が自分に失望したことに腹を立てていたと付け加えた。援助者は，ロペツ氏が腹を立てたとき，その気持ちを取り除きたいと欲し，そのひとつの方法として仲間と飲みに行くことになったと言った。ロペツ氏は，「ほかにどうしたらいいのですか？ 誰も自分たちのことを心配してくれない。仕事もないし，何もすることがない。ハイになることがすべてなんです」と言った。

援助者はロペツ氏に，もしわたしが貧乏で，ヒスパニック系の男性ならば，わたしを攻撃しますかと尋ねた。ロペツ氏がこの問題についての苦い思いを述べた後，援助者は彼の状況についての厳しい現実を認め，「あなたがときどき不機嫌になり希望を失ったとしても理解できる。その状況から抜け出すのは容易なことではない」と言った。ロペツ氏は，なぜ自分が不利な立場から逃れようとするのかときどき分からなくなると答えた。援助者は，ロペツ氏の感情に共感し，「これだという答えはありません。でもあなたの人生を少しでもよくするために私たちが一緒にできることはあります」とつけ加えた。

4回目の面接で，ロペツ氏は仲間と一緒にいて，何本かタバコを吸うために一日だけ訓練校を休んだと報告した。援助者はなぜ休むことになったのかについて尋ねた。そして話すように促した後，ロペツ氏は感情が落ち込んでしまったときの教師の否定的なコメントを思い出した。援助者はこの経験と，次の日にロペツ氏が訓練校に行かなかったことや，気持ちが晴れるようにしたいという思いを結びつけた。ロペツ氏は，「ハイになると気分がいいんだ。でも後で落ち込むんだ。自分を失望させることになるからね」とコメントした。援助者は，彼の仲間といっしょにぶらぶらすること以外に彼は何もすることがなかったと言った前回の面接からのロペツ氏の発言をとりあげた。動揺した気持ちが，後で後悔すると思われる事柄を自らに仕向けるということを認めることが，ロペツ氏にとってとても大切であり，ロペツ氏が求める何か興味をそそる活動を探すことができるなら，それはロペツ氏が行動する際に何らかの助けになるだろうと援助者は提案した。ロペツ氏の心配事について話し合ったところ，彼が本当に楽しんだのはサッカーとジムでの運動の二つの活動であることがわかったが，彼は最近これをしていなかった。援助者がロペツ氏に，近くで

サッカーチームがどこにあるか探したいかと尋ねたところ，ロペツ氏はいいですねと言った。援助者はロペツ氏に，とりあえず気分がよいときにジムで運動するのはどうかと言った。ロペツ氏は，やってみるけど何も約束できないと言った。

　5回目の面接で，ロペツ氏は何度かジムで運動したことがとてもよかったと報告した。そのとき，彼が走っているのを見た仲間がからかい，走るのをやめて彼らのところに来るようにと誘った。援助者は，ロペツ氏の努力をほめ，窮地に立たされたことに理解を示し，なぜ仲間が彼の変わろうとする気持ちをそぐと思うのか尋ねた。ロペツ氏は，「仲間は僕に，自分たちのようになってほしいんだ」と応えた。この段階では，ロペツ氏が仲間を諦めたり，断酒会（AA）に参加するのを期待するのは早すぎると理解したので，援助者はロペツ氏にランニングの新しいルートを考えるよう勧めた。面接の後半で，ロペツ氏が援助者に頼んでおいたサッカーチームが見つかったどうかを尋ねたので，援助者は近くのコミュニティにある可能性を告げた。ロペツ氏はそのチームについてさらに知りたいようだったが，彼の口調は近所の仲間の元を去ることに不安を持っているようであった。これまで，彼が知らない地域に自ら出かけることはあまりなかった。援助者はロペツ氏に一緒に行こうかと尋ねると，彼は驚いた様子だったが喜んだようにも見え，援助者はロペツ氏とチームを訪問する日時を決めた。

　援助者がロペツ氏に会うために確認の電話を入れると，母親が援助者に，息子はチームの訪問には行かないが，面接の予約時間には行く予定であると伝言を残して出かけたと言った。ところが，彼は面接に遅れて来て，黙りこくっていた。ロペツ氏は急に話しだして，学校を何日か休んでいたこと，落ち込んでいたこと，職業プログラムをやめようと考えていたことを伝えた。援助者は，ロペツ氏が面接に来たことをうれしく思うが，彼が学校を休むときはいつも彼の反応を刺激する何かが起こっていたことを指摘した。彼は自分をうろたえさせたことが何だったのかその場では思い出せなかったが，援助者が彼に学校に出席した最後の日の出来事を述べるように言うと，彼は気分を害された出来事について思い出した。ある教師が，クラスの何人かが秩序を乱したことに怒りを表した。クラスに向かって，君たちは負け組でまともな仕事には就けないだろうと言った。援助者が，この侮辱が学校に行かなかったこととどのようにつながっているかと尋ねると，ロペツ氏は，教師は不公平で，このことに自分は腹を立てていると答えた。援助者は，「とすると，あなたの教師が馬鹿な振る舞いをしたことと，あなたが学校に行かず，サッカーチームの訪問をキャンセルしたこととどんな関係があるのか？　あなたは結局，教師ではなく自分を傷つけるはめになったのだね」と言った。ロペツ氏は，わからないけど，すべてのことに怒りを感じているのだと言った。援助者は彼の怒りは理解できるが，彼が自分の怒りを処理

する方法が問題なので，私たちはこのことを引き続き考えていく必要があると言った。

ケース検討

　クライエントが職業訓練プログラムを続けるために，援助者は，一般的な探求・内省・是認の技能や特定の介入を採用し，ロペツ氏の限られた範囲での自我機能の向上を図った。援助者は，クライエントが自分の感情を確認し言語化でき，刺激となった出来事とのつながりを振り返り，自分の感情をよりよく調整できる方法について話し合うのを援助した。加えて，人種差別や偏見の問題とクライエントの希望をもてない感情との結びつきを考え，援助者は，クライエントにこの影響についての苦痛の表出を促した。援助者は，ガイダンスや助言を通してクライエントに近づき，まさしくクライエントにとっての目標であった肯定的な関係を活用した。また，クライエントの強さと成果を認め，クライエントに役に立つ感情のはけ口を提供し，また対処する新しい手段を提供する諸活動とを関連づけ，クライエントの自滅的行動と回避パターンへの直面化と解釈を用いた。

ブリスコ・ケース ....

　コンピュータープログラマーで，プロジェクトマネジャーであるブリスコ氏は，45歳で，妻にせき立てられて援助を求めてきた。彼は，家に引きこもりがちになり，イライラしていて，妻や子どもたちに当り散らしていた。初回とその後の面接で，援助者はブリスコ氏の知的で言語表現が明確であることと，見た目のだらしなさとのギャップに驚いた。何を不幸だと思っているのかについて尋ねると，彼は現在の仕事を続けるかどうかわからないのだといい，そして仕事上の問題を家庭に持ち込んでいたことを自ら認めた。

　ブリスコ氏の現在の仕事について尋ねたところ，彼は，会社にも彼自身にも，財源的に富をもたらすようなコンピュータープログラムのアプリケーションを開発したことがわかった。そのプログラムはある程度成功したのに，彼の雇用主がマーケティングに無能で，自分の助言を無視したとブリスコ氏は思っていた。その結果，彼は腹を立て無力感に襲われ，「大成功」の機会を失うことを恐れた。また彼は，会社が財政的に不安定で倒産するかもしれないと心配していると言った。彼は，仕事を辞めたいと思っていたが，別の仕事を探す気にはなれなかった。

　このブリスコ氏の職歴で重要なことは，仕事ではずっとフラストレーションを感じていたこと，どの仕事も数年続けて辞めていること，その理由が，雇用主に対する失望と怒りであった。ブリスコ氏は，評価や金銭的な報酬をもたらす成果を期待してどの仕事にも就

いて見たのであった。それが実現しなかったとき，彼は不満に思い不機嫌になった。彼は，大成功に対する願望と，より安全で平凡なキャリアに対する信念との間で揺れていた。

ブリスコ氏の個人歴や家族歴から，ブリスコ氏が，ずっと不幸であったにもかかわらず，35年間公務員として同じポジションで働いていた父親のようにはなりたくないとずっと願っていたという事実が得られた。しかし，ブリスコ氏は一人でいることが好きで，発明や空想を巡らして若い頃の大半を過ごしていた。彼は目立たない学生だったが努力家であった。彼は音楽家になりたかった。一時それを追い求めていたが，成功せずコンピューターの仕事に移った。結婚生活は，経済的に安定していたが，幸せではなかった。

ブリスコ氏が若い頃から悲観的で否定的な人格特性をもっていたことがわかってくるにつれ，援助者はブリスコ氏が言うほど仕事がひどく悪いものだったのかどうかについて確信をもつことができなかった。さらに，ブリスコ氏の彼自身や他人に対する態度，見た目の特徴，彼が報告した職場での人間関係，家庭内での怒りっぽさは，特定領域の自我機能の問題を示していた。エピソードに見られる貧弱な判断力，自尊心の低さに裏打ちされた壮大な野望，いくぶん問題のある現実検討能力，貧弱な対象関係，感情調節などの問題である。ブリスコ氏が人生の現時点でプロとして達成してきたことに価値を見出すことができず，彼が望むことについて認識できずにイライラし，効果的に協働することや上司からの期待に応える方法について知らなかったのだと援助者は考えた。こうした困難にもかかわらず，ブリスコ氏には数え切れないほどの強みがあった。彼には諸問題に取り組む動機があり，信頼できるサポートシステムがあった。彼は身体的に健康で，知的で，内省の能力があり，勤勉で，正直で，仕事をする実力をもっていた。

ブリスコ氏の保険では，20回分の面接料金が保障範囲であった。目標は，彼の仕事の状況に関するアンビバレントな気持ちを明らかにし，仕事の状況に適応できるように，あるいは効果的な仕事探しを開始できるように援助することであった。

2回目から4回目の面接にかけて，ブリスコ氏は彼が取り組んでいたプロジェクトについて，財政的に儲かり，業界の評価を得る可能性があったことを説明した。彼は，広報やマーケティング戦略に着手しなかった雇用主に怒りを向けた。彼はまた，仕事の将来についての不安を語り，職場が倒産しそうな状態であると説明した。援助者がさらに尋ねると，彼の雇用主は，土壇場で助けてくれる新しい投資家をいつでも得られるものだと思っているような人であることがわかった。援助者はブリスコ氏に会社の存続について過度に心配しているのではと尋ねた。彼は上司が金銭的な不平を言うとき，真剣に受け止めてきたが，上司が自身のために財政的な問題を誇張しているのではないかと疑い始めていると応えた。これまでは，上司がいつも金融債務に対応してきたことで会社はずっと売上高を増加させ

てきた。だからこそブリスコ氏が考えてきたさまざまな代替案について検討することができたのである。たとえば，そのビジネスが生き残れるかどうかを見極めるために期限つきで仕事に留まること，あるいは彼自身のマーケット戦略を開発し，雇用主とそのことを話し合うこと，また他の仕事を探すことなど。ブリスコ氏は，上司にはまだ掛け合うことは難しいが，彼が期待に応えてくれるのではないかと希望を持っているといった。

　援助者は，ブリスコ氏が成功を熱望していることや，上司に感じているフラストレーションに共感した。このことが，彼のキャリアやこれまでの仕事にもっていた失望感の表出につながった。彼は，それぞれの仕事の状況をより詳しく説明した。彼は，これまでの雇用主にも困難を感じていたが，自分が短気だったことから，「正々堂々と行動する」よりも，むしろ腹を立てていたのかもしれないと認めた。彼は，仕事をするのが好きであったが，仕事上の人間関係をとり結ぶのは苦手だった。援助者はブリスコ氏に，自分や他人に対して過度に高い基準や期待を掛けているのかどうか，彼が受けるに相応しいと感じる評価を受けなかったときや彼がそうすべきだと思うように他人が行動しなかったときに我慢できないのかどうか，仕事上のある程度の達成を受け入れることができないのかどうかについて尋ねた。ブリスコ氏は，その通りだが，いつも45歳はまだ先だと思っていたことや失敗の感情について話し続けた。

　5回目の面接で，ブリスコ氏は，彼の父親と話し合ったことについて言及した。父親は，彼に仕事を辞めないようにと言い，公務員のポジションの価値について教えた。このような父親の反応にブリスコ氏は腹を立てた。父親と息子の関係について話した後，援助者はブリスコ氏に，「大成功すること」は可能だったのかどうか，彼の失敗したという感情と，彼が受けるに相応しい評価を受けなかったときフラストレーションが増したことと，彼のやり方が正しいと父親に示す必要があることとは関連しているのかどうか尋ねた。彼はこれらの質問にぴんと来た。ブリスコ氏は，父親よりももっと成功し，父親の公務員の仕事を得るようにという助言を受け入れなかった自分が正しかったことを示すことが自分にとっていかに大切かを議論し続けた。援助者はブリスコ氏に，雇用主が自分を助けてくれないことで抱くフラストレーションは，父親への落胆や怒りにどこかで関連しているのではないかと尋ねた。ブリスコ氏は，多くの怒りを父親に向けたことをあまり考慮しなかったが，認識はしていたと思慮深そうに言った。

　6回目の面接で，ブリスコ氏はふいに，二つの採用面接を受けたが採用にはいたらなかったと報告した。彼はできるだけのことをしたと思っていたが，その結果に何が間違っていたのだろうかと疑問に思った。援助者は彼が落胆しているのがわかったが，彼は応募した最初の仕事につくべきだったとするブリスコ氏の考えに疑問を感じた。自分はあまり

現実的ではないが，これまで多くの経験をしているので，自分を証明する必要はないと感じていたとブリスコ氏は答えた。この気づきによって，彼は自分を証明することの意味やそれを求めることが，結局自身に多くのプレッシャーを引き起こし，頻繁に彼の仕事の状況においてフラストレーションをもたらす結果になっていたことを理解した。

7回目の面接でブリスコ氏は，探していた会社の採用試験を受けたが，うまくいかなかったことを再び報告した。これらの面接で身体的・言語的に自分自身をどのようにアピールしたかについての説明を受けて，援助者は面接がうまくいかなった原因について，彼に落ち度があるかをブリスコ氏に尋ねた。ブリスコ氏は，面接に乗り気ではなかったこと，頑張りが足りなかったと考えていること，またいくぶん無関心に見えたかもしれず，その場に相応しい服装ではなかったかもしれないことを認めた。彼のコンピューター分野の知識をテストした若い男性の面接者と少し口論になったことも報告した。彼は，その面接結果は自業自得だったことに気づいた。

その面接者に対応するのは難しかったろうと援助者が認めたとき，ブリスコ氏はその職場環境がこれまでのものとはまったく異なっていたことに落胆したと言い，ここで競争していくのは場違いだと思ったと言った。援助者は，ブリスコ氏が経験や力量を試されたときの彼の不全感や怒りの感情に共感した。ブリスコ氏は自ら子どもだった頃の自分を思いだし，他の子どもたちが自分をいじめたことを話し出した。援助者は，幼児期の経験を探求したのち，ブリスコ氏は子どもの頃から頑張ってきたが，今ではかなりの専門的知識を持っており，職場環境で競い合ってきたことを指摘した。新しい仕事を探すことが現時点で最善の関心なのか，あるいは自分が認められていないと思い，フラストレーションを抱くという彼の行動様式の繰り返しがあるのではないか，あるいは仕事を辞め，心機一転新しい仕事を見つけ，再び失望するパターンを繰り返しているのではないかと尋ねた。ブリスコ氏は，仕事を変えるときのパターンは理解していると言った。彼は職場に将来があるかどうか，そして彼の上司とうまくやっていけるかどうかによっては，本当は会社にとどまりたいと思っていると言った。援助者は，このことについてさらに話しましょうと言った。

8回目の面接で，ブリスコ氏は仕事で営業成績が上がったこと，開拓しさえすれば潜在的なマーケットがあることについて話し始めた。彼は当面仕事にとどまることについてそれほど悪く思わないと言い，雇用主はビジネスに関心を寄せている潜在的な投資家をずっと供給できるように見えると報告した。このことは，新しい市場戦略を試みるように雇用主に求めるために，いかに他の同僚たちの援助を得るかについての議論につながっていった。彼は今後の動向については定かでなかったが，彼と援助者はそのセッションの後半を

その対策を練ることに費やした。

ケース検討

　援助者は，探求，是認，情緒的換気，明確化，合理的な話し合い，内省，強さや達成感を確認すること，肯定的な関係の活用といった一般的な技術を用いた。ブリスコ氏との取り組み作業を通して，クライエントが取り組みパターン，ニーズと欲求との葛藤，補償的脚色，自滅行動について内省したことや解釈したことに援助者は信頼を置いた。加えて，援助者はクライエントが雇用主や同僚とつき合う新しい方法を見つけられるように援助した。

構成要素 7　焦点の維持・転換

　ISTTでは，どの面接セッションでの話題も，設定した目標を達成することに関係している。介入の焦点を維持することは援助者の責任である。しかし，クライエントの状況や新たな問題領域における変化に順応するために，初期の焦点を変換することや，拡大することが求められる時期がある。

クライエントの方向転換

　ときには，焦点づけを維持するために，援助者がコミュニケーションの方向転換をクライエントに求めることが必要になる。クライエントにとって自由に話せることは大切なので，その構造化は柔軟であるべきである。援助者は各面接セッションでクライエントの表出することに注意深く耳を傾けることが求められる。もしクライエントが新たな課題に関心を持ち始めたなら，援助者はその内容が，現状で取り組んでいる問題と関連があるかどうか，何らかの改善か変化をもたらすためにこれらを追加課題として取り組むべきかどうか，あるいは注目すべき差し迫った緊急の問題があるかどうか，決定しなければならない。

　ブリスコ氏は，周期的に勃発する妻と子どもたちとの長期にわたる問題を抱えていた。援助者はある面接セッションで，ブリスコ氏は，前夜の娘の躾について妻と口論したことを話し始めた。彼は娘の反抗的な行動をコントロールしようと試みて，それに干渉してきた妻にいや気がさしたと報告した。ブリスコ氏の娘へのアプローチはかなり厳格で，この領域について彼がさらに追求したいのだろうと援助者は思ったが，夫婦間のこのやりとりが彼らの関係では典型的なものであり，家族の

問題は彼の主たる関心でもなく、彼の仕事の問題に関連しているわけでもなく、ましてや娘との関わりに破壊的ないしは虐待的とみなせるものは見当たらなかった。そこで、ブリスコ氏の訴えを聴き、その口論について二,三質問し、事のなり行きについて尋ねた後、援助者は「この口論があなたを煩わせたのですね。このことについてさらに話をしたいのですが、あなたの仕事の問題が切迫していることの方が心配です」と言った。ブリスコ氏は、家族のことはこれまでもそれなりに納まってきているので、自分の仕事の状況に話を戻すことの方が大切だと思うと言った。

この種の介入であれば、ブリスコ氏は妻との問題について話し続けたいと表明したかもしれない。その場合、援助者が望んでいた焦点を転換して、クライエントの検討課題に応えることが望ましいだろう。自らのニーズが受け入れられないクライエントにとって、先に進むことは難しいだろう。しかし、クライエントのなかには、主要な困難と取り組むのを避ける手段として、一見、重要であるかのような問題を取り上げる人もいる。この種の状況をいかに認識し取り扱うのかは、後の章で述べる。

援助者にとっての再焦点化の必要性

短期型介入で援助者によくみられる傾向として、他の領域に話題が流れてしまい、取り組んでいる直近の問題とは関係ない主題を追及してしまうことがある。たとえば、母親と一緒に生活し、一人親家庭だったクライアさんのケースでは、援助者は、人生で父親がいなかったことについてのクライアさんの気持ちに関心を持った。援助者はある面接セッションで、クライアさんが母親について心配していると語ったので、クライアさんに、これまで父親がいてくれたら助けてくれるのにと思ったことがあるかについて、また父親についてさらに探究を続け、父親の彼女への無関心に対する気持ちを尋ねていることに気がついた。ある時点でクライアさんは、私たちはなぜ父親について話しているのかと尋ねた。援助者は、自分がコースを外れていたこと、クライエントの当面の関心に再度焦点化する必要があることに気づいた。

援助過程の拡大

ときにクライエントが示す新しい関心に焦点を当てることや、追加情報の結果として新しい目標を設定することが必要となる。初期の目標を達成することに関連した事柄が、別のものへと変化するかもしれない。あるいは、初期に考えていたこ

とよりもさらに複雑になるかもしれない。また，クライエントを援助する上で，取り組むべき新しい問題領域が現れるかもしれない。

　援助過程の途中で，クライアさんの母親に対する関心は，クライアさんが学校を欠席していることに関連した現実であることを援助者は認めた。そこで家族面接の後で援助者に話しかけてきた母親に対して，社会的なコンタクトを母親が確立するように援助することが，クライアさんへのプレッシャーを軽減できるかもしれないとする提案が援助者からなされた。このように，援助者はクライアさんの母親との取り組みを含む介入へと焦点を拡げた。

焦点を変えること

　クライエントがある危機を経験し，あるいは介入の過程の途中で何らかの他のタイプの出来事が起こる場合，焦点を変えることが必要となる状況がある。クライエントは，喪失，疾病，失業，レイプあるいは他のタイプの暴力的なレイプのようなトラウマ，あるいはクライエントに差し迫った重大な衝撃を与える妊娠などを経験するかもしれない。また，クライエントが初期に考えていたよりももっと深刻な別の問題を抱えていることが判明することがある。いくつかの困難は他に優先し，援助者とクライエントは，先んじて対処すべき必要のある事柄について優先順位をつけなければならない。

構成要素 8　進展状況のモニタリング

　援助の焦点を維持するには前線で介入目標を保持することに加えて，援助者にとって大切なことは，援助目標の達成においてクライエントが示す進展，あるいは進展不足をモニタリングする責任をとることである。援助者は，その進展がなんらかの積極的な方向に向いているかどうかをモニターする上での課題と，クライエントに自分自身のペースで進めてもらう必要性とのバランスを取る必要がある。介入の展開段階でのありがちな落とし穴は，援助者にとって，進展がないことに気づくまでにあまりにも時間がかかりすぎること，あるいは短時間にクライエントにあまりにも多くを期待することである。

改善の指標

　進展を評価するには，介入目標を達成する途上で，その特定のクライエントに

とって何が建設的な動きであるかについての何らかの明確な考えをもって援助者が着手することである。このように，クライエントがしかるべき方向に動いていることを早期に知らせる基準がある。援助者は，クライエントの介入過程への関与，援助者との相互作用，クライエントが自分のために歩む段階，思考や感情，行動，対人関係の変化などの指標を用いる。たとえば，疑い深く無口なクライエントで，自分の問題を話すのが困難だったのが，より自発的に率直に話し始めたときには，クライエントが援助者と一緒にいて安全だと感じており，介入過程により関わりが深まったしるしであるかもしれない。あるいは自分の問題を他者のせいにしていたクライエントが，自分の困難に自分がなんらかの影響を与えていたことを認め始めたならば，クライエントの自己内省の力が向上したことを示唆していると考えられるだろう。同様に，大酒飲みでAAに出席することに抵抗を示してきたクライエントが，なんとか会合に出席するための調整をしはじめるなら，クライエントは自分がアルコール依存症であるという考えを受け入れ始めているということを示していると考える。

　クライアさん，ロペツ氏，ブリスコ氏のケースでは，エピソードが終了した時点で目標は達成されていなかったが，それぞれのクライエントが建設的な方向に動いていたという十分な根拠がある。定期的に面接にきたクライアさんは，自分の心配ごとについて援助者と話し合うことにオープンで，あまり落ち込まず，彼女と援助者が合意した課題を実行する努力をして，母親に面接に加わることを勧め，学校にうまく復帰したように見えた。ロペツ氏は，援助者とともに自分の問題に取り組んでいたにもかかわらず，いまだに職業訓練プログラムに参加することや，自分の動揺する感情をうまくコントロールすることが困難であったが，学校は続けていた。また，自分の気持ちを効果的にコントロールするために段階的に少しずつ進んでおり，自滅的な行動について内省し始め，直面することに忍耐強く取り組めるようになっていた。最後にブリスコ氏は，自分の仕事を辞めることについてのアンビバレントな気持ちについてその理由を明らかにすることができ，すぐに認められなかったり，求めていた経済的な報酬を得られなかったりすることに対するフラストレーションや大げさな葛藤を鎮めることができ始めていた。また，自分の現在の感情と過去の父親との関係との関連性について内省するようになり，自分の自滅的行動についても内省し，自分の仕事の状況をどうしていくべきかについての話し合いに向かって動いていた。

進展の量や本質を認めること

　クライエントが少しずつ成果を上げて，建設的なステップを踏み出し，大きな変化を達成し，そして新しいやり方での改善をみることができたなら，援助者はこうしたクライエントの成長を認めるべきである。このようなフィードバックは，クライエントに自分たちはさらに達成できるという希望を与え，自信を与える。ときに，クライエントは自分の進展に十分気づいていないので，援助者の観察は特に重要である。

　改善がみられないようであれば，援助者はさらに話し合い，このような不十分な進捗の理由を探求し，この課題と時間をかけて取り組むようにするだろう。ある状況下では，援助者が自分のアセスメントや期待について再精査し，介入目標について再度クライエントと話し合うことが求められる。

要約

　本章では介入の展開段階における諸要素の中でも最初の三つについて述べた。それらは，ISTTでは最も頻回に用いられる技術であり，事例を取り上げ，介入を実施する上でこれらの技術がどのようにまとまり，使われているかについて説明した。また本章では，いかに介入の焦点を維持し，変化するかについて，さらには進展をモニターする方法について検討した。

第6章 The Middle Phase: Part II
展開段階／パートII

　　介入過程を進める上で援助者は，介入目標の達成の妨げとなるものを確認し，取り組む必要がある。また，援助者－クライエント関係の影響について認識し，調整することも必要である。本章では介入の展開段階での取り組み作業について考察する。

構成要素 9　変化を妨げるものに対処すること

　短期援助の特性である，援助者の姿勢（第2章），クライエントをアセスメントし，関わる能力（第3章，第4章），実存的ゴール，介入の的確な選択・活用，介入過程における焦点化とモニタリングの技術（第5章）は，良い介入結果をもたらすものである。しかし，援助者が短期介入に積極的であり，優れた調整力と高度な経験や知識を持ち，熟達していても，この展開段階をスムーズに着実に進めることは難しい。段階を進めるうえで，ものごとの進展，変化，動きがないことは，通常の一連の取り組みにも起こりうることである。

進展を妨げる理由

　援助者は，介入過程でクライエントが送るサイン，たとえば妨害やなんらかの干渉，または不満や落胆などに敏感でなければならない。ときにはクライエントが，援助の成果が上がらないというような，なにがしかの不満を直接口にすることもある。しかしクライエントの多くは，過度の沈黙，一言も言わない，短い言葉で返答するなど，曖昧な態度を示すことがあり，話題を変更・回避するためにとめどなくしゃべり続けたり，また新しい問題・課題を持ち出すこともあり，予約時間に現れ

ない，遅れて来るといったやり方で，ネガティブな感情を表現するかもしれない（Greenson, 1967; Strean, 1978）。これらのサインがあったとしても，それは必ずしも援助を妨げるものではない。多くの場合，援助者はこれらの障害物に取り組むことよりも，クライエントとのコミュニケーションに終始注意を払い続けることが，援助者にとって，求められることである。

変化が難しい理由はさまざまである。たとえばクライエントは，(1) 新しくてなじみのないものに恐れを抱いている。(2) これまでのやり方に慣れており，それが重要な機能を果たしていることから，すでに確立され，習得されている見方，考え方，感じ方，振る舞い方を変えることが難しい。(3) 特定部分の修正に時間がかかる。(4) 変化の結果にはポジティブなものとネガティブなものとがある。(5) クライエントは変化がほとんどないことや変化の遅さに落胆するかもしれない。(6) クライエントの進歩を妨げているのは内面的なものかもしれない。(7) 環境がクライエントの変化を支持せず，クライエントの変化を露骨に頓挫させているのかもしれない。(8) その環境には十分な資源がなく，あるいは資源へのアクセスが難しいかもしれない。さらに，援助者-クライエント関係の中で発生する問題が，介入過程の妨げの原因となることもある。援助者-クライエント関係のISTTにおける重要性から，その一般的な特性と潜在的な困難については，あとで別途議論する。

変化することへの恐怖

人は慣れ親しんでいないことに恐れを抱くが，それは珍しいことではない。クライエントは新しい行動を試そうとしたときでさえ，その変化がもたらす結果について心配する。たとえば，ある女性が，仕事上の同僚や上司に対して怒りや敵意を持っているのに，他の人たちとうまく関わりたいと願い，楽しそうに協力的に振る舞おうとしているなら，彼女は先を越されるのではないか，だまされるのではないかと恐れ，不安になるだろう。同じように，学費の捻出に苦労しながら，野心をもち成功したいと願っている男性は，周りの人が彼に対してさらに頑張るようにと過度な期待を持つことに恐れを抱くかもしれない。同様に，言葉の暴力を浴びせる夫に対して，もっと自分の意見を主張し，夫から尊敬されたいと望む女性は，もし彼女がはっきりと主張したなら，夫が自分から離れてしまうのではないかと心配するかもしれない。また，自尊心が低く新しい友達を作りたいと願う男性クライエントは，他の人々が彼のことを知れば，本当の自分を見透かされるのではないかと恐れるかもしれない。最後に，自分自身が不適切で依存的であると認識している女性も，自己のアイデンティティのある部分を放棄しなければならないことに対して居

心地の悪さを感じるかもしれない。

習得したものを変えることの困難さ

自分自身のやり方，知覚の仕方，考え方，感情および振る舞いについては，幼少期に形づくられ植えつけられたものである。それらは，適応機能として働くこともあれば，否定的な結果を引き起こすこともある。それは時代遅れのやり方であり，自分を傷つける結果をもたらすかもしれない。たとえば，アルコール依存症の両親のもとで，自分のことは自分でするというやり方を学んだ子どもが，孤独で大人たちからの支援がないと感じるかもしれない。もっと他人と親密になりたいと願っていながら，しかし物事を独力で行うので，他人を必要としない，もしくは他人に助けてと言えないパターンに慣れているかもしれない。青年時代に高校を中退したことで厳しく非難され，自分自身を愚かで，できの悪い学生だったと思っているならば，知的で有能であるという客観的な根拠があったとしても，若い時の自分自身への見方に固執するかもしれない。さらに，環境と人格の両方の要因で，慢性的に支離滅裂な生活を送り，危機から危機へと取り組み生きてきたクライエントもいる。援助に対して，問題のすばやい軽減と解決を求めるため，援助過程でその効果がすぐに出ないときには容易に頓挫する。そのようなクライエントは，設定した焦点やゴールの達成を阻止する新しい緊急の問題を繰り返し持ち込む傾向がある。

変化は時間を要する

クライエントが前向きな一歩を踏み出す場合でさえ一定の変化が現れ，そしてそれが根づくまでに，ときには後退するかもしれないが，時間をかけて，取り組みを実行することが必要である。たとえば，衝動コントロールに問題があり，多少の挫折で他人に腹を立てる女性クライエントに対して，援助者が彼女のフラストレーションを変換させ，新しい状況対処の方法を試みても，彼女はさらにストレスを強く感じ，かんしゃくを起こすかもしれない。また，彼女が過去の機能不全の振る舞いに戻り，自分自身や援助にフラストレーションを覚え，介入プロセスを中断したいと思うかもしれない。

変化がもたらすポジティブな結果とネガティブな結果

クライエントのさまざまな選択肢は，それぞれにさまざまな結果をもたらすので，選定には困難が伴う。たとえば，妻や子どもたちを経済的には十分に養っている夫に対して，虐待を理由にこの夫から離れようと真剣に考えている女性が，職業的技能をほとんど持っていないとすれば，彼女は，夫と別れても経済的に困窮し，彼女一人で子どもの面倒をみなければならないという状況に直面するだろう。薬物

依存者が麻薬をやめたいと考えるなら，薬物からの離脱を維持するために仲間との関係を断ち，喪失や孤独の感情に耐えなければならないだろう。

進歩がみられないことへの落胆

多くのクライエントは，ゆっくりとした変化や，わずかな進歩に落胆する。このことは特に，以下のような状況下のクライエントによくみられることである。自分自身に極端に高い期待を持ち，フラストレーションへの抵抗力が低く，複数の，かつ継続的なストレッサーにさらされ，しかも，非現実的な目標を立て，それに対し常にフラストレーションを抱き，環境上の障害に直面している。このようにクライエントがわずかな進歩に落胆すると，自身や援助者を非難し，援助から離脱することさえある。たとえば，職場でうまくいかなかった日には，子どもたちに怒鳴り散らす傾向のある男性は，その特性を克服するための努力をしてきたにもかかわらず，深刻なストレス下にあって感情の爆発をさせてしまったことに，みずからの進歩のなさを感じ，自分自身や援助者を咎めるかもしれない。同様に，長距離を一人で運転するの不安を克服したい女性は，普段の生活圏内で数マイル運転できるようになったという成果をさら矮小化し，「こんなことは長距離運転をする目標のために意味があるのか？」と疑問を感じ始めるかもしれない。最後に，子どもたちを里子に出した後，再び引き取ろうとしている女性は，子どもたちとの面会，親業教室への参加，適切な住居を探すこと，職業訓練プログラムの選択，個人カウンセリングを探すなど，引き取る際に求められる条件の多さに圧倒されてしまい，その結果，ストレスが増加し，彼女は目標に到達できるのだろうかと疑い始めるかもしれない。

変化への内面的障害物

クライエントが望む変化が起きないのは，内面的な障害物のためかもしれない。彼らの進歩や集中状態には問題があるように見え，明らかな後退がある場合でも，「抵抗」だとすぐに決めつけずに，前述した課題を検討することが重要である。内面的な障害が影響している場合，多くの原因が考えられるだろう。たとえば，幼少時代に端を発する競争，依存，喜び，自律性，愛情行為，自己主張，あるいは適切な怒りなどの葛藤は，クライエントの目標達成の能力を阻害する罪悪感や深刻な不安を含むかもしれない。その他の例では，クライエントを幸せにしないような人との相互作用や，クライエントが変化したいと望むような人との相互作用は，幼少期の両親や家族との経験を繰り返すことであり，クライエントの長年の欲求によるものである。しばしば，このような幼少期の相互作用は，自己と他者についてのネガ

ティブな内面化をもたらし，クライエントがそこから自己を解放するのが困難となるような歪んだ考え方や知覚のパターンを生み出す結果となる。たとえ，その人格特性が，不適応であったり，他者に対して問題であったり，クライエントの困難の原因であったとしても，それをクライエントが自身の一部とみなし，変化を望まないとすれば，その根拠は抵抗で示される。

変化への環境的障害物

環境的障害物として，変化に向けた援助やクライエントの努力を積極的に巻き込んでしまう人的・状況的な環境条件がある。そのような反応は進歩を阻止し，自分自身であり続けようとするクライエントに圧力をかけ，援助から退かせる原因になるかもしれない。たとえば，横暴な夫にみじめさを感じ援助を求めてきた女性が，自己主張するようになり従順でなくなり始めると，夫はさらに管理を強め，彼らの関係を壊した援助者を責めて，援助を終わらせるように妻に要求するかもしれない。この状況は，クライエントに激しい葛藤を引き起こすかもしれない。自立しようと葛藤している思春期の若者は，10代の自立の試みを邪魔する両親からの制限や懲罰的な行動がますます強まるのを経験するかもしれない。子どもを里子に出しているアフリカ系アメリカ人の女性が，援助者の助けを借りて，子どもを引き取るために安全な地区で新しい住宅を探しているときに，賃貸広告が出ているアパートの白人の家主から繰り返し賃貸拒否にあう経験をするかもしれない。

クライエントの資源獲得の援助は，介入過程に不可欠で主要なものであるが，使える資源がない場合は，援助目標の達成の妨げになるかもしれない。しばしば援助者とクライエントは，物質依存者のプログラム，職業訓練プログラム，放課後プログラム，DV被害女性のシェルター，精神科の入院治療，生活状況の指導などのサービスを探して利用しようとする際に，かなりのフラストレーションを経験することがある。さらに，クライエントに受給資格や他の具体的なサービスを保障するための援助は，先送りにされることもあり，支障をきたすこともある。

変化を妨げるものを克服する

クライエントは，ときには，援助がうまくいっていないことを自分から告げることがある。このような状況では，援助者はクライエントの反応を認め，追及し，さらにその理由も探求することが必要がある。援助の支障になるようなクライエントの言動，ないしは欲求不満や落胆した言動を援助者が観察したなら，この観察結果を非審判的，共感的な態度でクライエントと共有することが重要である。クライエ

ントが援助者に同意できれば，さらに探求を進めることができる。しかし，クライエントの同意を得られない場合，クライエントとの面接でその問題を取り上げるには，その観察結果の妥当性が明らかになるまでは，援助者は待つことが有効であるかもしれない。

　クライエントの感情に共感することやクライエントの反応や言動の理由を話し合うことは，介入過程を前進させるうえで意義あることかもしれない。また，クライエントの問題と取り組む新しい対策を生み出すための基盤となるかもしれない。ときには，クライエントに変化の過程や誰もが持つ感情などを教えることも助けになるだろう。幼児期に性的虐待を受けたことのある若い成人女性が，夫との関係で彼女の能力が妨害されているとする侵入思考を訴えて援助を求めてきた例について考える。5回目の面接後，彼女は，問題を克服できないことの失望感について話し始めた。クライエントの感情を慎重に探求するうちに，彼女が問題はすぐに克服すべきであること，感情を話すことは役に立たないこと，外部の援助を求めたのは間違いであったと考えていたことがわかった。援助者は，虐待を切り抜けるには感情を殺さなくてはならなかったため，動揺した感情や幼児期の経験を話すのは難しいこと，そして同様の経験を持つクライエントであればそのような考えをもつことは珍しくないことを説明した。さらに虐待を受けた子どもは自らの体験を語れば，詮索され，非難されるのではないかと感じ，その結果として孤立し，自分自身に多くを期待するものであると，援助者は付け加えた。クライエントは無言でうなずき，涙ぐみながら自分に起こったことを認めるのは難しいが，自分の問題と取り組む努力をしたいと話した。

　さらに援助者は，クライエント独自の個性や内面の力動，関係作りのパターンや生活状況を理解したうえで，クライエントの取り組みを妨げているものについて，考えられる限り説明や解釈をクライエントに伝える必要がある。特にこれは，外的な障害よりむしろ内的な障害に起因している場合に必要である。短期アプローチを使う援助者は，クライエントが聞く耳をもたないときに，このような説明をすぐさま，また強引に，繰り返し行う傾向がある。クライエントは，こうした説明を理解できずに，責められたと感じてしまうため，援助者は断言するのではなく，策を練って，敏感に反応することが重要である。援助者の説明や，その方法に対するクライエントの反応を話し合うことは，クライエントの取り組みに生じている困難を克服し，成長への軌道に戻す手助けとなる。アルコール依存が原因で人間関係の問題をもつ男性クライエントの例をあげる。クライエントがAAに出席しない言い訳

を次々と考えつき，酒をやめる意思を述べたにもかかわらず，飲み続けていたことに援助者は気づいた。援助者はクライエントにとってAAに継続的に参加し，アルコールなしで生活することは難しいことだと言った。彼は，酒を飲めなくなることを受け入れられず，AAミーティングを避け，自分自身で飲酒をコントロールしようとしたと言った。援助者は，お酒を飲まないとどうなってしまうのかというクライエントの恐怖感を探り，彼自身がお酒をやめようと努力したことを認めた。援助者は，クライエントが自律の感覚を保とうとすることはとても重要であり，それは幼少期にどの程度他者からコントロールされていたかに関連があるかもしれないが，その努力は効果がないので，別の努力が必要であることを付け加えた。クライエントは，しぶしぶ一日しか断酒できなかったことを認めた。援助者は，クライエントにとってAAへの参加が助けになること，過剰な飲酒に走らせる彼の感情に対処しうる別の方法を開拓することについて焦点をあて，話し始めた。自信を持ちたいとか状況を変えたいと欲していながら，その問題に影響を与える諸側面についてクライエントが認めないならば，より複雑な状況が発生する。進展を妨げているのは，深いところで凝り固まった内的ブロックや，自己や他者への厳格な知覚の結果である。これらの妨げは，どの援助形態でも問題となるが，特に時間制限があるアプローチでは苦労することになる。ときには援助者はこのようなクライエントに直面化の技法を使う。この技術を採用し，クライエント自身や他者についての見方を崩せるだろうと期待し，またクライエントが新しい考え方や行動の仕方をオープンにし，活用できることを期待して，クライエントの態度や言動の自滅的，破壊的，または不適応な側面について指摘する。しかし，この技術を意図せずに活用すると，クライエントは援助者に非難されたと感じ，問題ある態度や怒り・感情を爆発させ，硬直させ，援助から退くこともあるだろう。

　直面化の技術を使用するよりも，むしろクライエントに対する援助者の機能を認めてもらう方が望ましい。それは，クライエントに何が機能不全的な態度や言動であるかを理解させ，またその意義や目的を探求させることである。たとえば，自分の仕事の能力にプライドを持つ女性は，雇用主から批判的で要求がましく，従順でないという理由でしばしば停職処分を命じられても，自分の行動に問題があるとは考えないかもしれない。他者が自分を利用していると思っているクライエントには，職場での自滅的な振る舞いの本質に「直面化」させることよりも，自分の強さをみせることや感じさせることのほうが重要であることを，援助者は認めるべきである。これを認めることで，都市部の貧困，家族による虐待から抜け出すために，

怒りや攻撃性をどのように用いてきたのか，また弱みを見せることへの恐怖についての探求へと援助者とクライエントを導くことができるだろう。また，援助者はこのような情報を活用し，以前は強さであったものも，特定の状況下では不利益になることの理解を，クライエントに促すことができるかもしれない。

上述のような困難に対して，認知的技法を用いて取り組むこともできる。それは特定の考え方や感じ方，行動の仕方が存在することを認め，それらの対応の仕方についての歪みや不合理を認め，一方的か限定的かを理解し，新しい，適用可能な代替案の開発を通してクライエントを援助することである。

構成要素 10　クライエント・援助者関係のマネジメント

ISTTの介入過程において，援助者－クライエント関係は，重要な要素である。第4章では初期段階におけるクライエントとの契約の重要性について論じた。しかし介入の展開段階では，援助者・クライエントの関係における特性はさらに重要なものとなる。

ここでは，援助者－クライエント関係の五つの要素，(1) 協働同盟，(2) 実存の関係，(3) 転移，(4) 逆転移，(5) 援助者の態度，期待，信念，価値，偏見，を考慮しなければならない。

協働同盟

協働同盟とは，援助を求めてきたクライエントが積極的に援助者とともに問題と取り組み，自身の能力を用いて協働することである。クライエントが，援助者を，共同して確認した目標の達成に協力し続けることができ，的確な実存する人として認識することが求められている。協働同盟では，クライエントが，援助者ないしはプロセスに対する激しい感情や潜在的な問題への反応を起こすとき，その問題に工夫して取り組み続けるための作業が必要である。たとえば，クライエントに援助者の役に立ちたいという願望を認識する能力があれば，クライエントは失望や恐怖をもちながらもその援助過程に留まるかもしれない。

協働同盟のモニタリングや維持管理のために，援助者はときどきクライエントに，その作業をどのように進めたいのか尋ねるとよい。このような探求は，クライエントに介入過程のポジティブとネガティブの両方の反応を分かち合う機会となり，援助者とクライエントにその援助の目標と焦点を思い出させることにもなり，

その作業で効果が出せるように調整することに役立つ。

　クライエントが十分に援助に参加していないとか，協働のパートナーとして援助者を活用していないと援助者が気づいたならば，援助過程における相互責任に対するクライエントの期待を探求し，相互関係を充実させる方法を確認するのが賢明である。援助者とクライエントがともに作業していること，これまで得てきた小さな成果を指摘すること，援助を求める能力や割り与えられた時間内で変化するクライエントの能力を信頼していることを表明することは，ときには援助者にとって有効である。

実存の関係

　クライエントと援助者は，「生身の人間」なので，援助過程に互いの人格特性と関係形態を表明し，持ち込むことになる。それは援助作業を強化することもあれば，妨げることもある。ポジティブな側面としては，クライエントと援助者が互いの特性を共有し，価値づけ，それを基盤にして関わることである。ネガティブな側面としては，クライエントが援助者の資格や能力，役割意識を尊敬する一方で，援助者の人格，取り巻く環境，その言動の諸側面をクライエントが現実のものとして知覚し，否定的に反応することである。クライエントの感情を防衛的にならず受け入れて探索すること，可能ならばクライエントの心配事を軽減すること，さらに両者の特性が存在しながら，クライエントにとって援助者が援助者であることを再保証することは重要である。ときには，知覚したものや心配事について話すというクライエントの行為そのものが，援助を適切に進めていくうえでの妨げにもなる。たとえば，子どものことが過剰な負担となっている母親は，若くて経験の浅い独身援助者に彼女の困難は理解できないので，必要なアドバイスや指導ができないだろうと感じている。援助者がクライエントの感情を引き出すことができ，それに共感することができれば，クライエントは援助者に理解され，繋がっていると思い，援助者にさらに信頼をおくようになるだろう。

　援助者は，真剣にクライエントを助けたいと思っているが，その一方でクライエントの特性，言動，あるいは攻撃的な，威嚇的な，迷惑そうな態度が目につくかもしれない。このようなクライエントの態度に対する援助者の反応は，理解できるものであるが，援助者は，受容と尊敬をクライエントに伝え，クライエントの行動の意味を理解しようとし，その中にある価値を見出す努力をすることが必要である（Noonan, 1998）。クライエントは，信頼に足る波長の合った関係や的確な役割モデ

ルをはく奪されてきたので，援助者がより誠実でありのままであることが，必ずしも必要とはいえないが，効果的なこともある。援助者は，ユーモラスに振る舞うことや，適切な愛情を示すこと，あるいは診断的方向づけがある場合には，クライエントの情報を的確に選択し共有することもできる（Goldstein, 1995a, 1997）。

　援助者が「ありのままでいる」ということは，個人的な情報を見境なく明らかにすることや，常に自発的に行動したりするという意味ではない。未熟な援助者には起こりがちだが，クライエントの質問に対して個人的情報を何もかも明らかにしなければならないと感じることがある。援助者が個人的な質問に答えるのは自分の方針ではないと伝えると，たいていはクライエントをがっかりさせることになるので，クライエントが何を尋ねられているのかについて理解できるまでは，このような質問に応じるのは居心地のよいことではない。援助者がクライエントにこれを伝えても支障が生じることはないと考えることが大切である。クライエントが援助者の個人的なことを尋ねるのは，援助者が彼らを理解し，助けとなってくれるのかを判断しようとしているのであって，実際に質問の答えを知りたいわけではない。もし援助者がクライエントのコミュニケーションの潜在的な意図を理解し，それに取り組むなら，クライエントにとって意義のあることだろう。

　クライエントが援助者に依存し，愛着を感じ始めると，援助者とクライエントの双方が短期の関係の本質に関心を向けるようになる。援助者にとって，クライエントの不安や恐れを探求し，予測される喪失ないしはあいまいさの感情に共感を示し，ストレングスをサポートすることはきわめて重要である。もしクライエントが，みずから終結についての話題を出さない場合でも，援助者は，介入過程を終結する日時についてクライエントと話し合う必要がある。その後，援助者とクライエント双方が終結時期を視野にいれ，これまでの進展について，また達成すべき残された作業について話し合い，さらに終結についてクライエントが経験している感情に対応することになる。

│ 転移

　クライエントは援助過程に，過去の経験，関係パターン，充足されない欲求と願望，内的葛藤を持ち込むが，援助者に対する反応のいくつかは，単に援助者の実際のパーソナリティそのものの影響によるものではない。「転移」とは，そのようにクライエントが援助者に対して経験する，クライエント自身のパーソナリティから生じた態度や感情，行動を表現する用語である。これらの反応には，陽性，陰性

があり，援助関係を促進も妨害もする。また，クライエントのパーソナリティや他者との関係パターンの重要な指標でもある。たとえば，クライエントが援助者を理想化するのは，援助者の賞賛すべき特徴によるというよりも，クライエントの過去の経験にもとづいているか，もしくはクライエントが完璧な母親像を求めていたからかもしれない。この理想化する態度は，クライエントに援助してもらえるとの感情をもたらすか，もしくは即座に進展がみられないときには，援助者に失望することになる。この転移反応は具体的なものである場合もある。クライエントは援助者に権威の代表を見出しているのかもしれない。もしくは，クライエントの日頃の他者との関係のもち方を示す反応であるかもしれない。すなわち，このことはクライエントが他者の反応に生き方を委ねてきたことを示し，もし他者がこのクライエントの期待に応えられないとクライエントはひどく落ち込んでしまうだろう。一方，クライエントが援助者から非難されたと主張するときは，クライエントが厳しく養育者に育てられたことから派生しているかもしれない。一見，中立的にみえる介入でもクライエントは敏感に察知するので，援助者にはクライエントの機能している部分を探索することが難しくなる。上述の例のように，クライエントの転移は，援助の特定の状況においてみられるものかもしれないが，他者は自分を非難するに違いないとのクライエントの予期を反映しているかもしれない。

　一般的に短期アプローチは，転移を最小化することができる。援助は高度に構造化され，時間は限定され，「今・ここで」に焦点化され，現実を中心に検討し，援助者の専門的な働きが求められる。結果として短期アプローチは，構造が不明瞭で，期限設定のないアプローチのような激しい反応を起こすこともない。軽い陽性転移のタイプは，それが短期的援助の中で生じる程度なら，治療上の同盟に役に立てることができるので，追及や希釈化は必要ではない。これに比べて，陰性の反応が現れはじめた場合，それが軽いものであっても治療上の同盟を妨げるので，対処する必要がある。たとえば，過去の経験や他者の意向に不信感をもつがゆえに，援助者を支配的な権威者として認識し始めるクライエントの場合，援助者は，クライエントの現実検討を助長し，その援助過程の相互関係を再確認させ，援助したいという気持ちをもう一度クライエントに伝えることが重要である。

　これは援助構造の特徴でもあるのだが，また転移反応を最小限にしようとする援助者の努力にもかかわらず，クライエントに激しい転移の反応を引き起こすことがある。実際に，喪失，ネグレクト，虐待，放棄，離別，拒絶といったトラウマのあるクライエントの場合は，時間制限のある短期的援助では，ニーズが満たされない

という感覚を呼び起こすことがある。もし援助者がこれらを理解し，クライエントにとって有益な方法で対処することができれば，クライエントはこの修正経験を通して肯定的な関わりを深く感じるときを迎えるだろう。しかし，反応には，充足されないニーズからの刺激に起因するもの，時間制限のある短期的援助の特徴に起因するものなどもあるが，予測できない落とし穴があるので，クライエントにとっては重要な存在となっている援助者との離別ができるように援助する必要がある。いわば，介入過程でこの側面を取り扱うには，注意深く，敏感で，かつ技術を使う必要がある。

　陽性もしくは陰性の激しい転移反応は，援助者とクライエントの協働同盟を壊すかもしれない。たとえば，クライエントは自分の歪みに確信を持つことで，激しい感情や欲求に圧倒されるだろうし，満足を求めて，ときにはいらだちをも感じ腹立たしく思うだろう。多くの場合，援助者は共感的な確固たる態度を保ち，治療同盟を回復する目的でクライエントの観察自我に関与すること，またクライエントが自らの行動の原因や意味を理解するよう促すことによって，これらの転移反応を拡散させることができるかもしれない。もし，援助者がクライエントの反応の激しさを軽減できなければ，クライエントにとって援助が嵐のような関係に感じられ，来所しなくなるかもしれない。この激しい反応傾向は，概してクライエントに人格機能の問題がある場合や，子ども時代に虐待の犠牲者であった場合にみられる。

　クライエントの転移が，特定の援助者－クライエント関係を越えたものであるとき，またクライエントの主たる内的葛藤，他者との関係性における特徴的なパターン，満たされないニーズや憧れ，その人の脆弱性や弱点，内面化された対象関係などを反映するとき，その反応と援助場面で示された日常生活や問題に対するクライエントの反応，および反応の類似性をクライエント自身に認めさせることは援助者にとって有効であろう。そうなれば，援助者とクライエントは共に，何らかの意味でクライエントにとって弊害をもたらすような考え，感情，言動の傾向を探り，クライエントが適応可能な範囲の反応を発達させるように援助することができる。たとえば，職業訓練プログラムで先生たちやクラスメイトへの言動を巡って問題のあるクライエントは，援助者が助けたいといったとき，拒否的で，無愛想で，ぶっきらぼうであった。援助者は協働による取り組みプロセスにおいて，訓練プログラムの参加者たちがこのクライエントの問題のある言動を体験したことを取り上げ，クライエント自身に自らの言動を観察させ，それを理解させ，さらに他者との適切な関わり方を確認させ，練習させることができた。クライエントは新しい言動

を試したとき，彼女に対する周囲の人々の反応が良くなったことを理解した。援助者は，このクライエントの防衛的で対立的な態度の源を発達上に探るよりも，この人の態度を直接修正する選択をした。短期アプローチでは，援助者は，ときにクライエントが，問題となっている現在の機能の特定の側面の源を変化する過程の一環として理解するように援助する。

　クライエントの援助者に対する強烈な反応のすべてが，転移の結果とは限らない。ときには援助者の態度や振る舞い，あるいは言動が，クライエントに適切な反応をもたらす場合もある。十分に意図されたものであっても，援助者の振る舞いや声のトーンや介入は，調和の欠如や，未熟な自己覚知や自制心不足として映るかもしれない。クライエントの反応性が極めて高く，敏感であると思われたときでさえ，クライエントの強い反応に対して，援助者はとるべき責任について自己点検し，その責任を受け入れることが重要である。たとえば，思春期の女子学生が他の学生から脅し文句をいわれたと説明し，スクールソーシャルワーカーは，クライエントに対して，はずかしめを受けたのねと言ったとする。その学生は，腹立たしそうに「私は怒っているの。はずかしめを受けたのではないの。どうしてあなたはそんな馬鹿げたことを言うの？　そんなこと訪ねるよりも，気持ちを聞いてくれればいいのに」と答えた。援助者は，「ここでのやり方が気に入らないなら，他の学校を探せば！」と言い返した。学生はすごい勢いでオフィスを出て行った。スーパーバイザーは，援助者は学生が敵対的で攻撃的だと思ったようだが，援助者の最初の発言は，間違った思い込みによるだけでなく，思春期の子どもは，特に親のような存在の人から自分の気持ちについてふれられたくないと思っている点に配慮がなかったことを欠点として指摘した。援助者は，学生が過剰反応をしたと認識したが，それだけではなく，クライエントを脅かしたことによって問題を悪化させたのではないかと心配した。

逆転移

　援助者は，クライエントと同じように，援助過程の関係パターン，満たされないニーズや望み，内的な葛藤に直面する。だからこそ，援助者のクライエントに対する反応は，単にクライエントの人格そのものの影響に起因するわけではない。上述の例のように，援助者が思春期のクライエントの感じたことを「屈辱的」に描写したのは，思春期に自分が同じような状況で感じたことを反映していたのかもしれない。さらに，クライエントの怒りの爆発に対する援助者の拒否的で懲罰的な反応

は，専門家としての怒りの抑制や責任不履行に関する援助者自身の問題から生じたのかもしれない。

「逆転移」とは，援助者がクライエントに対して経験するもので，しかも援助者自身の人格に由来する態度，感情，行動を説明するための用語である。クライエントの転移と同様に，援助者の逆転移には陽性と陰性があり，援助の進展の妨げとなることもある。たとえば，援助者が満たされない依存的ニーズを持ち，非養育的な親に育てられたとすると，最近未亡人になった，積極的で温かく，しかも困窮している老婦人に対して好意を持ち，彼女を援助したいと思っていることに気づくかもしれない。援助者の個人的感情がポジティブであれば，クライエントに対する共感を高め，自らを投資するかもしれない。しかし，この援助者の感情はまた，クライエントに他者との関わりや活動を勧め，自身のためにもっと何かをするように勧める妨げとなるかもしれない。また，横暴な中年男性に対する援助者の怒りや審判的な反応は，これが命令的な父親を持った援助者自身の幼少期の体験を反映しているならば，援助者はこの男性がこれから体験するだろう事柄に敏感になれないかもしれない。

援助者の自己覚知の能力は，介入全体においてきわめて重要な側面である。援助者も人であり，クライエントに対してさまざまな感情や反応があることも，本質的にクライエントの言動の良し悪しや，または正しいとか間違っているとかではないことを認める必要もある。重要なのは，援助者が自らの反応を確認し，理解し，調整することができれば，援助に害を与えるようなやり方をクライエントに伝播することはないだろう。援助者が自らの逆転移を認識し理解すれば，個人的に反応することも少なくなるだろう。その内省と抑制は，ときには難しいものである。援助者には盲点もあり，また衝動的に行動することもある。援助者が，コミュニケーションのミスや配慮に欠けた行動を正直にかつ率直に示すことは，援助者のミスや配慮のなさから生じた結果を改善するのに役に立ち，援助者の人間性を伝えることにもなる。スーパービジョンとコンサルテーションも活用することにより，援助者が混乱を起こすような逆転移の反応を認識し調整するのに役立つ。たとえば，援助者が，あるクライエントの依存や愚痴を言う態度に怒りを示すような特定の反応を別のクライエントでも繰り返し体験し，それを認識し始めたならば，その反応を受け入れるよりも，援助者にとってこれらの反応の理由を詳しく調べることが有効であろう。

クライエントは援助の中で，対人関係の相互作用における機能不全を再現する

よう言動によって援助者に仕向けるかもしれない。クライエントは意識せずに，援助者が特定の感情や役割を演じるように仕向け，誘導することもある。このようなプロセスが起きているとき，認識することは常に容易なわけではないが，援助者は強く，切迫した特異な感情状態，あるいは退屈，無感動，飢え，心配，睡魔に十分に注意を払う必要がある。他のタイプの逆転移と同様に，援助者は自らの反応の理由について確認し理解するように努めなければならない。この状況で，援助者がクライエントの経験やそれを持ち続けてきたことを大変だったであろうと感じるならば，クライエントは人生における重要な他者に対するのと似た方法で援助者に対応し，感じとってほしいと要求するかもしれない。

援助者の態度，期待，信念，価値観，偏見

　援助者のクライエントに対する反応には，援助者自身の態度，期待，信念，価値観，偏見が影響するかもしれない。援助者が，自分にとてもよく似ているクライエントには，過剰な同一化をすることになり，自分とはまったく異なるクライエントには，よそよそしく，関わりをもたないか，あるいは手厳しくなることもある。家庭内暴力を乗り越えた援助者は，同じような状況にある女性クライエントに対して，自分と同様の方策や期限内での対処を期待するかもしれない。そしてクライエントができない場合に不満に思うかもしれない。同性愛に理解は示すが，望ましいとは思っていない既婚の異性愛女性援助者にとっては，家族に同性愛者であることを表明すべきかどうかに葛藤しているレズビアンのクライエントをエンパワーすることは難しいかもしれない。

　援助者の態度，期待，信念，価値観，偏見がどの程度クライエントの理解や関係に影響を及ぼすかについて，自覚の重要性は軽視できない。援助者側の傾向として，すべてのクライエントを受容し尊敬するという専門的価値観にもかかわらず，特定の診断や問題，人種，民族，社会階級，宗教，ジェンダー，性的指向，多様性に対する先入的な態度がクライエントに影響を与える。援助者にとってはクライエントとの相違を受け入れる努力の一方で，自己のステレオタイプで否定的な態度の存在を否定するのではなく自覚する方が望ましい。そのような認識は，クライエントとさらに波長を合わせ，そのような相違と取り組めるようにクライエントを解放したり，援助者がクライエントに与える影響について探求することを可能にする。

　最後に，クライエントの介入過程での振る舞いについて，援助者は何らかの期待を持つものである。援助者は，しばしばクライエントの言語力，洞察力，動機づ

け，知力，関わり能力，協働の力に価値をおく。クライエントが援助者の考えに一致しない場合は，「難しい」クライエントとみなしたり，クライエントの振る舞いを「反抗的」と解釈したりして，故意にまたは無意識にクライエントに援助から退くように仕向けたり，他の援助者や他の機関に依頼する理由を見出そうとするかもしれない。クライエントを非難するよりも，援助者は自分の期待を改め，それぞれのクライエントの独自性に向き合っていくことが重要である（Noonan, 1998）。

要約

本章は，介入の展開段階に発生する，多くの変化の過程の妨げとなるものについて議論し，その対応策を提案した。また，これらの反応への対処を促進または妨害する援助者－クライエント関係についても多様な側面から検討した。

第7章 The Ending Phase
終結段階

　介入過程の終了，もしくは終結の段階は，初期の段階と同様に複雑で，しかも重要であり，そして多くの課題を含んでいる。援助者の終結の対応次第で，これまでの作り上げてきた獲得物をクライエント自らが統合することやクライエント自身で取り組み続けること，また，新たな介入計画や資源紹介へと繋げることができる。それは，また，クライエントが新たに必要な援助を求める段階の開始ともなる。本章では ISTT の終結段階の四つの構成要素／終結に取り組むこととその意義［構成要素11］，成長の振り返りと未解決な問題の確認［構成要素12］，援助者・クライエントの関係性の完了［構成要素13］，他機関の紹介とフォローアップ［構成要素14］について述べる。

構成要素 11　終結に取り組むこととその意義

　ISTT のおおよその終結期日は，一般的に援助者とクライエントとの介入過程の開始当初に設定され，中間段階の期間まで目標として維持される。時間制限のある援助の性質と短期介入で取り扱うクライエントの問題の種類から，援助方針は固定されるので，終結段階ではクライエントの目標が必ずしも達成される必要はない。援助者がクライエントに一定期間集中させ，終結まで関わりを維持できてはじめて終結段階は成り立つ。援助者は，クライエントに関係する諸課題と取り組むために，十分な時間が残されている時点で終結のあり方を提案すべきである。終結段階に必要かつ適度な時間数は，面接回数や面接時間の総数によって異なるものの，2〜4回の面接回数が適切である。

　終結に対するクライエントの反応性を重視せず，この段階に注意を向けない著

者たち（Epstein, 1992; Beck, Emery, & Greenberg, 1985）とは対照的に，ISTT では，クライエントの終結に対する考えや感情を引き出すことが援助者にとって重要である。またクライエントが初期段階で終結に同意したのに，終結の日が近づいたことに気づいて驚くこともある。あるいは，心配，肯定的な予測，恐れ，失望，悲しみ，嘆き，怒り，無関心，または課題に対する興味を失うなど，共通したさまざまな反応を表す。

　援助者は，一般にクライエントの述べた感情に共感し，それらの感情を探究するだろう。もしクライエントが明らかな反応を示さなかったり，終結の話をしたくないように見えたら，援助者はクライエントの反応のなさについてコメントしたり，または，感情を言語化することが難しいのかをクライエントに尋ねるだろう。このような状況では他の人々もさまざまな感情を示すことをクライエントに伝えることや，終結について何らかの感情を持つことの妥当性を認めることは，援助者にとって有効である。援助者の関わり方は，クライエントの反応の程度や質に影響することは明らかである。

構成要素 12　成長の振り返りと未解決な問題の確認

　多くの場合，援助者はクライエントに対して，成長を振り返り，強化する機会を与え，その他のストレングスや能力を支持するであろう。また，クライエントの今後の人生の歩みに自信をもたせることによって，終結の話題に対してクライエントは自らが対応しうる範囲内で反応することになる。

　クライエントに発生する不安や恐怖にうまく対処するための援助のステップは，重要な終結過程の一環である。まずクライエントの成長についての話し合いを通して，未解決問題を確認するステップ，残された期間内に追加すべき援助を決定するステップ，また援助終了後にクライエントに役に立つ活動や資源を確認するステップがある。

　クライエントが自分自身の成長についての知覚を探求することに沿って，援助者もクライエントの成長の成果に対する見解を共に分かち合う。これは，成果をはっきり言語化できない，もしくは小さな成果を認めることができないクライエントにとって，特に重要である。たとえば，慢性精神疾患の成人用ホームに住んでいる 52 歳のホフマン氏（第 3 章参照）は，入居当初には障害手当を支給されて数日内に使い切ってしまっていた。一連の援助経過を通じて，まれに不適切な購入品が

あったものの，これまでよりも長期間，出費をコントロールできるようになった。しかし，終結の時点で，ホフマン氏はお金を使う衝動を抑えられるようになったことや，判断できるようになったことよりも，成し遂げられなかったことに固執した。援助者はこのような傾向について，クライエントが自分の努力を過小評価していると感じ，お金の使い方をコントロールできるようになったクライエントの成果をとりあげて評価した。

　成長を振り返ることで，援助者はクライエントが改善の方法や変化の理由を確認する方法を認識できるように援助する。この理解によって，クライエントが得たことを是認し，考え，感じ，振る舞うことの新しい方法を他の分野に広げることができるだろう。それは，クライエントにとって変化したばかりのことなので，一時的には後戻りすることを，また再び機能を改善する力を持っていることをも予測することができる。

　援助経過を振り返ることで，援助者とクライエントが未解決の課題や問題の範囲を確認し，クライエントがさらに成長するには何ができるかを話し合う必要がある。新たに獲得物が加えられ，変化が強化されることを期待できる場合，援助者とクライエントは，終結までの残りの面接を通して，これらの選択肢を取り扱う必要性や期待について話し合うことが必要かもしれない。(1) クライエントにとって有益であり，機関の方針，援助者の人材活用，そして財政的・実践的報酬について実現可能であると示唆されれば，援助者はクライエントがさらに期間を延長する契約を再交渉すること，(2) 同じ援助者のもとでクライエントが目標を達成するためにクライエントにさらに時間を与え，間隔をひろげて面接の予約を入れること，(3) 援助者はクライエントに役立つ援助サービスや他の地域資源につなぐこと，そして (4) 終結後，クライエントがその機関や援助者のところに戻ることを促す。

　援助者とクライエント双方が最善の努力をしたにもかかわらず，ときにはさまざまな理由でクライエントの問題への対処が軌道にのらないことがある。適切な住宅が入手できない，薬物治療プログラムの欠員がない／虐待するパートナーとの人間関係や思春期の息子や娘の行動化による問題を解決できない／身体障害になった親の介護責任のストレスから解放されない／アルコールや薬物依存から抜け出せない／破壊的な婚姻関係から抜け出せない／服薬遵守ができない，など。援助者とクライエントの双方にとって，このようなタイプの状況は難しいものである。

　これらは，必要な資源の不足，クライエントの生活状況からの慢性的なストレス，手におえないなどの理由から，クライエントの問題が改善されない場合，援助

者はクライエントに共感し，クライエントの現実を妥当化することが必要であり，援助者の支援を受けてクライエント自身が活用している援助の経過を確認することが重要となる。一方で，変化が難しい理由としてクライエントの困難が内的な妨げから生じているか，人格と人間関係のパターンがより固定している場合には，援助者はクライエントが成長の仕方を受け入れるように援助し，その理由を理解し，問題に焦点化し，クライエントが問題と取り組むためにどのようなことでも行うように動機づける。援助者の専門知識の不足，援助者とクライエントとの相性の悪さ，時間不足などからクライエントの成長が認められないときには，変化に対するクライエントの意欲のなさや，動機づけのなさなどと結びつけて安易に解釈し，結論づけてしまわないように注意しなければならない。

構成要素 13　援助者・クライエントの関係性の完了

　援助者-クライエント関係はISTTの重要な要素である。クライエントが終結に向かうという考えそのものにかなり強く反応するとき，援助者はクライエントに寄り添い，変化に対する反応よりも十分にクライエントの感情と取り組む必要がある。

　特に，これまで他者から世話を受けたり，受け入れられたり，尊敬されたという関係を経験することのなかったクライエントにとって，あるいは，重要な喪失のときに援助を求めてきて，悲嘆に取り組む関係において援助者が重要な役割を果たした場合の終結は，急性の喪失感覚をもたらすかもしれない。これらの場合のいずれも，クライエントにとって終結は苦痛を伴うものである。終結は，ときとして過去に経験した喪失感情が揺り動かされ，援助者との別離に対するクライエントの反応を強化する。さらに，クライエントの中には，自分は援助者に見捨てられた，大切な存在ではない，価値のない者だったと捉え，介入過程の終結を拒絶や放棄という意味で解釈する者もいる。これらの反応は，無力感，情緒的・金銭的剥奪，満たされていない依存欲求，無情感，孤独感を伴うこともある。

　クライエントの強い感情を受容し，共感する援助者の能力は，クライエントに理解されたと感じさせる。ときには援助者は，クライエントに，現在の反応と以前のつらい経験との間のつながりを考えさせ，また，過去の喪失や傷ついたできごとを話すことで再び取り組めるようにその機会をクライエントに提供して，感情の激しさを軽減することができるかもしれない。

クライエントは，援助者が対応困難と感じるような他の種類の反応を示すことがある。たとえば，援助が続くと期待しているのに，介入過程が終結に向かうことに気づいたとき，問題への取り組みが後退し建設的でなくなること／援助者の存在が必要だと感じてもらうために，新たな，ときには即時対応の必要な緊急の問題を持ち出すこと／そして，クライエントが感情について話すことや別離に耐えられないため，突然去ってしまうこと，など。

　一旦，クライエントの反応が言語化され，表明されたならば，援助者は共感し，クライエントの反応と間近に迫った終結とのつながりについて考えるようにクライエントに促す必要がある。どんな方法を取ったとしても終結のストレスを持ちこたえられず，最も敏感でかつ熟練した援助者でさえ，クライエントの反応を抑え，向き合うことができないこともある。これらの反応は，がっかりさせるものであったり，悲観的であったり，前向きな終結とはならないかもしれないが，このような態度が，必ずしもクライエントが援助されたくないことを意味するものではないとの理解が援助者にとって重要である。

　援助者とクライエントとの関係の終結に直面するとき，クライエントは終結やストレス状況に，よくある対処の仕方をするので，援助者は事前にその反応について準備しておくことが望まれる。よくない展開に備えておくことで，クライエントとともに，状況に応じて生じる反応を予想し，クライエントがより前向きにそうした反応に対応するように援助することができる。

　終結に対して強い感情を表すクライエントとは対照的に，あまり反応を示さないクライエントがいる。これは自己防衛かもしれないが，儀礼的な対応として援助者は受けとめる必要がある。これは，特にクライエントとのつながりが深く，役立ちたいと努力してきた援助者にとっては困難かもしれない。終結に対するクライエントの気楽さや別離への無関心さ，援助者の努力を認めないことは，結果として援助者に自分たちが不必要だったと感じさせるかもしれない。援助者は，クライエントの感情や無関心さを私的なものと捉えないようにすること，また終結に対する事務的で味気ない振る舞い方や他者との関係の取り方はクライエントの特徴であり，彼らはそのやり方でしか去ることができないのかもしれないという理解が必要である。

　援助者自身も，終結過程において，現在のクライエントとの関係と過去の他者との経験の両方から生じるさまざまな反応をする。特定のクライエントへの愛着から，クライエントが去ることを援助者が悲しみ残念に思うことはよくある。去った

クライエントが，うまくやっているかどうか連絡が来ないことに援助者が落胆したり，援助を続けたらより目標達成ができただろうと確信すると，介入の過程と目標達成に限界があったことに対していら立ちを感じることがある。

　援助者が終結に対する感情の本質や原因を意識できれば，意識しないときよりも建設的に対応できるであろう。経験した事柄に触れない援助者は，終結過程にとってふさわしくない行動を取るかもしれない。たとえば，援助者がクライエントから距離をおくこと／クライエントの感情や存在に対して鈍感になったり過小評価したりすること／面接の中断／クライエントの達成したことの評価や承認を怠ったり，正当化をしないこと／クライエントをどうにかして留まらせようとして，新たな問題領域や未解決の問題を指摘すること／終結を扱うことを完全にやめてしまったりすること。

　クライエントにとって終結過程には，目標の達成，援助者とのポジティブな経験，強化された達成感もしくは幼児期の未解決の問題を扱うことから得られる効果など，プラスの側面がある。「成功と支配の経験は，自我全体の達成感をもたらすことから，現在目標に向かって前進する能力は自尊心と達成感の強化につながる」(Goldstein, 1995a, p.225)。終結の成功は，ストレスや情緒の苦痛を軽減し，また比較的短期間にクライエントの機能改善を達成し，クライエントの個人の葛藤や成長過程の共有は，援助者にも満足をもたらす。

構成要素 14　他機関の紹介とフォローアップ

　必要なサービスを追加することは，介入過程の開始当初から組み入れるべきものであるが，終結段階でも追加資源が必要ならば，それを提供することは望ましい援助となる。クライエントが自らの目標を達成し，これまでの獲得物を維持させ，あるいは新しく，もしくは追加の問題領域に取り組めるように援助する上で，この活動は最も重要である。援助者は，他の精神保健や社会的施設・機関の利用を考えるとよいだろう。たとえば，セルフヘルプもしくはサポートグループ／指導的，教育的あるいは職業訓練プログラム／通所・入所施設／予防的サービスプログラム／あるいは宗教的，社会的，職業的，地域の施設・機関など，である。クライエントが援助者と肯定的な経験をしたならば，介入過程の開始時期よりも，さらに積極的に他の援助の資源を活用できるかもしれない。

　クライエントの援助者に対する愛着がゆえに，クライエントによってはこの場

を去って新たに資源を求めることや，その行動をプラスに感じることが困難なこともある。したがって，実際に面接を終結する前に，クライエントを新たなサービスや資源とつなぐことは効果的であるが，そのために連絡を取ることや他機関の紹介をすることへのクライエントの反応について，面接で話し合う機会を設けることも必要である。

終結が絶対的なものである（Davanloo, 1978; Mann, 1973; Sifneos, 1972, 1979）と信じる人々とは対照的に，ISTTでは，援助者が扉を開けておくこと，クライエントが将来戻る必要があるときには，戻ることは失敗や弱さではないと伝えることが重要である。

将来，再度援助を求める可能性を容認していることをクライエントに伝えるのは，特にヘルスケアでの規定と，クライエントが示す問題が重症化あるいは多様化している現状では重要である。終結後のフォローアップ面接の日時やその方法については通常一カ月以内の期間で設定される。このような取り決めは，限定されたものであるが，クライエントの成長に関心を持ち続けている援助者であることを確認できること，そして，将来のある時点でそれまでクライエントが行ってきたことについて再度話し合う機会があることを，クライエントは感じるだろう。

本章で述べた課題の多くについては，5章で紹介したロペツ氏のケースの終結段階を引用して解説する。

ロペツ・ケース／終結段階

ロペツ氏は19歳のヒスパニック系の男性で，学校を中退し，仕事も辞め，薬物依存，警察とのささいな揉め事などさまざまな困難を抱えていた。この男性は，職業訓練プログラムに休まず定期的に出席すること，建設的に自分の怒りの衝動をコントロールすること，アルコールや薬物の乱用，反社会的活動に加わるような友人と過ごす時間をなくすことなど，介入以前よりも，キャリア上の目標達成に集中できるようになり，以前よりもはるかに成長した。ロペツ氏はヒスパニック系の男性の援助者と強い絆を形成したようであった。また，援助者もロペツ氏との面接を楽しみにし，ロペツ氏の葛藤を明確にできたと考えていた。

彼との援助期間の契約は20回面接であり，もちろん時間制限が条件となる援助の特性については契約時に話してあったが，援助者は16回目の面接で終結の話を取り上げ，これからどのように終結に向かうのかについて考えるときだと言った。援助者はあと4回の面

接が残っていることを付け加えた。ロペツ氏は驚いた様子で、「時間があまりないじゃないか」と言って、沈黙してしまった。

援助者「いつもより口数が少ないね。終結を迎えることをどう思いますか？」
ロペツ氏「別に。人が出たり入ったりするのには慣れているから」
援助者「どういう意味？」
ロペツ氏「なにか変ですか？　何か心配なことがあるの？」
援助者「もちろん，君がどうなるのか，僕は心配ですよ。君は終結することに腹を立てているようですね」
ロペツ氏「僕は怒ったり動揺したりしていない！　他に話し合いたいことがあるのです」
援助者「他にも重要な話し合いたいことがあるのはわかっているが，君のこれまでの成長について，残りの時間で何をなすべきかについて，もっと話しあう必要があると思うんだ」
ロペツ氏「いやだよ，じゃあ，ここで終わろう！」
援助者「君は怒っていないと言っているが，声の調子や言葉からは終結を迎えることについて強い感情があるようだね」
ロペツ氏「だから，なんだよ？」
援助者「私たちは長い月日一緒に取り組んできたね。君は，動揺して腹が立つと，苦痛を引き起こすような感情や状況を避けようとして，自滅的な活動に加わることが問題の一つだったね。いまはそれをうまく処理できるようになっているが，終結を迎えることや私に対する感情から，今は君のためにならないような行動を君がとるのではないかと心配だ」
ロペツ氏「どういう意味？」
援助者「君は動揺して，腹を立てると，学校や私との面接に来なかったり，サッカーの練習を休んだり，友人と大量にお酒を飲んだことがたびたびあったね」
ロペツ氏「そう，そのとおり。でも，僕は今，他に本当に話したいことがあるんだ」

　ロペツ氏は予定していた面接には来所しなかったが，援助者が彼に電話して，新たに面接の予約を設定した。次の面接では，ロペツ氏はこの一週間について話し始めた。援助者がなぜ面接に来なかったのかと聞いたとき，ロペツ氏は後になって終結について困惑していたことがわかったと言い，昔の友人たちと飲みに行こうとしたときに，援助者が言った言葉で思い止まったと言った。彼は今日も来所するのをやめようと考えたが，それはよく

ないと思ったと言った。

援助者「君が以前のような振る舞いをやめることができて，そして今日来てくれたことは本当によかった」
ロペツ氏「どう考えたらいいかわからない。ときどきそう思うのだけれども，あなたは僕が話せる唯一の人，僕を信じてくれている人だ。でも，あなたは仕事だからそうするのだとも思うよ」
援助者「ということは，もし私が本当にあなたのことを心配しているなら，一緒にやっていく方法を私が見つけるだろうと思っているのだね」
ロペツ氏「だったら，なぜ終わるの？」
援助者「私も，この決め事を……。変更してあげたいなあと思う。そうすれば，続けられるのにね。だけど，それはできないのだよ。でも，君が達成してきた成長について話し合えるし，また君が将来の計画について考えるのを助けることもできるよ」

　ロペツ氏は，成長を振り返って，以前と比べてうまくできるようになったことは認めているが，何が変わり，なぜそうなったのかについて整理ができず，はっきり伝えることはできなかった。援助者は，ロペツ氏が授業を休む引き金となる不満についてこれまでよりも認識することができ，怒りや落胆に耐え，発散する新しい手段を獲得したようであると指摘した。ロペツ氏はこれに同意し，これまで関わってきた活動は本当に楽しかった，そして新しい友人も作ったことをつけ加えた。
　これらの成果を得るのに助けとなったのは何かと援助者が尋ねると，ロペツ氏は，失敗したときでさえ援助者に親身に気にかけてもらったことだと思うと答えた。援助者は，私がそばにいないときには，何が君の助けとなったのかと尋ねた。ロペツ氏は，わからない，以前は昔の方法でやっていたから，と言った。援助者は，今回は何か違うことがあったのかと尋ねた。自分自身を台無しにしない心地良い方法を見つけたこと，トレーニングプログラムでうまくできたと思えること，そして，強くなったと感じているとロペツ氏は答えた。援助者は，妨げがあったり，失望にもかかわらず，続けたことは君の将来にとって重要なことであり，君にとってこの成功を将来覚えておくことも重要だと言った。援助者は，介入過程にみられたクライエントの多くのストレングスについて意見を述べた。
　18回目の面接では，ロペツ氏は部屋に入るなり，椅子に飛び乗り，職業訓練プログラムで男性の先生と口論し，訓練停止処分にすると脅かされ，その週が本当に台無しになったと話した。運良く，プログラムの所長が仲裁に入った。ロペツ氏が見せた成長のおかげで，

所長はもしロペツ氏が謝罪すれば，もう一度チャンスを与えると話した。ロペツ氏は安心し，所長の言うとおりにした。

援助者「私たちの終結と担任の先生に対する感情とになにか関連があると君は思いますか？ ときどき，ある人に腹を立てているとき，その人以外の人に向けて感情を表すことがありますよね」
ロペツ氏「僕は，ただ不愉快になって戸惑っただけだ。なぜだかわからない」
援助者「君がどんなことを感じたのかもう少し話してもらえないかな？」
ロペツ氏「僕は誰からもバカにされていると思う。母親が僕のすべてだ。僕は父を知らない。彼は僕が生まれた直後に出て行ってしまった。母方の叔父さんは良くしてくれた。僕達はよく一緒に過ごしたが，叔父さんは僕が10歳のとき，刑務所に入ったんだ」
援助者「そのことは，君にとってどうだったの？」
ロペツ氏「覚えていない。彼は，やってきたかと思うと次の日には出て行ってしまった」
援助者「私のように？」
ロペツ氏「僕たちはさよならといえばよいわけ？ それだけ？ どうして何か言わないといけないわけ？」
援助者「君はお父さんや叔父さん，そして今の私にはいうことは何もないのだね」
ロペツ氏「そう！ 僕の父は会いにもこなかったし，叔父は生きているのか死んでいるのかもわからない」
援助者「君にとって，出来事をコントロールすることや感情を表現することが難しいのだね。私たちが終結することは事実だ。それを変えることができない。ただ，少なくとも私たちは君がどう感じているかについて話しあうことはできる。終わりを迎えることは，君のその後について興味を持たなくなるという意味ではない。一つできることは，最終面接の後の1カ月以内にフォローアップ面接を設定することだ」
ロペツ氏「あなたは僕によくしてくれた。このままでいたいだけなんだ」
援助者「君にできる方法について話し合おう」

　最終回から一つ手前の面接では，援助者とともに，これまでの経過を振り返り，ロペツ氏が今後どのように成長をし続けることができるかについて焦点をあてた。ストレスやプレッシャーへの対処方法に関するロペツ氏の選択肢について話し合った。しかし，その選択肢は限られているように見えた。この地域では社会資源もほとんどなかった。それでも，援助者は，ロペツ氏がある問題を持ったときのはけ口として，ロペツ氏に興味を示した人，

サッカーコーチや職業訓練プログラムの所長などと話すように提案した。また，援助者はロペツ氏が必要なときに電話することやフォローアップの予約や訪問ができることを保証した。

20回目の最終面接では，ロペツ氏は結構話をして，今週のいくぶんよい出来事について詳細に説明した。突然，彼はジャケットのポケットから小さな箱を出して机に置き，援助者に差し出した。

ロペツ氏「これをあなたに」
援助者「ありがとう！　開けてもいい？」
ロペツ氏「もちろん！」
援助者「おお，マグカップ！　モーニングコーヒーを飲むときに使える。本当に嬉しいプレゼント！　実は，私からも君にプレゼントがあるんだ」
ロペツ氏「僕があなたから何かもらえるなんて思わなかった。開けてもいい？」
援助者「もちろん！」
ロペツ氏「わあ，いいポスター！　僕の好きな選手だ」
援助者「君からは多くを学ばせてもらった。私は本当に君と一緒にやってきてよかったよ。決して簡単ではなかったけれど，君は私と一緒に取り組んだ。君は応対の仕方を学んだばかりなので，今後問題にぶつかることがあるかもしれない。でも，私は君ができると信じているよ。1カ月後に会おう。君の近況について話し合おうね」

ケース検討

　援助者は，終結について話し合う時間を十分にとるということから，最終回までの4回分の面接を終結段階にあてた。クライエントは驚きを示し，否認の反応を示し，終結が自分にとって何ら関係のないことだとの結論に達した。援助者は，ロペツ氏が気にかけていないと言い続けながら気にかけている様子であったので，彼の気持ちについて尋ね，その矛盾を指摘した。ロペツ氏のこれまでの動揺した感情についての対処方法をよく知っていたので，援助者は，その感情や彼独自の対処の仕方を話し合い，クライエントの回避や行動化を防ごうと考えた。

　ロペツ氏は次の面接には現れなかったが，それは自滅的なやりかたではなかった。その後来所したときに，クライエントは終結についての自分の感情について話し始めた。たとえば，援助者が自分のことなど実はどうでもよいと思っているのだといった。そこで，援助者は，終結することは事実だが，クライエントのことに関心を持ち続けていくことを彼

自身に認めるように促し，クライエントの進歩について振り返り，クライエントが自身の進歩の本質とその理由を確認できるように援助した。

クライエントは，学校での怒った感情を行動化するという形で，なんらかの退行を示し始めた。だが，担任の先生との言い合いから抜け出し，終結過程を継続することができた。クライエントは，過去に父や叔父を喪失したことについて考え始め，援助者は，クライエントが以前には話さなかったこれらの出来事について感情を表出できるように援助した。援助者は，クライエントが過去に，さらに今，体験している無力感に共感することができた。援助者はまた，限られた方法であっても，残された面接回数のなかで，援助者と自分の感情について話すことができることを理解させた。

援助者とクライエントは，援助過程を振り返り，限られてはいるが，今後の援助として利用可能な資源を確認することができた。最終回の面接では，クライエントは感謝の気持ちを表し，援助者へのささやかなプレゼントからわかるように，クライエントは終結における自分の感情と取り組めたことを示した。援助者はこのプレゼントを受け取ることを選び，クライエントにとって重要なものに援助者が関心を向けていることを示す小さなプレゼントをクライエントに贈った。

要約

本章では，ISTTの終結段階の主な取り組みについて検討した。その役割は，クライエントの進歩を振り返り，強化し，その後の取り組みを確認できるように援助すること，対人関係の問題を解決すること，そして必要に応じて新たなる取り組みの段階を設定することであると強調した。

ISTT
Short Term Treatment and Social Work Practice

第II部
特殊な問題と対象
Part II SPECIAL PROBLEMS AND POPULATIONS

第8章 Crisis-Oriented ISTT
危機志向型 ISTT

　危機介入は短期援助の一つの形であるが，短期援助のすべてが危機理論に基づいているわけではない（Farad & Farad, 1990, p.9）。本章では危機の特性と形態を検討し，さまざまなクライエントの状況への危機志向型 ISTT の適用について概説する。

危機の特性

　相談に来る人は誰でも，若干のストレスや不快を経験している。しかし，すべてのつらい境遇が危機の定義に適合するというわけでもない。多くの著者（Caplan, 1964; Flegenheimer, 1982; Parad & Parad, 1990a; Rapoport, 1962）は，危機の状況を次のように特徴づけている。(1) 通常の対処方法や問題解決では過大な負担がかかるため，目前の課題の要求に充分応じられず，心の均衡の乱れが生じること。(2) 当惑，危険，混乱，行き詰まり，絶望，無気力，無力，緊急性と不快感を包含する苦悩を伴う主観的な感情である（Parad & Parad, 1990a, p.8）。

　危機状況は，通常相互に関連する四つの要因，(1) 引き金となる事象，(2) 脅迫的で重大なものであるとの知覚，(3) ストレス過剰な出来事がもたらす無秩序性，(4) 危機を乗り切るか否か，あるいは危機に適応するか否かなど，課題との取り組み方法，から成り立っている（Parad & Parad, 1990a, p.5）。危機状態は時間的には有限であると考えられているが，さまざまな理由から介入は必要である（Parad & Parad, 1990a, p.7）。ただし，危機状況を乗り切ることが常に最適であるとは言えない。

　危機を乗り切ったあとの人の機能状態は，危機前と比較して，同じか，良くな

るか，あるいは悪化するかのいずれかである。その上，危機の状況下では，クライエントのもつ通常の対処機制に過大な負荷がかかってしまうことや無効になってしまうことがあるので，クライエントが不均衡な状態に陥り，通常の状況下以上に，他からの影響や変化にさらされやすくなるといえる。

　愛する人の死，重篤な病気，あるいは暴力行為などを経験した人々の多くにとって，危機の引き金となるような特定の出来事が日常生活にはある。しかし，この種の出来事から受ける特定の衝撃は，一般的にその人が抱く主観的意味に左右される。ほとんどの人の反応が予測しうる状況下とは異なり，危機状態は，現在の出来事が過去のトラウマ経験や未解決の問題を呼び覚ますという事実から生じる（Jacobson, Strickler, & Morley, 1968）。加えて，特定の出来事の衝撃に対する人の傷つき方はそれぞれ異なるだろうということについては議論がある（Parad & Parad, 1990; McFarlane, 1991）。

　急性の動揺状態は，限られた期間，6〜8週程度続くものであるが，危機状態の引き金となる状況は，その後も続くかもしれない。夫を亡くして生きていかなければならなくなったばかりの未亡人や，脳卒中の初老の父のために介護者になり世話をしなければならなくなった娘などがその例である。クライエントは，目前の危機が沈静した後も，後遺症や危機がもたらした結末に苦しみ援助を求めてくるかもしれない。また，クライエントは自分の主訴が，これまで危機を効果的に乗り切れなかったことと関連しているとは気づいていないという状況もある。たとえば母親は，離婚したばかりでうつ状態になり，子どもの世話ができなくなっていると訴える。しかし，この母親は家族メンバーの全員が父親をなくして苦悩していることには気づいていない。この種の問題を援助するときには，援助者はクライエントの困難が，危機の影響を受け，生活をする上でこれまでの対処とは異なる新たな課題が生じていることを，理解することが必要である。

危機の形態

　多くの危機は，すべてではないがトラウマ（trauma）的出来事（レイプ，家庭内外の暴力，病気，けが，死，離婚，失業など）の結果である（Abarbanel & Richman, 1991; Brekke, 1991; Burgess & Holmstrom, 1974; DeRoche, 1995; Lindemann, 1944; Sokol, 1983）。また，ドラマティックでない，心地よさそうな，挑戦し甲斐のある生活上の出来事，たとえば転居（移住），転職，昇進も，強い影響をあたえる

かもしれない（Holmes & Rahe, 1967）。

　人間の成長と発達段階から起こる一般的に危機と呼ばれる不均衡な形態もある。たとえば新しいライフサイクルステージに入る場合，思春期，青年期または中・老年期には，バランスが崩れ，新たな対処の工夫が求められる（Tabachnick, 1991）。大学に行くか，学生から勤労者へ，独身から結婚へ，親になるか，管理職に昇進するか，初老の親の介護者になるか，退職するかといったような役割転換は，危機の原因になるだろう（Le Masters, 1957; Pruett, 1990）。

　危機を引き起こすような状況のもう一方の極には災害があり，火事，交通事故，洪水，ハリケーン，テロ攻撃など，大多数の人々に影響を及ぼす（Grossman, 1973; Lindemann, 1944; Mor-Barak, 1991）。最終的に，心的外傷後ストレス障害（PTSD）は，ほとんどの人にとって通常の生活経験以外で起こる出来事がもたらす特殊な形態の危機状況である（McFarlane, 1991, p.69）。トラウマには，生命または身体的な安全が脅かされ，家や財産の破壊，恐ろしい行為に直面させられるような，暴力的ないしは恐ろしい状況，災害，戦時経験などが含まれる（Gaston, 1995; Graziano, 1997; Grinker & Spiegel, 1945; Marmar, 1991; McFarlane, 1991; McNew & Abell, 1995; Patten, Gatz, Jones, & Thomas, 1989）。そのような経験は，恐怖，無力感，強烈な不安を生む。この形態の危機は，ベトナム戦争の退役軍人や幼い頃に性的虐待の犠牲者となった人々のケースに多くみられるように，トラウマ的出来事の直後に現れたり，その影響が繰り返し現れたり，何年もたってから現れることもある。

　PTSDには，他の形態と区別しうる以下のような危機の特徴がある。出来事に関する記憶，イメージ，考え方，知覚または夢を見ることなどの反復や干渉／トラウマ的な出来事を連想させるようなシグナルにまつわる激しい心理的・生理的な苦悩／トラウマ的な出来事と結びつく刺激の回避／感情や他者からの乖離，限られた情動，トラウマの一部を忘れること，将来の担うべき役割を考えることができないなどを含む精神的無感覚／そして不眠，過敏性，あるいは怒りの爆発，問題に囚われること，過度の不眠症や驚愕反応のような症状を示したりする（APA, 1994, pp.209-210）。性的虐待，レイプ，女性への暴力，戦時中ないしは，ある特定の職業での他者に対する暴力的あるいは破壊的な義務の遂行などトラウマ的な出来事は，それらの経験に伴う恥辱感，過度の屈辱感，罪悪感または責任感と関連がある。

　防衛機制と対処機制は人が激しい外傷に取り組むために用いるものなので，PTSDのクライエントは，しばしばトラウマ的な要素について検討することができないかもしれない。あるいはそうすることを望まないかもしれない。彼らは，回避

や否認をするか，もしくは幼少時の経験に埋没し打ち負かされるかの間で揺れ動くかもしれない。解離という防衛機制は，心を乱すような出来事の記憶あるいはそれに関連する苦痛的で圧倒される感情を抑圧するときに共通してみられるものである。彼らは，その出来事を覚えていないかもしれない，また感情を伴うことなく出来事を思い出すかもしれない，さらに特定の刺激が引き金となって追体験し始めるかもしれない。アルコールや薬物依存，危険を伴う言動，ギャンブル，過食，浪費，不特定多数の性行為は，トラウマを乗り切ろうとしている人によく起こる言動であり，それはクライエントにとって精神的な痛みを和らげることや，麻痺を助長するものである（Marmar, 1991）。これまでの形成されてきた人格的特性，防衛，症状は，トラウマに対処するために用いることができるが，しばしば，誤った見立てを招き，不適切な援助につながることもある。

　クライエントに不均衡な状態をもたらす出来事は，しばしば危機の一つ以上の形態と関連がある。たとえば，新しい生活の段階に入った人は，親の喪失に苦悩しているかもしれない。HIVと診断された男性クライエントで，その病気のために仕事をやめなければならず，そして配偶者は彼の元を去っていった事例でみられるように，複数のストレッサーが個人に影響を与えるかもしれない。このようなタイプのクライエントは，長期的に危機状態にあるクライエントとは明らかに区別しなければならない。たとえば，一つの破壊的な関係から他へ移行する人，金銭管理の失敗をする人，度重なる失業の経歴をもつようなクライエントなどである。危機志向型ISTTは，一時的にクライエントのいくつかの問題を軽減できるかもしれないが，クライエントがおそらくすぐに他の危機的な経験をすることは予測できる。そのようなクライエントには，一つひとつの危機を管理するよりは，彼らの対処能力の全体的なレベルを改善するための援助が望ましいだろう。

危機志向型ISTTの力点

　危機志向型の介入は，一般的にクライエントの急性的な苦悩を軽減するための援助であり，危機を効果的に乗り切るのに必要な情緒的，認知的，言動的な課題を習得させることに焦点をあてる。その目標は，クライエントが危機前の機能レベルに回復すること（Golan, 1978），対処能力を改善すること，そして過去の未解決な事柄に再び取り組むよう援助することにある（Jacobson, Strickler, Marley, 1968）。

　ISTTは，どの環境に置かれているクライエントに対しても，積極的で，しかも

時間的制約がある。危機状況にあるクライエントとそうでないクライエントへのISTTの適用の違いは，対応の重点が特定されている。援助者は，危機にあるクライエントに以下のように対応する。

1. 初期には十分に感情の表出を促し，支え，援助のさまざまなポイントで不穏な出来事や受けた衝撃を乗り越えようとするクライエントのニーズを受容し，クライエントに安堵，統制，支配の感覚を習得させること。
2. 形式的アセスメントでは，時間的に余裕を持ちクライエントが参画できるような準備期間を認めること。
3. 危機前の機能レベルや過去が引き金になっていると考えられる根本的問題や課題，またその危機が何を意味するのか，何が危機を引き起こしたのかについて焦点を当て，クライエントの理解を得ること。
4. 援助者にとって危機を引き起こした出来事が，特に動揺させるようなものでなくても，クライエントの反応は妥当であることを理解すること。
5. 援助者は熟練者で，慈悲深い権威者として，クライエントが安全で安心して，しかも望みがもてるように促すこと。
6. クライエントが利用しやすく，面接の予約も融通が利き，リーチアウトにも積極的であること。
7. クライエントの反応の正当性を認めそれを教育すること／クライエントの心配事を引き出すこと／直近の行動計画について分割化（段階を追った実行）と問題の解決をすること／強さを活用すること／サポートシステムを利用させ，外的資源を分配すること／助言，指導，情報提供／特定の課題の割り当て，遂行させること／クライエントを安定させてクライエントの対処能力を改善するために，迅速に的確な説明をすること。
8. クライエントが新たな思考や行動を試みるよう励ますこと。
9. 今後起こりうるクライエントのニーズや要望，感情の再燃について予測すること。
10. クライエントにとっては，終結の段階のサポートや強さの源としてクライエントと援助者の関係は重要であることを認めること。

PTSDの場合，個々のクライエントの，自我機能，および過酷な過去の経験を探求する耐性力についてのアセスメントに基づいた介入をすべきである。回復のための取り組みは張り詰めたものになるので，不安を生み出し，ときに緊急時の介入を必要とする。クライエントが生活において現在活用しているサポートシステムについてのアセスメントも重要である（Goldstein, 1995a, p.284）。介入の目標は，回復への取り組みを始めるための援助で，その実践は，時間をかけて恋人や配偶者のサポートを受けながら継続する必要がある。自分自身や世の中についての見方を再構築する能力に関係することから，トラウマの詳細やその意味，そしてそれに関連する感情を話すことはきわめて重要である。

　PTSDを持つ人々への援助の初期段階において，受容，一貫性，感情移入，純粋性，安全性と正当性の確認は，治療を支持する環境として重要な要素となる。クライエントがトラウマ的状況を表出あるいは語ることを嫌がり，その記憶がないなら，援助者は注意深く進めなければならない。詳細な探求にはタイミングが重要である。よくあることだが，未熟で熱心な援助者は，クライエントが安心して話せるようになるまでに，または，恐れや悪の感情，恥や罪の感情，防衛力などが弱まっていく前に，詳細な探求を急ぎ，トラウマ的な記憶を回復させようと試みることがある（Gaston, 1995; Graziano, 1997）。このようなことは，集中した探求を始めるにあたり，繊細でしかも共感的に取り扱う必要がある（Marmar, 1991, p.408）。クライエントがそのような探求に耐えることができる場合でも，その人の耐性量の範囲内で行うべきである。援助者は常にクライエントに，過酷な経験や感情について，話し合うことを一時中断するという選択肢を与えるべきである。

介入過程

　上記の重視されている点は，すべての危機的状況に適用できることだが，クライエントが直面する危機の形態と特性およびクライエントのニーズと機能レベルによっては，異なる戦略が必要であろう。下記のチャニング夫人のケースは，クライエントが緊急入院後に，ナーシングホームに入所するという経過の中で危機を経験し，援助者と6週間14回の面接を行ったものである。

チャニング・ケース

　チャニング夫人（73歳）は離婚歴があり，転倒のあとの入院が長引いたが，退院後，ナーシングホームに入所予定であった。転倒事故は，パーキンソン病による足のしびれと栄養不足による体力の衰えが原因だった。チャニング夫人は身体状況の衰え，自分自身の世話ができないこと，集中的な理学療法の必要性，不適格な居住環境，ソーシャルサポートの不足から混乱しており，在宅ケアにはならなかった。彼女には姉が一人いるが，口も利かない時期があり，二人の子どもも州外に住んでいた。彼女は友達もなく，地域の社会サービス機関とも関わっていなかった。彼女は医療扶助と社会保障を活用していた。

　チャニング夫人は興奮し，食べることを拒否し，自宅へ帰りたいと言い，ずっと泣きつづけていたので，直ちに会うようにとの依頼が主治医である内科医から援助者にあった。援助者が病室に入った時，チャニング夫人は横になり，布団も掛けず天井を見つめていた。援助者は自己紹介し，職務と役割を説明した。チャニング夫人は援助者の話を遮り，「この人たちみたいに自分は年寄りでも病気でもない。なぜ自分がここにいるのかわからない。私はただ自分の家に帰りたいだけ」と言った。援助者は，チャニング夫人の困惑に気づき，慣れない人々のいる新しい場で，1カ月しかまだ経っていないので，当惑するのは理解できると言った。

　チャニング夫人は入院の辛さとナーシングホームへの移動について援助者に詳しく話し始めた。援助者は注意深く聞きチャニング夫人に何が起ったのかについて話すように促した。チャニング夫人は話をするうちに，とても感情的になり，緊張し，話がそれた。彼女は，自分の身に起っていることを心配し，ナーシングホームで死にたくないと言って話を終えた。援助者はチャニング夫人の心配は理解でき，入所直後の2, 3日は慣れるのが難しく，戸惑うものなのだが，これまで援助してきた多くの人々がチャニング夫人と似たような状況にあったこと，チャニング夫人の相談に応じることができること，そして何でも相談してくださいと言った。援助者は，施設入所がまだ最終決定ではないので，次の日に引き続き話し合えることをつけ加えた。そして援助者は，チャニング夫人がさらに安心できるように私に何かできることがありますかと尋ねた。クライエントは一人にしてもらいたいと言った。援助者は名前と内線電話を書きとめ，彼女に渡した。

　翌日の面接で，チャニング夫人は一晩中寝られなかったと涙ながらに話した。「私がここで終わるとは信じられない，どうやったらここから出られるのかわからない」と言った。援助者は，クライエントの不平を聞き，入院に至った経緯について尋ねた。少しの間があって，援助者は，入院以前の生活がどのようなものだったかを尋ねた。チャニング夫

人は，2年前に父親が心臓発作で亡くなるまで，父親と一緒に住んでいたと話した。その後はそのアパートに一人で住んだ。そして外出をあまりせずに，昼も夜もテレビを見ながら過ごした。彼女と姉はあまり密接ではなく，父親の死後，二人の関係は悪化した。姉は，チャニング夫人がアパートを管理せず，自分の体をいたわらず，医者に行くことを拒否し，社会活動に参加していないことに腹を立てていた。

　援助者が父親についてもっと話すように促したのに応じて，チャニング夫人はためらうことなく20年間ほど一緒に住んでいたことについて話し始めた。彼女は子どもが成長し家から出て行った後，父のところに引っ越した。その数年前に彼女は夫と離婚した。彼女は父親を愛し，父親はいつもそばに居てくれるものと思っていたので，父の死に対する準備ができていなかった。「私にはあと何年も残されていないことをわかっている。私は後悔していることがたくさんある，でもここで死なないといけないのですか？」とつけ加えた。援助者はチャニング夫人に担当医とチームとの話し合いから考えると，彼女が医者の指示に従い，理学療法士と定期的にリハビリに取り組み，体力をつけ，必要なときにサービスを使えるようになれば，十分に地域に戻ることは可能であることを話した。それを聞いて彼女は明らかに安心したように見えた。援助者はチャニング夫人に，姉にどのように自分が取り組んでいるかを知らせるため，電話を援助者にかけてもらいたいか，もしくは自分自身でかけたいかを尋ねた。チャニング夫人は援助者の提案に対して喜んだように見え，お手数ですが電話をしてくださいますかと言った。

　次の日，援助者は，姉がチャニング夫人を訪問して話をしたいと願っていて，電話をかけてほしいと言ったことをチャニング夫人に話した。クライエントは穏やかに見えたため，援助者は彼女のアパートの契約状況をたずねた。今もなおアパートは使えるが，徹底的な掃除と修繕が条件とされている。「私の父はかつて，何もかも面倒みてくれたが，そのことがかえって負担に思えた。何から話せばいいかしら」と言った。援助者は，もしかしたらお姉さんが何か助けてくれるかもしれないと言い，3人で一緒に会うことを提案した。援助者もまたこの機会を使って，チャニング夫人の生活歴や取り組み方ついて理解できると考えた。

　次の面接で，チャニング夫人は，援助者に父親が死んだ後の孤独感について話した。彼女の父親との関係と喪失感について十分に話した後，援助者はクライエントと一緒に取り組んでいけるとの思いを告げ，病院に入る前のチャニング夫人の抑うつ状態と，父親の死を受け入れられなかったこととの関係を認めるように促した。チャニング夫人は，父親の死以来，ずっとうつ状態であったけれど，誰でもそういう状態になるでしょと言った。援助者は，彼女が自分自身のために人生を築くことが重要であると言った。チャニング夫人は

それに同意した。援助者は，まずはじめに他の入居者と会ってみること，そして関わりの手始めとして援助者がファシリテーターをしている自助グループに参加してみるようにと言った。チャニング夫人はためらいながらも，一度試してみるようにとの勧めに同意した。気に入らなければ続けなくてもよいので，と援助者は言った。

　援助者は次の3週間，クライエントと6回会った。語った内容は，父の死，幼少期に別れた母のこと，姉との仲たがい，夫との離婚，また子どもが遠く離れて暮らしていて，彼女に関心がないのか，もしくは助けられる状況にはないという事情など十分に語った。また悪化するのではないかというパーキンソン病に対する彼女の恐れなど健康についても話した。チャニング夫人は自分の健康に対処する方法が自滅的であったことも知っていたが，その健康状態についてさらに知りたいのでどうすればよいかの相談にのってくれるかどうか尋ねた。二人で医師への質問リストを用意した。

　援助者は，チャニング夫人の退所に向けた準備に際して，これまでの経験やその結果から姉の援助を組み込もうとした。姉は，チャニング夫人がやる気になり，より現実を見るようになったことを知り，アパートの掃除と修繕をすることに同意した。援助者はホームケアを申し込み，1日4時間が認められた。援助者は，チームスタッフがチャニング夫人に関心を向け，高い頻度のモニタリングを実施し，積極的に援助するように促した。彼女はかなり回復した。歩行器を使用した歩行ができ，全般的な体の健康，気分，そして感情・態度は改善された。

　2週間をかけた終結過程で，援助者はチャニング夫人が退所してアパートに帰った後の生活について話し合った。どのクライエントも，過去のパターンに戻りやすいということを配慮して，援助者はチャニング夫人に地域のシニアセンターへ出席するように提案した。幸いにも，チャニング夫人は今いるナーシングホームで知り合い，そのセンターに参加予定の知人がいるので，彼女は，援助者とともにそのセンターの見学予約の電話を入れた。

　援助者との関係を終えることについて，またナーシングホームを退所することについての気持ちを話し合い，チャニング夫人は援助者のサポートを受けることなく生きることへの不安を表わした。援助者は微笑みながら，彼女がナーシングホームでボランティアをするように提案し，「そうすれば私とあなたはまだまだ会えますね」と言った。援助者は，チャニング夫人との面接を楽しみにしていたこと，そしてチャニング夫人が家に帰ることができることを嬉しく思うと語った。援助者はクライエントがした努力を認め，彼女がこれからもうまくやっていけることに確信を持っていると言った。援助者はクライエントのボランティアをすることと活動的に振る舞いたいとの思いを支持した。

　チャニング夫人は，実際の退院の日が決まったとき，援助者と離れるには早すぎて，ま

だ心の準備ができていないといって怒りだした。そこで援助者とクライエントは，新たな喪失に関する感情について話し合った。また，3週間後には家庭訪問をすること，それまで電話で対応できることを彼女と取りつけた。その時点ではクライエントは，訪問看護の助けを借りて，比較的うまく自己管理ができているようだった。彼女はボランティア活動を続けることができなかったが，シニアセンターに参加し，外来診察の予約を守り，姉は比較的長い時間を過ごすようになった。

ケース検討

　チャニング夫人の直面した危機は，突然の入院治療とその後に続くナーシングホームへの転所によるトラウマ的衝撃である。彼女は，すでに父親の死亡時に危機に遭遇し，的確な対処ができず，その影響を受けていた。加えて，チャニング夫人は発達上の課題である老い，身体的衰え，将来に対する不安などに苦悩していた。彼女はその状況に対処するうえで，回避，否認，退行，自己逃避を使っていた。彼女の対処能力には，父親の死去以前から，特に対象関係，自尊心，判断能力と自己統制の領域で限界があった。クライエントの強みは，知性，自己内省的な能力，ユーモアのセンス，耐える力，そして他者との関係形成の能力であった。今回の危機では，以前に比べてチャニング夫人が援助的介入に心を開くようになり，より自分の置かれている状況の深刻さを受け入れ，自助の動機づけがあった。

　援助者はチャニング夫人が医学的なリハビリテーションに取り組み，自宅に戻ることを援助し，そして彼女が自宅でより効果的に機能することができるように援助した。その援助は，情緒的換気，傾聴，是認，妥当化／教育，助言，指導／関係の活用／利用できる社会資源の提供／段階別取り組み，課題達成，問題解決，解釈／クライエントが姉やチームと協働すること／新しい取り組み方を促すこと／関連サービスの活用／クライエントの将来的ニーズの予測／援助者とクライエントとの関係を終結するための援助である。介入過程では，チャニング夫人が直面している危機だけでなく，父親との喪失に対処し，老いや健康問題に取り組む機会を支えた。

次に，別のタイプの危機を体験したクライエントを紹介する。

リチャード・ケース

　リチャード氏は比較的順調に人生を送っていた。39歳のとき，彼はよい会社の管理職の

地位に就き，8年間男性パートナーとニューヨークのアパートで生活し，最近，田舎に家を買った。リチャード氏とパートナーの二人の社会との関わりはごく少数の親しい友人との交流であった。リチャード氏は，波乱万丈な人生に対するレジリエンスをいつも自慢していた。リチャード氏は，母親に対しては，緊張感のある親密な関係を続け，母親については責任があると考え，彼に助言やサポートを求めてくるきょうだいとは，いくぶん距離はあるが，誠意のある関係を保っていた。

　突然，二つの出来事が起こり，彼は精神的に打撃を受け危機状態に陥った。その一つは，所有者からの返還要求で，彼とパートナーに賃貸アパートから出るようにという通告であった。その知らせを受け取ったことにリチャード氏は激怒して，眠れず，集中できないことがあり，パニック状態，混乱，無力感を抱き，取り組みも難しくなった。1カ月後，彼はパートナーの助けを借りて，いくぶん小さいけれども，ニューヨークで標準的な良好なアパートを見つけた。彼の急性的苦痛はおさまったが，引っ越しの後，うつ状態が続いた。彼は，新しい環境に慣れることが難しく，いつも引っ越しそのものについて悶々としており，この引っ越しを避ける方法があったのではないかと思い巡らしていた。彼はこのことについて，援助を求めようとはまったく思いつかなった。

　二つ目の出来事は引っ越ししてすぐに起こった。彼の会社は売りに出されることになり，彼は将来を見通すことができなくなった。リチャード氏は激しいパニック状態に陥った。会社が完全に売りに出されるまで，少なくともあと1年の猶予があるということ，彼は解雇になっても良い退職条件を提案されるだろうということはすぐに明らかになったが，リチャード氏は，これまでのキャリアがすたれていくばかりだと感じた。このとき，最初の出来事であるアパートの退去命令を通告されたときと同じ症状が再燃した。不眠，反芻，興奮の症状が何週間も続いた後，彼は，「解雇されるのをじっと待つこと」をさけ，他の仕事を探し，横すべりで同じ給料枠で転職した。彼は，アパートのことや以前の仕事の両方の移動について，その選択が正しかったかどうか何度も反芻して考えてみた。彼は，私生活においては感情に流されやすく，友達と関わりたくなく，言い争いが増え，「そこまで！次に行こうよ」と言ってくれたパートナーに喧嘩を仕掛けた。彼は新しい仕事に耐えられなかった。彼は会社として社会的に評判を得ている割には，整理・体系化されていないと思った。以前の職に匹敵するくらいの別の職を見つけられないことに不安を抱き，自分の将来の職歴が下降していくことを心配し，そして脱落者として自分自身を責めた。彼は，過剰な飲み食いをすることで感情をおさめていた。彼は依然として過度なうつ状態であり，扇動的な態度を取っていたので，それを心配した友達の熱心な勧めでついに相談に来たのである。

クライエントの生活歴の中で重要な点は，青年期に父親が全財産を失い，病気になって，そして心臓発作で亡くなったのだが，それまでは彼の家族は，経済的に安定した生活を送ってきたという事実である。その前から，リチャード氏は父親を見習いたいと思い，父親を崇拝していた。にもかかわらず，彼は父の死を明らかに嘆き悲しむことはなかった。その暇もなく，家族は彼に感情の表出を促さなかった。父親の死後すぐに，リチャード氏は，父親の仕事ぶりや財務管理力がなかったことを知ってショックを受けた。彼は家族に対してとても責任を感じ，また，以前には保障されていたはずのすべての形あるものを奪われてしまったと感じた。リチャード氏は優れた学生であったが，彼自身はもっとも優秀な学生であるとは思っていなかったので，劣等感だけが残った。それにもかかわらず，彼は大学に通うことができたし，卒業後は彼の興味のある高給の仕事に就くことができた。しかし，彼はすべてを失うのではないかという予感をいつも持っていた。彼は幸福を脅かすどんなサインに対しても警戒心が強く，失敗しないで確実にすべてのことを行えるように，極度の完璧主義者となった。自分自身や他者への期待は，現実的ではなかった。彼は，誰かに批判されると自尊心の喪失を体験し，また，誰かが期待を裏切ると大変失望した。

リチャード氏が援助を求めてくるまでは，彼は，反芻をやめることができず，気分を良くすることもできなかったけれども，彼は，自分の反応の激しさに，何か「狂気」なものを認めていた．彼は自分を脅かすほどの自殺念慮を持っていたことをほのめかし，「住むアパートをなくして，仕事を変えなければならない状況下では誰も自殺はしませんよ」と言った。彼が自分の反応についての説明は，他でもなく自分に降りかかった課題だからこそ，この変化にうまく耐えることができなかったのだという。

この熟練の援助者はリチャード氏の人生への適応の仕方が，実際には不適切，不安定，失敗などの潜在的感情に裏づけられた自己統制や完璧主義を維持せざるをえなかったものであったことを容易に理解することができた。彼は父親と同一化することと，破産宣告を強要され，死後に家族をひどい苦境に陥れた父親のようになることの恐れとの両方を感じているように見えた。結果として，アパートを失うことや会社の倒産の知らせは，彼の通常の対処機能を低下させるばかりでなく，最悪の不安やおそれを刺激することになったと援助者は思った。

リチャード氏は自分の危機は表面に見えているよりも，もっと複雑であるとことに気がついていたので，彼がおかれている現在の状態のもとにあるものが何であるかについて，援助者は彼とその考えを共有することができた。アパートを失ったことや転職が，リチャード氏にとってどのような意味があるのかについて話すように促し，援助者は父親の死の前後での過去に潜む要因を探るように促すことができた。さらに，自分についての見

解，責任感，社会的な成功と安心感に対するニーズ，完璧主義，失敗への不安，自分の世界が崩れる心配，自己統制の必要性と今回の出来事とを関連させるように援助した。もうひとつ強調すべきことは，援助を受けることでキャリアに傷がつかないことをリチャード氏が理解できるようにした。中間期にあたる12回目の面接で，クライエントは気持ちが落ち着き，長年引きずっていたものが軽くなったと報告した。援助者は，リチャード氏がより満足する新しい職務を探す援助を行い，自己統制と完璧主義に対する欲求を取り除く援助，過度の飲酒よりもリラックスできる方法を見つける援助に焦点をあてた。クライエントはかなり早期に新しい仕事を見つけ，未来について楽観的に考えることができるようになった。

　リチャード氏を援助に結びつけた危機が解決され，援助は終結時期にさしかかっていると思われた。援助の取り組みを一緒に振り返る中で，援助者は，クライエントが将来的に引き起こす原因になると思われるいくつかの課題について心配していることをクライエントに述べた。自分自身や他者に対する高い期待，批判されたときの自尊心の喪失，オーバーワークになる限度，家族メンバーの問題を背負い込む結果を生んだ他者に対する強い責任感など。リチャード氏は，将来これらの課題に取り組みたいと思うだろうと認めているが，彼は自分の進歩についてよい方向であるとし，自分自身が今後どのように取り組むかを見てみたいと思っていた。彼は援助を求めることは重要なことであることを学び，だから将来ニーズが生じたときには，援助を求めることを回避することはないと述べた。

　1カ月後のフォローアップ面接では，リチャード氏はすべて順調にいっていると言った。しかし，およそ1年後，リチャード氏は仕事上の管理下にある人との関係について，非常に心配しうつ状態になったので，援助を再開してほしいと電話してきた。1週間ばかりそのことを反芻したのち，彼は状況がエスカレートする前に相談する方がよいだろうと考えた。彼は，自分がこれまで無視してきた他の課題についても取り組みたいと決心した。

ケース検討

　リチャード氏を危機に至らしめた出来事——アパートを失うことや会社の倒産——は，それ自体の打撃だけでなく，彼の潜在的不安への引き金にもなった。それは，一方ではホームレスになるのではないかという不安であり，もう一方では，無責任な父親と同じようになってしまうだろうという不安である。彼は最近起こった出来事に対処しようと取り組んだが，刺激を受けた潜在的な課題の解決には至らなかった。この危機に対して援助者は，クライエントが経験と現在の反応とを結びつけられるように促し，その状況に対する問題解決，および対処能力を支持し，呼び起こされた過去の出来事を確認し取り組めるよ

うにする必要があった。ここでの援助介入は，自己概念や生活の順応性の形成に影響した思春期に起きたトラウマ的出来事に取り組めるように援助することであると思われた。

しかしこのケースでは，クライエントの基本的自己概念や自分自身や他者に対する関わり方が，ストレスに対する脆弱性をもたらしたことを示している。危機介入の援助では，これらの基本特性の修正は試みない。しかし，クライエントは援助者とともにポジティブな経験をすることと介入過程を経ることで，後に再燃する潜在的な機能不全のパターンを認識させ，新しい危機が起こる前に自らが助けを求めることを可能にした。

次のケースは，前の二つの例とは対照的に，大学に通うために寮生活をするという普通の生活の出来事から危機が生じたクライエントについて描写する。

チャン・ケース

チャン（18歳）は，中国をバックグラウンドにもつアメリカ生まれの大学生で，大学のカウンセリングセンターに相談にきた。高校ではとても好成績を修めた生徒である彼女は，郷里と家族から離れた都会の名門校で奨学生として授業料全額の減免を受けていた。1学期の学期末試験が近づくと，彼女は落第するのではないかというストレスと恐怖を感じた。彼女は，高校のクラスの上位10%に入って卒業したのだが，大学の競争は彼女には重圧で奨学金を失うのではないかと心配した。彼女は論文を書いたり，試験勉強をしたりするときに集中できず，パニックに見舞われて不眠に陥った。彼女は家に戻るために休学を考えたが，両親をがっかりさせたくなかった。

チャンは，初秋に学校が始まってから，ずっと一人ぼっちで孤独を感じていたと面接で報告した。彼女は巨大なキャンパス，クラスの大勢の学生たち，クラスメイトの高い競争心に圧倒されていた。彼女は，よそよそしく，無関心で，近づきづらい教授とはほとんど連絡をとらなかった。街にも慣れず，彼女はバスや地下鉄に乗ることを怖がっていた。クライエントはほとんど図書館で勉強して過ごした。彼女は，ルームメイトが好きだったが，彼女と共有するものがほとんどないと感じていた。彼女は，その学期中に，いくぶん不安で落ち込みがちになり，そして試験が近づくとプレッシャーが高まった。

援助者は，チャンが家族の中で初めて大学に進学したこと，彼女自身も両親も彼女に対して高い期待を持っていたという情報を収集した。彼女は，教師と生徒との交流があり，課外活動が活発な郊外の小規模の私立高校に通っていた。彼女は愛情深くとても保護的な家族からより独立できるよう，郷里から離れた大学にあえて通った。彼女は，今までと同

様に学校でも社会でもうまくやっていけるのが当然だと思っていたので，家から離れることがどういうことかを深く考えていなかった。

クライエントの背景を探求することで，援助者はチャンが伝統と文化に非常に高い価値をおく，緊密な関係の家族の出身であることを理解した。彼女は近所に住んでいる両親，きょうだい，親族のことを愛情をもって語っていた。彼女は家族の集まりを楽しみにし，ずっと彼らの一員でありたいと願っていた。彼女はバスケットボールをしていて，学校新聞に載った高校を懐かしみ，彼女の友人や，特にボーイフレンドに感謝祭の休暇以来会っていないことを寂しく思っていた。

チャンは家族との離別によって発生した危機と，新しく関心の持てる環境にいることのストレスを経験しているが，彼女には多くの強みがあると援助者は確信していた。クライエントは高校で成功し，能力があり人気者であったが，家族や友人から得られた安心感や安堵感から，望まない複雑で競争的な環境に引き離されてしまった。

彼女は自分自身に高い期待をおきながらも，自分の能力に疑問を持ち，他の学生や教員たちから疎外されていると感じていた。彼女は学業については自信を持っていたが，心配や恐怖をコントロールすることができなかった。

チャンの危機の本質について援助者は自分の考えを伝え，彼女の反応は理解できること，彼女自身の弱さを反映しているというよりも，家族から離れた新入生にはよくあることだと説明した。援助者とクライエントはカウンセリングセンターで10回の面接をすることに合意した。クライエントが期末試験に対して不安になっていること，これまで大学のサポートシステムから援助を受けていないことの理由から，援助者は，3週間は週に2回，その後に4回の面接を提案した。援助者はチャンが期末試験をうまく乗り越えられたなら，他者との交流や社会的ネットワークも広げることができるだろうと期待した。

最初の6回の面接では，主にクライエントにサポートシステムを提供することによって，彼女自身が抱えているプレッシャーを軽減すること，そして期末試験の準備ができるように援助した。彼女の自分自身と両親を失望させることへの恐れや，オールAを取ることへの期待，そして彼女の孤独感について援助者は明確にした。これまで彼女は自分の経験を誰にも話していなかったことから，彼女は受け入れられ，理解し話を聞いてくれる誰かがいることで安心感を得た。援助者とクライエントは，現実的に大学が要求していること，彼女の慣れていたものと新しいものとの環境の相違，そして今起こっていることについて予期して準備できなかったことについて話し合った。援助者はクライエントが両親の反応を過度に心配しすぎるかもしれないことを認識できるようにした。両親に対して，どのように感じていたかを話し合うことを彼女に勧めた。彼女が両親と連絡を取ったとき，両親

は，大学になじむのは大変なことは知っており，自分たちのことは心配しなくてもいいこと，そんなにプレッシャーをかけなくていいこと，自分の最善を尽くせばいいこと，そして彼女を信頼していることを伝えた。

　援助者は，チャンが自分の能力を現実的にみることを援助し，彼女がレポートを書き，試験の勉強の段取りができるような具体的な方法について話をした。クライエントは予想していたよりも期末試験でよい結果を得られ，休みの間に家族を訪ねた後，残り4回の面接を援助者と再開した。その援助目標は，クライエントが新しい友人を作ることに焦点化された。クライエントのかつての社会生活の大半は，学校での活動や家族の集まりが中心となって展開されていた。援助者とクライエントは，彼女自身が関わることができる活動について話し合った。援助者は，彼女が書くことと音楽に興味を持っていたことから，大学新聞とコーラスへの参加を提案した。チャンは，この二つを見学してみることに賛成した。最後の面接において，彼女は課題に取り組んできたことを報告し，そして新しい活動に参加し友人ができたことを興奮して話した。

ケース検討

　このケースのように，正常な成熟過程や役割移行過程から生じた不均衡状態の場合，初期段階に感情表出させる必要性はトラウマ的な環境を経験しているケースよりも低い。葛藤のあるライフステージ，あるいは役割移行において生じる彼らの反応があたりまえであると認め，ストレスになっている現在の状況の要因を特定する援助を受けることで，クライエントは安心するものである。援助者は，チャンが体験しているものを複雑ではない発達段階で生じる危機であるとアセスメントし，彼女の不安や恐怖を当然のことと認めさせ，より有効に対処できるようにした。

　次に，戦争の後に長期にわたりPTSDを患っていながら援助を受けていなかったベトナム退役軍人への援助について示す。

ハリントン・ケース

　ベトナム帰還兵のハリントン氏（50歳）は，精神科の看護師に自分の不安とうつ状態を訴えていたことから，メタドン維持療法（継続投与治療）クリニックの援助者に紹介されてきた。援助者はハリントン氏が3カ月間のプログラムに出席していたが，薬物依存に戻ってしまうという恐れを抱いていることがわかった。彼は，長期間リハビリテーション

プログラムにいる妻と一定の期間，里親に預けられていた息子を恋しがった。彼は週125ドルの稼ぎと戦争で負傷した足の傷のために月120ドルを受給しているだけだったので，アパートを失うことを恐れていた。話し合いの中で，彼は家計状況について政府に苦々しげに不満を言い，誰もベトナム帰還兵について知っちゃいないんだという感情を述べた。「俺たちは国ために戦ってきたのに，今じゃ政府は，俺たちに何がしかの施しをしているかのように振る舞っている。馬鹿野郎」。あなたは確かに政府に憤っているように見えると援助者が言ったとき，彼は「そのことについては，今はどうでもいいんだ。アパートを維持できて，妻と子どもが戻ってくれば」と答えた。援助者はクライエントの緊急性を感じ，次の日に会うことを提案した。ハリントン氏はそれに同意し，何か期待できそうだと彼は言った。援助者は，またハリントン氏に24時間対応の緊急電話番号を渡した。

　二度目の面接で，ハリントン氏はよりリラックスしているように見えたので，援助者がそのことを伝えたところ，ハリントン氏は面接の予約が嬉しかったのだと言った。援助者は，ハリントン氏がニューヨーク市の中流の中でも貧しい家庭で育ったことを知った。彼は家族と親密ではなく，友人も少なく，ほとんどの時間を独りで過ごしていた。彼は小さい頃から小遣いを得るために働いていた。彼は優秀な生徒とは言えないが平均的な学生であり，11学年で結局軍に入隊するために学校を去った。彼は基礎的な訓練を受けてベトナムへ派遣され，そこで「恐怖心をコントロールするため」薬物を摂取し始めた。襲撃を受けて負傷したので3カ月病院にいたのち，退役させられた。アメリカへ帰って，彼には不本意であったが，家族の元に戻り機械作業員として働いた。彼は，他の同世代の人々とほとんど共通点を見出せなかったので関わりを持たなかった。面接のこの時点で，ハリントン氏は援助者に視線を向けて次のやりとりが行われた。

ハリントン氏「あんたはベトナム戦争のことを覚えている世代だね。退役軍人かい？」
援助者「そうです，でも戦闘は見たことはないですが」
ハリントン氏「そうかい，でも少なくとも兵役がどのようなものかを知っているだろうし，帰還したときに俺たちがどう扱われたかを覚えているだろう。人は俺たちを『赤ん坊殺し（baby killers）』と呼んで避けたんだ」

　ハリントン氏は，帰還したときには大量の薬物依存をやめていたのに，また始めたことを話した。そして妻と出会い二人とも薬物を乱用してハイになったことを話した。彼らは彼女の妊娠を機に結婚した。彼らは共に薬物への依存を断ち切ろうと努力した。

ハリントン氏「薬物でしばらくは落ち着くし，よく眠れるんだ」

援助者「睡眠のことで困っているのですか？」

ハリントン氏「……このことはこれ以上話したくない。アパートの家賃のことで何をしたらいい？　アパートを失いたくないんだ」

援助者「金銭的問題について話し合わなければならないことは分かっています。私が睡眠の問題について尋ねたとき，あなたは動揺したようだった。どうしてその質問があなたを不快にさせたのか話してくれませんか？」

ハリントン氏「悪夢については話したくない。俺は妻と息子を取り戻すことと，生活費について何をすべきかを話したい」

援助者「あなたが嫌ならば，あなたの悪夢について今は話さなくてもいいですよ。でもその悪夢があなたにとって妨げになっているからには，近いうちにその悪夢について話すことは重要だと思いますよ」

　援助者とハリントン氏はその面接で，生活費についていくつかの工夫を話し合った。その中にはパートタイムの仕事を見つけること，職業訓練，生活費の見積もり方を学ぶことが含まれていた。また援助者は，ハリントン氏に追加の米軍兵士の恩給を受ける資格があるかどうかを調べてみることに同意した。彼らは次週の面接の予約をした。

　ハリントン氏は二日後に電話をしてきた。彼は援助者と本気で話す必要があると言った。電話のあったその日に彼らは会った。ハリントン氏が面接室に入ってきたとき，彼は見てしまった悪夢について明らかに動揺していた。彼は，ヘロインの乱用をやめていた３カ月間は，悪夢を見なかったことを話した。彼は薬物が悪夢の原因であり，薬物をやめたとき悪夢は消え去ったと考えていた。

ハリントン氏「昨夜，悲鳴をあげて，震えがきて，泣き叫んでいる自分に気がついて目が覚めた。それからは眠ろうとしても眠れなかった」

援助者「悪夢について話してください」

ハリントン氏「嫌だ！　それについては話したくない。何もかも現実のようだった。ただ忘れたいんだ」

援助者「どれだけあなたが怯えているかわかります。でもそれについて話さないことは，何の助けにもならないと思います。焦らずにゆっくりと話をしましょう。辛くなれば，そこでやめましょう」

ハリントン氏「悪夢はいつも戦争の場面で，ひどい拷問，怒鳴り合い，銃撃や人々の叫び

声。ときには，自分の仲間や村人，女や子どもが殺される場面を見る。ジャングルに戻ったような気分になる。長年，俺はそのことを話さないようにしてきたし，考えることさえもしてこなかった。誰も聞きたがらないだろう。聞いてくれたとしても，誰にも話すことができない何かがある。人は俺のことを怪物だと思うだろう」

援助者「私は韓国，ベトナム，グレナダ，そして湾岸戦争からの多くの帰還兵に援助をしてきました。彼らも多くのことを経験しましたが，私は彼らの誰も怪物だとは思いません」

ハリントン氏「あんたといると気持ちがやすまる。あんたは帰還兵で，これまでも多くの人に耳を傾けてきた。俺はあんたには話ができると思う。目覚めているときでさえも，ベトナムにいた頃に起こったことが見えたり聞こえたりしているんだ」

援助者「そのことを話せますか？」

ハリントン氏「大きな音が通りで聞こえた，そして人々が血みどろになってあちらこちらに逃げ惑うのを見たと思った。俺は隠れようとしたが敵が俺を見つけるだろうということはわかっていた。"どうした，気がおかしくなったか？"と誰かが呼びかけるまで，私は叫び続けていた，そして私は正気に戻った。こういうことは以前から起こっていた。フラッシュバックは1，2分続いたが，それがおさまると俺は全身汗をかいていて，震えが止まらなかった」

援助者「それは非常に動揺する経験ですね。他にもなにか生じていますか？」

ハリントン氏「大きな音が怖くて，アパートの中でも警戒しているよ。薬物を使っているとき以外は，自分を束縛しているその考えから逃げることができないんだ」

　援助者は，ハリントン氏が大きな音に敏感なこと，常に警戒していること，そしてその厄介な考えが彼と同様の経験をしてきた人々に共通したものであることを説明した。援助者は，そういった反応は狂っているわけではないとハリントン氏を安心させた。援助者がハリントン氏に話してどうだったかを尋ねたところ，彼は安心できたと言った。誰かに話すことは安心できるものであること，そしてハリントン氏の気分が少し楽になったことを聞いて嬉しく思うと援助者は伝えた。米軍兵士の恩給受給者の資格について話し合って面接を終えた。

　次の面接では，以下のようなやり取りがあった。

ハリントン氏「本当は今日は来たくなかったんだ。俺はこれ以上戦争体験について話したくない。俺は人生を前向きに生きていきたいだけなんだ」

援助者「あなたはずっとそれだけを目指してやってこられたが，過去が何度も戻ってきた」

ハリントン氏「考えたって，何の足しになるというのか？」

援助者「トラウマの経験について話すことは一時的な動揺を引き起こします。しかしその力はだんだんと弱まり，長い目で見ればあなたが楽になれるように援助します。以前私も経験しました。あなたの戦争体験と，睡眠や麻薬，うつ，不安などの問題には関連があります」

ハリントン氏「気分が楽になりたい。思い出すのはものすごくつらい」

援助者「そうだと思います，でもあなたは独りではありません。お伝えしたいことがあります。あなたのカルテを受け取りました。それにはあなたがずっと前にPTSDの診断を受けているとの記載がありましたので，この障害に対してさらに50％の追加受給ができる資格があるということになります」

ハリントン氏「それについては知っていた。でもそれを申請したくはない。麻薬やらなにやらで，兵士としてみんなの威信を傷つけてしまった」

援助者「あなたの任務で起こった事柄に対して自分を責めているのですね」

ハリントン氏「あんたは私が戦争中に何をやっていたか知らないから」

援助者「知りませんよ。でも私はあなたが何年も苦しんできたこと，あなたが過去の戦争を振り切るために最善を尽くして進もうと努力をしてきたこと，そして今あなたが別の道へと進む必要があることはわかっています」

ハリントン氏「きっとあんたも私が怪物だと考えるだろう」

援助者「あなたがいまそのように感じているのだと理解します」

ハリントン氏「多くの殺しを目撃したし，それに加わった」

援助者「それはあなたにとって本当に恐ろしいことだったでしょう」

ハリントン氏「しばらくすると殺しにも慣れてしまう。初めて人を殺したとき，俺は子どものように泣いた。そしてしばらくたって，合図ひとつで殺すようになった。仲間がヘロインを使えばもっと簡単にできると言った。試してみたが，彼が言うとおりだったよ。それからは自分のミッションをほんのお遊び程度で続行した」

ハリントン氏はこらえきれずに泣き出してしまった。援助者は彼の肩に手をおいて，静かに横に座っていた。ハリントン氏は泣くのをやめ，援助者を見て再び話し始めた。

ハリントン氏「どうしたら俺の味方になれるというのか？　俺はどんな人間なのだ？」

援助者「あなたは自分に与えられた任務をこなさなければならなかった，そして生き抜いてきた。戦争中はあなたの仲間やみんなが運命をともにした」

ハリントン氏「全員が混乱状態になったわけじゃない」

援助者「多くの米軍兵士が非常に過酷な経験をしました。しかし十分に援助を受けることができていない」

ハリントン氏「こんなふうに泣いたのは久しぶりだよ。泣き始めたらとまらないんじゃないかと恐れていた」

援助者「それは気が動転していたんでしょう。でもあまりにも多くの体験を経てきた人にとっては，そのような恐れは異常であるとは言えない。ゆっくりと一歩一歩やっていきましょう」

ハリントン氏「今日はこれで充分だ。疲れたよ」

援助者「わかりました」

　その面接後，援助者はハリントン氏に，あなたはどうなりたいかと尋ね，またその後の数日の予定について尋ねた。彼は自分がどう感じるかはわからないが，彼はいくつか予定している雑用があり，そして妻に会いに行きたいと言った。援助者とハリントン氏は近々訪問することについて話し合った。面接を終了する前に，援助者はハリントン氏に，人が非常に動揺するような出来事について話し始めると，さらに多くの記憶や考えがよみがえってくることがよくあるが，それは正常なことであると説明した。両者は，ハリントン氏自身が楽になるために何ができるかについて話し，ハリントン氏は祈ることが助けになるので，また教会へ戻るつもりだと言った。援助者とクライエントは次の面接予約を4日後に設定し，援助者は助けが必要な際は電話をするようにとハリントン氏に勧めた。

　5回目の面接の初めに，援助者はハリントン氏に前回の面接後どうしていたのかについて尋ねた。彼は戦争についてたくさん考えたこと，そして援助者からそういうことが起こりうると知らされていたことに感謝した。彼はまた麻薬のことを考えていた。援助者は，アルコールや麻薬を使用することで，多くの人がつらい経験に伴う感情から一時的に解放されるが，それはそう長続きしないと言った。そして援助者は，ハリントン氏に今考えていることについて話すことができるかと聞いた。クライエントは，考えと記憶がすべて混乱していて，それが実際の記憶なのか，彼が起こると想像しただけなのか定かではないと言った。援助者は，ハリントン氏にそれは正常なことであると再び保証したあと，「私たちにとって最善の方法は，思い出せる限り戦争の初めから順々に話していくことです。ゆっくり少しずつやっていきましょう」と説明した。

　クライエントはまずベトナム戦争がどんな様子だったか，彼の部隊について，そして初めての戦闘について話し始めた。援助者は，彼の仲間兵士の名前，彼らがどんなであったか，そして彼がどう感じたかを含めて最初の戦闘経験についてその詳細を尋ねた。ハリン

トン氏が，自分の話したことに圧倒されているようであったので，援助者は彼に深呼吸をして少し休むように言った。援助者は，面接の残り時間が10分あることを伝え，彼がどんな気持ちかを尋ねた。彼は疲れ果てたと言い，気を静めるにはしばらく時間が必要であると話した。援助者は同意し，彼に水を一杯どうかと尋ねた。彼は申し出を受けた。そして援助者とクライエントは，ハリントン氏の妻との面会や教会へ行ったことなどを数分話した。

　6回目の面接は，ハリントン氏が何を話すべきかについて援助者に尋ねることから始まった。それは援助者の促しがあったとしても，彼が再び戦争の思い出を話しはじめることに抵抗があるように見えた。しばらくハリントン氏に他の内容を話させた後，援助者は，ハリントン氏にとって私たちがこれまで話し合ってきた内容に戻るのはつらいようにみえるが，容易にできる方法が何かあるだろうかと尋ねた。ハリントン氏はいくらかよくなったと感じていたが，また悪くなるのではないかと恐れていて，その恐れから逃げずに取り組むことが必要だとわかっているといった。援助者が，前回の面接で語り残したことから話を始めるように伝えると，クライエントはそれを話し始めた。

　次の面接から，週1回で6回行われた面接で，ハリントン氏は，戦争での体験，罪も無い人々を敵の兵士と同じように殺したことについての気持ち，多くの友人が亡くなったのに自分が生き延びたことを喜んでいることについての罪悪感，そしてベトナムで戦った兵士に対する人々の見方に怒りを感じることについて話し続けた。援助者は，情緒的換気を促し是認を提供しながら，ハリントン氏が戦争中の自らの役割について考えること／これまでのやり方とは異なったプラスの方法で職務遂行すること／彼の動揺した感情と取り組むための新しい手段を試みること／教会にこれまで以上に関わり，他のPTSDの男性たちのサポートグループに参加すること／そして妻との面会を続けることを促した。16回の面接後，介入過程が終了するときまで，ハリントン氏は麻薬をやめ，追加の障害手当てを申請し，以前に比べて睡眠もとれ，気分もよくなった。

ケース検討

　ハリントン氏の問題には，ベトナム戦争中の体験が引き金となっている。PTSDの兆候があったが，これまで治療を受けていなかった。彼の障害は，広範囲の薬物依存，慢性的な睡眠の問題，そしてかなりの期間にわたる機能低下であった。ベトナム戦争の前は，彼は自己依存的な態度で機能していた。どちらかと言えば孤独であったが深刻なタイプの感情障害ではなかった。侵入的思考と記憶，フラッシュバック，悪夢，過度の警戒，人格の解離，重度の不安，そして羞恥心や自己非難に加えて，ハリントン氏は戦争中のトラウマ

の影響に対処するために，回避，否認，自己への転換，そして薬物を用いた。妻や息子との強制的な別離や薬物離脱は，彼の不安やうつ状態を強め，クリニックの援助者に紹介される結果となった。

　支持的で，共感的態度をとり，帰還兵としての経験がある援助者と安心した関係が築かれるようになって，ハリントン氏のPTSDが少しずつ現れてきた。援助者はPTSDの兆候に気づき，クライエントの傷つき部分に対応するための援助の機会を見極めていた。援助者は，ハリントン氏が，戦争体験や彼の機能への影響について取り組む必要性と利点に気づけるように援助した。ハリントン氏は過去のトラウマについて，その詳細を共有することに恐れを抱き，抵抗していた。しかし，情緒的な苦悩が高まってきたことで，それに対して援助者が再保証アプローチを使うことで，ハリントン氏はそのことを話すように動機づけられた。援助者の高い感受性と受容的な態度は，ハリントン氏に援助者を信頼させ，彼のトラウマ的体験と取り組み，話し合いのプロセスに関わらせること，また自己概念や他者に対する見方を再構成するように促す道具となった。この援助で強調すべきことは，情緒的換気，傾聴，是認，そして妥当化の技術の使用／教育，助言，そして指導／関係性の活用／援助者に必要なときに会えること，援助者が手を差し伸べてくれること／段階的取り組み，問題解決，そして認知的再構成／新しい振る舞い方の奨励／そして補助的サービスの利用である。

要約

　本章では，危機の本質と形態を検討し，危機志向型ISTTにおける10の重要事項について説明した。四つの事例には，過去のトラウマによるストレス障害を含む危機，発達段階や役割転換からのトラウマ的出来事に起因する危機を反映させた。これらの事例では，クライエントが危機を乗り切るための援助に用いる技術と介入策を明示した。

第9章 Clients with Emotional Disorders
情緒障害をもつクライエント

　援助を求めるクライエントの問題には，情緒障害の症状を示しているものもある。この場合 ISTT は，クライエントのおかれている状態を軽減すること，あるいは障害がもつ限界のなかでクライエントの機能を向上させることにその目的をおく。どちらの場合でも，援助者は特定の症候群の有無を見極めることが求められ，介入計画では特定の焦点を絞り込む必要がある。本章では，情緒障害の四つの主要なタイプを検討する上で ISTT の具体的な焦点を示し，この障害を持つクライエントの介入過程について概説する。

うつ病

　うつ病性障害については，ほとんどの人が通常の人生の特定の時点で経験する抑うつ感情，あるいは悲嘆のような別の問題の一側面として経験する抑うつ感情とは区別する必要がある。

定義

　うつ病は気分障害に分類されている。これは個々の人にとって苦痛なものであり，その結果，社会的，職業的，あるいはその他の重要な機能の領域での障害を引き起こす。気分障害にはさまざまなタイプがあるが，たとえば気分変調，大うつ病性障害，抑うつ状態と躁症状のエピソードが交互に現れる躁うつ病が含まれる。抑うつ障害の診断に至る共通にみられる特徴は，常時，憂うつな気分／快楽を得ることに対する興味や能力の欠如／自分には価値がないという感情／反復的な死や自殺の念慮／体重減少，不眠，疲労またはエネルギーの喪失，運動神経機能の遅滞，高

揚,そして集中力や決断力の問題がある (APA, 1994, pp.162-163)。

うつ病の主な原因が,生物学的,精神力動的,認知的,対人関係的,環境的なもののどれであるかに関しては議論が別れる (Austrian, 1995; Beck, Rush, Shaw, & Emery, 1979; Karasu, 1990; Scott & Stradling, 1991; Wright & Borden, 1991)。しかし多くの臨床家は,抑うつ状態の人の感情や思考に,無力と絶望,失望と喪失の脆弱性,内向する怒りの状態,自尊心の脆弱性,自殺念慮と企図,悲観的思考の解釈の仕方,抑うつ状態を正常なものとして受け入れないこと,きっかけについて認識できないこと,そして他人からのネガティブな反応を期待する傾向などの共通点が見られることに同意している (Luborsky et al., 1995, pp.15-17)。

多種多様な向精神薬は抑うつ症状を軽減することに効果的で,心理社会的治療のみ,あるいは薬物治療との組み合わせが抑うつ状態を軽減し,全般的な機能を改善することに成功していると多くの研究は示している。一方で,向精神薬はすべての人に必ずしも効果的ではなく,副作用を起こす可能性があり,薬物の使用をより複雑にする。

具体的な焦点

抑うつ状態の人への ISTT では,抑うつ状態を軽減し,機能を向上させ,そしてクライエント自身や他者へのうつ病の影響に対処できるように援助することにその目標をおいている。介入には本書の第一部で述べた ISTT の構成要素のすべてが含まれるが,具体的な焦点は以下を含む。

1. 困惑した考え方,感情,言動の多くはうつ病の症状であり,クライエントにとって気分が楽になる可能性がある事実を教育すること。
2. うつ病の症状である自己非難の感情を軽減すること,その障害にまつわるスティグマの悩みを軽減できるようにクライエントを援助すること。
3. うつ病の病歴とクライエントの取り組み努力についての情報を理解すること。
4. 現在の引き金となっているもの(問題,相互作用,経験,考え方,感情,言動),およびうつ症状との関係を同定すること。
5. クライエントの現状と過去の経験,脆弱性,充足されていないニーズのそれぞれの関連性を探ることが必要であり,それらのニーズはうつ

病に影響を与える可能性があり，また原因となる可能性もある。
6. 内向する怒り，重要な人物・役割，活動，満足源，健康，身体的活力，福利などの喪失とそのことへの恐れ／自尊心に対する衝撃／期待や理想に向かって生きることの失敗／無力感・罪悪感／失われた対象への関わりを持ち続ける手段，必要な注目を得る方法，他者に怒りを表出する試み／生きることへの特徴的姿勢など，うつ病の主な力動が何であるかを決定すること。
7. 力動や過去の課題など，何であれうつ病に作用しているものをクライエントが理解できるように援助すること。また，より効果的にそれらと取り組む方法を見つけるように援助すること。
8. うつ病の原因となるか，もしくはその症状の強化，ないしは持続に影響しうるクライエントの態度，自身または他者に対する知覚方法について確認すること。
9. 自己や他者に対するネガティブで悲観的な態度を修正し，ポジティブで肯定的，また，積極的で建設的な関係パターンや振る舞いを発展させることができるように援助すること。
10. 困難性に影響を与える生活領域での問題解決能力を高めることができるように，クライエントを援助すること。

　クライエントが自殺念慮や，その他に自殺企図，自己破壊，他者に危害を加えたい願望を示したときは，その問題と取り組むことが他の介入よりも優先されるべきである。クライエントに深刻な危険性があり，その衝動をコントロールする力を当てにできない場合には，保護的手段が取られるべきである。また別の方法として，クライエントの苦悩や絶望感の軽減を目的として，行動化の自制や問題解決への取り組みを約束するために，援助者はクライエントと契約を結ぶことができる。

介入過程

　下記に示す20回の面接を行ったケースには，具体的な焦点が多くみられる。

バトラー・ケース

　離婚歴のある，38歳のアフリカ系アメリカ人のバトラーさんは，抑うつ状態で抗うつ剤プロザックを服薬していた。かかりつけ医から地域精神保健センターを紹介された。朝ベッドから起きるまでに1日10杯以上コーヒーを飲んだことから，患っていた膀胱炎が悪化した。

　うつ病歴について尋ねたところ，バトラーさんは，3年前にうつ病で短期間入院していたことが分かった。それは結婚10年目に夫がバトラーさんを捨てて他の女性に走ったこと，欠勤が増えて職を失ったこと，親友が亡くなったことなど，短い期間にいくつもの重大な出来事が次々と起こったからであった。バトラーさんは，退院後，服薬をやめて精神科の外来治療にも行かなかった。彼女は，アルコール依存症の父と，社会保障と医療扶助を受けている初老の叔母（父親の姉）と一緒に生活し，めったに外出せず，人とのつき合いもなかった。バトラーさんがはじめての面接に来たとき，憂うつで希望が持てないように見えたが，本人は自殺念慮については否定した。バトラーさんの身だしなみは整っていたが，活力がないように援助者には見えた。バトラーさんの対処能力や問題解決能力，自尊心と衝動の統制能力は低下しているようであった。

　バトラーさんの病歴を聴取するなかで，彼女は3人兄弟の末っ子であることが明らかになった。長兄（年齢48）とは疎遠になっていて，非常に成功を収めた姉（年齢45）ともめったに連絡をとっていないと言った。彼女が15歳のとき，うつ病，アルコール依存症，身体的な問題を長い間患っていた母親が肝疾患で亡くなった。両親からの情緒的な虐待があり，基本的な衣食住の提供でさえも拒否されていたとバトラーさんは述べた。恥ずかしがりやで臆病であると自分自身について述べたが，彼女は学校の先生からほとんど注目されない普通の学生だった。友人は2，3人いたが，人気があったとは言えない。高校卒業後，銀行のタイピストとして働き，20歳代半ばで結婚した。夫は虐待的でアルコール嗜癖があったが，彼女は夫に依存していた。彼女は子どもが欲しかったが，数回の流産があって，それは叶うことがなかった。夫婦は慢性的な問題を抱えていたが，社交的な面では共に時間を過ごした。

　バトラーさんは，タイピストやワープロ入力などいくつかの異なる仕事に就いていた。彼女は家族とはほとんど関わりを持たず，結婚生活や仕事以外には趣味などの活動をしていなかった。しかし，教会へは定期的に通い，ときどきアダルトチルドレンの断酒会（ACOA）に参加した。そこで女性の友人ができ母のように慕っていたが，彼女が病気で亡くなりショックを受けたと語った。バトラーさんの夫が自分のもとを去ったとき，人生に

ついて喪失感を抱き，希望が持てなかった。それに続いて職を失ったことで引きこもることになった。

バトラーさんは，家族のうつ病歴やネグレクトなど矛盾の多い生活で，多くの喪失を体験し，これらが疑いもなく抑うつ状態，依存，また人生の満たされなさを生み出したものと思われるが，このような幼少期の生活歴にもかかわらず，最近の喪失で彼女の抑うつ状態が悪化するまではかなり適切に機能を維持し，ときに生活を楽しむことができているように見えた。

初回面接でバトラーさんは，生活を送る上での活力，動機づけ，能力が欠如していることで自分自身を責めた。援助者は，バトラーさんが生活を維持し，この時期に援助を求めてきた努力を認めた。援助者は，うつ病は過度な責任感や自責の念などバトラーさんが呈している症状の多くを引き起こすものであることを説明した。加えて，援助者との面接とプロザックの併用がどう助けとなるかについて話し合った。そして，面接回数について週2回で5週間，必要があれば，その後週1回で10回を足し，全体で20回面接となる契約をバトラーさんと結んだ。援助者は，彼女の考えと感情をレポートに毎日記載すること，コーヒーの摂取量を減らすこと，処方された薬を服用し続けることをバトラーさんに求めた。

2回目の面接は3日後に行われた。バトラーさんはレポートをつけてきたが，それは無駄な訓練であると思ったという。「私が一人ぼっちで途方に暮れていて，いかに私が弱いかということを書いただけだった」。援助者はバトラーさんに共感し，彼女がそのように感じていたにもかかわらずレポートをつけた努力を認めた。援助者はバトラーさんの孤独な感情について尋ねた。バトラーさんは，数年前はもっとひどかったが，子ども時代だけでなく大人になってからの大半を，孤独に感じていたことを報告した。

バトラーさん「誰に対しても，何に対しても頼ることができないような感じです」
援助者「それはどういう意味ですか？　もう少し話してください」
バトラーさん「私の親友はガンで亡くなりました。彼女は，私にとって母のようだった。彼女なら私の話を聞いてくれるだろうし，私にアドバイスもしてくれるだろうと思う。一緒に散歩をして，買い物もすると思う。なぜ，彼女は死ななければならなかったの？私は，もっと彼女に何かしてあげたかったのに」
援助者「何ができたと思いますか？」
バトラーさん「何かできていたはずだと思うのですが，私の人生はいつもこうなのです。私はどの人の役にも十分立てたとは思えない」

援助者「あなたは，自分にとても厳しいですね。それが，抑うつ状態ということなんですよ」

バトラーさん「そうならば，私の人生はずっと抑うつ状態だったということですね」

援助者「あなたはご自身のことや人生について話してくれましたが，私には，あなたがどう感じているかを感じ取ることは難しい」

バトラーさん「これ以上，私は何の感情も持たないのです。私は鈍感になっていて死んでいるようです。泣くことさえできない」

援助者「あなたのご主人が去ったあとや友人が亡くなったあと，あなたは泣くことができなかったのですか？」

バトラーさん「私は泣き腫らして，そのあと，みんなに当たり散らしたけれど，彼らが私のところに戻ってくることはなかった。この先私によいことは何もない。とても楽天的になれたことはないし，自分を好きになったこともなかった」

援助者「あなたの人生は，たくさんの喪失と失望でいっぱいだったのですね」

バトラーさん「それでも私は朝ベッドから起きなくちゃいけないのですが，それはとても難しい。自分でベッドから起き上がり，動くことができれば気分的に楽になるだろうと思うのですけれども」

　援助者は，バトラーさんが目を覚ましたときにどのように感じるのかについて尋ねた。当初はバトラーさんにとって，どう感じているかに焦点を合わせることは難しいことであったが，援助者がバトラーさんを優しく促すことで，彼女は孤独感について，空虚な生活から逃げたいと欲していること，また起きたことすべてに対する責任を感じていることを話し始めた。

援助者「あなたの人生でそのように無力に感じることはつらいことですね」

バトラーさん「とても重荷に感じます」

援助者「少しずつ，一歩ずつ考えていきましょう。朝の開始にあたって，どのようなことをしたらいいか，何か考えがありますか？」

バトラーさん「コーヒーが以前は役に立ったけど，今はなるべく飲まないようにしています。他に何をすればいいのか考えつきません。テレビを見るのも新聞を読むのも好きでした。テレビは居間にありますが，父はもう新聞を家に持ち帰ることがなくなりました。ときには私は着替えないこともあります」

援助者「あなたはテレビではどんなショーが好きですか？」

バトラーさん「私はトゥデー・ショー（The Today Show）とか，トークショーが好きです」
援助者「居間に行き，今週はテレビを2，3回つけて，もう一日は朝，新聞を買いに行くために散歩に出かけてみませんか？」
バトラーさん「そうですね，やってはみますが」

　援助者とバトラーさんは，次の3週間に6回の面接をとりつけた。バトラーさんはレポートを書き続け，援助者は面接の開始時の決まり文句としてそのレポートを活用した。

援助者「悲しみ，怒り，失望，切望，一人ぼっちの感情など，抑うつ状態になると，人々が抱くさまざまな情緒があります。あなたの感情に触れることは，何かの役に立つでしょう。たとえば，あなたが夫のことについて考えるとき，どんな気持ちになりますか？」
バトラーさん「楽しかった頃が懐かしいです。お酒を飲んでよっぱらい，大声を上げていた夫でしたが」
援助者「もう少し，楽しかった頃について話してもらえませんか？」
バトラーさん「彼はとてもユーモアがあり，楽しむことが好きでした」
援助者「とても悲しそうですね」
バトラーさん「そうでしょうね。でも，私はこんなふうに感じたくない」
援助者「わかります。でも気持ちがまだあるのでしょう。感情がいろんな形で出てくるのですね」
バトラーさん「私が何をしたから，夫が去ったというのですか」
援助者「夫に問題があったという事実を信じることは，あなたにとってつらいようですね」
バトラーさん「そのように友達はよく私に言っていました。友達は私が夫によくしすぎたのだと言いました。彼女がここにいてくれたらと思います。彼女と話していたときは，今より気分がよかったわ。まあ，私，泣いているわ」
援助者「いいのですよ，気持ちを出していいのですよ」

　別の面接では，バトラーさんは責任感や低い自尊心，悲観的な感情を話題にあげた。

援助者「あなたがこれまで生きてきた結果として，このように自分や他者について，考えるに至ったことを理解できます」
バトラーさん「私が別の子ども時代を送っていたら？　私がもっと姉に似ていたら？　たぶんいろんなことが違っていたでしょうね？」

援助者「あなたは，何か自分に間違ったことがあるとか，起きたことすべてが自分に責任があると問い続けていますね。ご両親が何らかの理由であなたを育てるのに失敗したと思っていますか？ あなたは世話が必要な子どもだったはずです」

バトラーさん「両親の面倒をみるのが私の仕事だといつも思っていました」

援助者「長い間あなたはこのことに責任を感じてきて，そして他の関係と同様に重荷を背負ってきたのですね」

バトラーさん「他にどんな方法があるというのですか？」

援助者「あなたにもニーズがあるでしょう。あなたは若い頃から，人生で出会う大半の人々があなたのそばにずっといてくれなかったことが悲しいのですね」

バトラーさん「そのことについて，そんなふうに考えたことはなかったわ」

　援助者とクライエントは，引き続き彼女の家族と過ごした幼少期とその後の夫との体験での困難について話し合った。
　別の面接では，クライエントは，否定的な考えを持たないようにする方法がわからないと言った。

援助者「そのようにあなた自身を責めるときは，自分は悪い人だと考えているようですね，これはまさに警報が鳴っているときなのだから，そのときは一度立ち止まって，そういう行動をしないように言い聞かせるといいですね」

バトラーさん「本当に，そうすることがいいのでしょうか？」

援助者「試してみることで失うものは何もない，試みてどんなことが起こるかについて話すこともできて，あなた自身についてなぜそのような考え方を持つようになったかについても探求できますね」

　9回目の面接を迎え，バトラーさんは希望が持てないという気持ちも減り，積極的に動けるようになってきたようだ。援助者は，バトラーさんが他者から孤立していることを取り上げた。バトラーさんは，他者にしてあげられることが自分には何もないという気持ちがあり，他者から拒絶されることを怖れていると言った。援助者は，バトラーさんが職場やACOAの会合で，人々とどのように関係作りをしてきたかについて話し合うことで，彼女自身の認知の仕方を修正しようとした。この面接で，援助者とバトラーさんは，あと11回の面接が残っている事実について話し合った。この面接の終わりごろに，援助者はバトラーさんに，他の人との関わりを増やす方法を考えるように求め，バトラーさんがACOA

に参加することや，教会に行くことを考えたので，援助者はこの考えを認めた。
　バトラーさんは次の面接に現れず，また，電話連絡もなかった。援助者は何があったのかを調べるために電話をかけたところ，彼女はとても抑うつ状態がひどく，面接に来ることができなかったのだと言った。

援助者「前回，私たちが話し合った後に，何か困ったことがあったのですか？」
バトラーさん「何もないわ。このような話はすべて時間のムダだと思います。私は，回復の見込みのない症状なのに，どうして私に気をつかうのですか？」
援助者「あなたは怒っているようですね」
バトラーさん「怒ってなんかいないわ。自分自身にうんざりしているの。決して何も変わらないのよ」
援助者「私にはあなたが動揺しているように聞こえます。でも面接に来ることは重要ですよ。そうすれば話し合うことができるから」

　援助者のスーパーバイザーは，前回の面接とクライエントと電話で話した記録を読み，援助者が終結について取り上げたことが，クライエントにとって，他の人々と同様に援助者も自分を捨てようとしていると感じさせたのかもしれないと言った。スーパーバイザーは，回避することで，怒りを自分自身に向けるというクライエントの傾向に注目した。クライエントが改善してきた主な理由が彼らの関係性にあり，援助の終結が難しくなるだろうということにも援助者が気づいた。
　10回目の面接の開始直後に，バトラーさんは前回の面接での援助者のコメントに対してした反応をすべて認めなかった。援助者は，自分たちが肯定的な関係なのはもちろんだが，彼女が経験した多くの喪失を考慮に入れると，時間が限定されていることで憂鬱になることは理解できると言った。バトラーさんは，援助者と話すことができて，孤立感も少なくなり，援助者を失いたくなかったので，終結について考えることで動揺してしまったと認めた。人生において多くの人を失ったために，あなたにとって終結は難しいだろうけれども，まだ時間は十分にあると援助者は言った。そしてバトラーさんと援助者が良好な関係を作れたという事実が，バトラーさんが他者と新しい関係を築く能力をもっていることを示していると援助者はつけ加えた。彼女は，翌週のACOAの会合に出席し，教会に再び通うことに同意した。
　この面接の残りの時間は，バトラーさんのACOAと教会での経験に焦点をあてた。バトラーさんが他者に近づく方法について援助者が提案し，彼女がその方法を試してみること

について議論し，彼女がやってみてうまくいかないと自分を責める傾向があることを話し合った。援助者はバトラーさんが，他者の反応に対する別の解釈や，他者との新しい関わり方を考えるように援助した。バトラーさんは前向きになったが，その回の面接の終結時は援助者とバトラーさん双方にとって非常に困難であった。バトラーさんは，抑うつ状態の感情が再燃したが，援助者は彼女が喪失感に取り組めるように援助した。彼女は積極的に動き，他者との関わりが少しうまくできるようになり，援助者なしでも自分は進歩し続けるだろうと彼女は感じた。援助者とバトラーさんは，必要に応じてフォローアップや電話相談をする取り決めをした。

ケース検討

援助者はクライエントが抑うつ状態を軽快させ，社会的孤立からの解放を援助する上で，精神力動的，課題中心的，そして認知行動療法の技術を組み合わせて用いた。支持的関係の脈絡の中で以下の援助を行った。情緒的換気を促し，クライエントの症状と関係のある歴史の探究を行ったこと／是認と指導を提供したこと／教育を提供し課題を与えたこと／問題解決にクライエントを関わらせたこと／クライエントが自らの感情を確認し，整理することを援助したこと／クライエントの思考のゆがみを修正したこと／クライエントの幼少期の喪失や剥奪と現在の抑うつ状態とを関連づけさせたこと／援助に対する若干の抵抗があった終結に対する反応についてクライエントが取り組むように促したこと／クライエントの方から他者に近づくことができるように促したこと／そして彼女に対する他者の反応を解釈するための新しい方法の獲得を促したことである。

不安

不安障害もうつ病と同様に，誰にも共通する不安な感情とは区別すべきであり，境界性パーソナリティ障害や精神病性障害のような他の症候群の一部とも区別すべきである。

定義

不安障害のよくみられるタイプには三つあり，パニック発作／広場恐怖症や社交恐怖，あるいはその他の恐怖症／全般性不安障害を指す。パニック発作は，表面化しない期間の極度の不快感を特徴とし，多重の身体症状や深刻な情緒的苦悩を伴うので，そのような人はこれらのエピソードを発生させる状況を避けようとする。

広場恐怖症，社交恐怖および，その他の恐怖症は，たとえば家の外で一人にされたり，パーティに行ったり，橋を渡ったり，飛行機での旅行など恐怖の状況に直面したときに，特定状況において恐怖心を表す場合や，これらの状況の回避をする場合，そして機能障害がなければ，重篤な不安や恐怖心を表すこともある。

全般性不安障害は長期にわたって発生する過度の不安や心配と関連するが，それらは落ち着きのなさ，興奮，緊張，そして易疲労性，イライラ，睡眠障害，集中の困難，そして筋肉の緊張など，不安，心配，身体症状のコントロールが難しくなる。これらの障害のすべては重大な苦悩や社会的，職業的，その他の重要な領域の機能障害を起こす（APA, 1994, pp.199-218）。

不安障害の主な原因が，生物学，精神力動，認知行動のいずれにあるかの見解には相違があるが（Austrian, 1995; Beck, Emery, & Greenberg, 1985; Crits-Christoph, Crits-Christoph, Wolf-Palacio, Fichter, & Rudick, 1995; Shear, Cloitre, & Heckelman, 1995; Wright & Borden, 1991），不安障害をもつ人は，一般的に過度の心配や不安，不安を起こす刺激や状況をコントロールできない厄介な思考や感情を回避する経験をしているという点については合意がある。

薬物は不安症状の軽減に役立つが，しばしば副作用がある。マイナートランキライザーの場合は乱用されやすく依存症になりやすい。

具体的な焦点

不安障害を持つ人へのISTTの目標は不安症状や恐怖症の症状を軽減すること，およびその人の機能を回復することであるが，いずれにしても，彼ら自身や他者に対する障害の影響をうまく取り扱うことができるように援助することである。介入では第Ⅰ部で議論したISTTの構成要素すべてを使うことができるが，具体的な焦点には以下の構成要素が含まれる。

1. その症状は身体的疾患など他の原因でなく，むしろ不安に関係するという事実をクライエントに教育すること。
2. 不安症状があるということは，その人が望まない考え方，不可解な考え方，煩わしい考え方や気持ちへの対処のひとつの方法であり，生きることに対する特徴ある考え方であることをクライエントに理解してもらうように援助すること。
3. 現下で引き金となっているもの（問題，相互作用，経験，思考，感情，

言動），あるいは不安症状との因果関係を確認し整理すること。
4. 不安の根本的な原因となるものを立証する。たとえば，望まない，もしくは脅威を与える考え方と感情／別離や喪失／自律性と自立性／罪悪感／成功・失敗／抑制の喪失／拒絶・批判／周囲の肯定／失敗への恐れ，自己と他者の失望，あるいは失敗が晒され露見すること／病気，老い，死など。
5. クライエントの現状と過去の体験との関連性，脆弱性，そして不安症状を助長するかあるいは原因となると思われる満たされないニーズとの関連性を探求すること。
6. クライエントの不安の原因となるもの，強化しているもの，あるいは継続させていると考えられる自己や他者への態度や知覚の仕方を確認すること。
7. 力動や過去の課題など，なんであれ不安に作用していると思われるものについてクライエントが理解するように促し，効果的な対処方法を見出せるように援助すること。
8. クライエントが不安に直面できるように，徐々に促すこと。
9. クライエントが不安な考え方や感情，言動について，自身でわかるように整理し，制限し，軽減する方法を見つけられるように援助すること。
10. 不安の引き金となっている状況下で，クライエントが問題解決能力を改善できるように援助すること。

介入過程

次のケースでは，深刻な不安のあるクライエントに対して ISTT が活用されている。

ハミルトン・ケース

　ハミルトンさんは，40歳で離婚歴があり，過度な警戒心，ひどい筋肉のこわばり，緊張感，恐怖の感覚，特定の状況への恐怖，心悸亢進，息切れ，震え，冷や汗など，長年におよぶ不安を理由に，メンタルヘルスクリニックに来所した。彼女が覚えている限りこの症

状はずっと続いてきたが，最近になって，自分では生活がどうにもならないと感じ始めた。彼女はずっと不安に感じ，楽しむこともできず，何に対してもワクワクできなかった。そして彼女はますます恐怖が募り，生活も制限されるまでになった。彼女は，独りで運転したり，飛行機に乗ったり，なじみのない場所に行くことや，家の近所から離れることなど，潜在的に不安を生み出すような状況をすべて回避してきた。彼女はもっと冒険をし，自律し，旅行や人生を楽しむことを望んでいた。彼女はマイナートランキライザーのアチバンを必要最小限服用していたが，薬に頼ることを嫌がっていた。

　ハミルトンさんは，父親が所有する3世帯住宅の上階の一室に住んでいた。彼女の兄たちは全員既婚で，近くに暮らしていた。彼女は学生たちのために熱心な教師として働き，そして長年つき合ってきた親友がいた。ハミルトンさんは，自分は内気で，敏感で，怖がり屋の子どもであったこと，そして，高校以来，不安が高まり続けてきたと報告した。彼女は，幼稚園に通園することが困難だったこと，また小学校から高校までに転校があったこと，大学に行ったこと，最初の仕事では一人で旅行したこと，結婚生活に適応したこと，彼女の夫と休暇を過ごしたこと，離婚を経験したこと，母の死の悲嘆を経験したことを思い出した。離婚を経験したとき，ハミルトンさんは初めてカウンセリングを求めた。ハミルトンさんは不安に関する自助の書籍を見つけられるだけすべて読み，勧められたたいがいのエクササイズを試みたが，どれも助けとならなかった。1年前，彼女はしぶしぶ医者に薬を依頼した。

　4人きょうだいの末っ子で一人娘だったハミルトンさんは，家族と親密で，家族とかなりの時間を過ごし，ハンドボールや歌など共通の趣味をもっていた。ハミルトンさんが5歳のとき，彼女の母親が足の骨ガンと診断された。母親は回復したが，長期にわたり頻繁に入院を繰り返し，虚弱であまり家から出なかった。ハミルトンさんは心臓発作から5年経たずして他界した母親についてはよい思い出をもっていた。ハミルトンさんが憶えている母親は，積極的な態度で，決して不満を言わなかった。彼女は父について，家族に深く関わり，いくぶん過保護であったことを話した。ハミルトンさんは，大学時代とその後30歳まで自宅で暮らし，恋をしないまま，親切で思いやりがあると考えた男性と結婚した。彼らは，共に耐えられず6年前協議離婚をした。

　ハミルトンさんは，自分の症状を和らげることに焦点をあてた構造化されたISTTを望んだ。彼女の医療保険は15回の面接に適用された。ハミルトンさんは援助者に，これまで自分のような不安を持つ人を援助したことがあるかどうかについて尋ねたので，その経験があることを告げ，ハミルトンさんにとっても，それが役に立つことを保証した。援助者は，不安のきっかけやそれに関連する考え方・感情を確認すること，不安をうまく管理

する方法を見つけること，彼女が望むことをできるようになり，症状の軽減を図るために，その基にある潜在的な理由を探求する必要性について，彼女に説明した。援助者とクライエントは毎週会うことに同意した。そして援助者は，クライエントが不安を経験したなら，そのとき彼女が考えている事柄について気づく努力をするようにと提案した。

　援助者のアセスメントでは，ハミルトンさんの自我はかなり健全に機能していて，多くの強みを持っていることが示された。ハミルトンさんは仕事上ではうまくいき，よいサポート体制を持ち，知的で，容易に人と関わることができ，援助に対する動機づけもあった。彼女はまた，抑制が非常に高く，緊張し，悩み，依存していて，リラックスした人生を楽しむことができないように見えた。

　ハミルトンさんの生活歴から，彼女の症状には複数の決定要因が考えられた。彼女の母の病気と入院に関連した分離不安，幼少期の安全と安心を得るための挑戦，病弱な母の状態を考慮すれば，普通の考え方や感情も，危険であるようにもわがままにも見えたこと，それらを抑圧し罪悪感を抱くこと，母親の制限された生活への同一化，励みになるものと自律した役割モデルの欠如などであった。

　2回目の面接でハミルトンさんは，彼女の症状の引き金となったその週の出来事の報告から始めた。彼女が震えを感じ始めたときに薬を服用したが，彼女は震えがくる直前に，父親の次の休暇について考えていたことを思い出した。

ハミルトンさん「私は父の安全について考えるより，父がしばらくいないことで何か起こらないかと心配していたので，罪悪感を抱き，自分はわがままだと思いました」
援助者「あなたはそれが悪い考えだと思っているようですね」
ハミルトンさん「自分のことを心配しすぎることは，あまりよいことではないと思います。父は当然休暇をとるべきなのです。私は父のために喜ぶべきなのに」
援助者「あなたにもニーズがあります。ときには，自分のことを考えることは正常なことですよ。そのような考え方や感情を押しのけようとすれば，実際には不安になりますよ」
ハミルトンさん「そんなふうに考えてしまうと，よけい不安になりそうで怖いのです」
援助者「具体的にどんなことが心配なの？」
ハミルトンさん「私は自分がコントロールできなくなるか，おかしくなるか，心臓発作になるのではないかと思うのです。私は今，それについては話すことさえしたくないのです」
援助者「私はあなたに何か起こさせるつもりはありませんよ。心配なことについて私に話してみませんか？」

ハミルトンさん「安全な場所——私のアパートのような——を目指して，むやみやたらに通りを走り抜けたり，意味のないことを口走っている自分を思い描いてしまいます。あなたは私がおかしいと思いませんか？」

援助者「おかしいなんてとんでもない。あなたは正常な考え方や感情さえとても怖がっていますね。このように感じ始めたとき，あなたは異常でもなんでもなく病気でもない，自分は大丈夫なのだということを，自分に言い聞かせることが重要です」

　その後3回の面接で，援助者はクライエントの症状に焦点をあて，不安な感情に先行して，その引き金となる考えを確認することを援助し，そして，彼女にとって受け入れがたい考え方に耐えること，また，彼女の考え方が理解しうるものであり，コントロールを失う結果にはならないということを再保証するために，意識して努力するよう彼女を促した。5回目の面接で，ハミルトンさんは友人との会話で緊張し始め，はやく電話を切ろうとしたことを報告した。彼女はそうなる前に考えていたことを思い出そうとし，イライラしていたことに気づき，緊張していた感情が実際には納まったことに驚いた。
　6回目の面接では，ハミルトンさんはなぜそれほど不安になるのかについてずっと気がかりだったと言った。

ハミルトンさん「私はなぜこんなふうなのか理解できません。何が問題なのですか？」

援助者「おそらく，あなたの不安と恐怖は，おかあさんが病気で，多くの時間を病院で過ごしていたので，あなたがおかあさんを必要としたときにそばにいなかったという事実が関係していると思います。幼児期にずっと，あなたはお母さんがもう一度病気になるのではないかと心配していたにちがいありません」

ハミルトンさん「母は勇敢な女性でした。母はどんなときも，痛みの中でも，いつも元気なふりをしていましたが，私たちは母の顔を見るたびに，それがどんなに困難なことかが理解できて，いつも母の健康について心配していました」

援助者「あなたはとても幼い頃に，世の中が安全ではないということを知ったのですね」

ハミルトンさん「私が学校から帰って来たとき，いつも，母がそこにいるかどうか，あるいは，母がどんな一日を過ごしたかとても心配でした」

援助者「あなたが家に帰って来て，お母さんがそこにいなければ，どんなにか辛いことだったでしょう。ずっとそのことについて考えることは，あなたを守る一つの方法だったのです」

ハミルトンさん「あなたが言うように，とても奇妙なのです。私が高校生だったある日，

とても良い気分でした。私はなんにも考えていませんでした。そして，私が玄関に着いたとき，一番上の兄が，お母さんは病院に連れて行かれたと話したのです。私はそれを信じることができませんでした。ショックでした。母はよくなりました。でも，私が覚えているのは，その日が母のことを考えるのを忘れるくらい楽しい日だったということです。それはまるで，私が心配ないと思う日には何かが起きるのだという感じでした」
援助者「心配することでお母さんの安全を保つことができ，また楽しいときを過ごすことがお母さんを病気にさせてしまうことだと思ったようですね」
ハミルトンさん「そんなふうに考えたことはなかったわ。私が楽しいときを過ごして母のことを考えなかったことに，とても罪悪感を抱いていたことはわかっています」

　7回目の面接で，援助者がハミルトンさんに対して，前の面接についての考えを尋ねたところ，彼女は面接の大半で罪悪感を抱いていることに気づいていたと答えた。援助者はそれらを彼女の幼少期の体験と関係づけ，子どもたちは，腹を立てたり，物事が異なるように期待したり，自分のためのものがほしいと願ったりして，病気の親に対して負担をかけ動揺させることを心配していると述べた。子どもたちは，ときには親に対して責任があると感じ，あるいは親が一緒でなければ子どもたちは楽しい時間がもてないと感じているとつけ加えた。ハミルトンさんはため息をつき，そして，母が重い病気であることを見るのはつらかったと言った。「私は母の世話に多くの時間を割いている父親に対して，とっても申し訳ないと思っていました」。援助者は，誰にとっても，特にハミルトンさんにとっては，子どもが母親を愛し，自分自身のニーズを後回しにせざるをえなかったことは，とてもつらいことだったと思いますと言った。援助者は，ハミルトンさんにとって，家から出ることについての困難が，彼女が家にいるべきだという気持ちと，母親の世話をしなければならないという感情とに関係していた可能性があることをつけ加えた。
　8回目の面接では，ハミルトンさんはしばらくぶりの楽しい週だったと報告した。援助者は，ハミルトンさんのもつ恐怖心を克服する上で，少しでも歩くことが彼女にとってよい機会であるかもしれないと思った。歩くことは，彼女が楽しんで，家の近くでできる活動であった。援助者はハミルトンさんに視野を広げる援助をすることに集中した。ハミルトンさんは，ウォーキングの仲間がいないことや自分が遠くに行きすぎるのではないかと心配していた。援助者とハミルトンさんは，安全であると感じる方法で少し試してみようと話し合った。不安を持つことは彼女を傷つけないことを思い出させ，彼女に家が見えている限り，近くを歩いているという事実を共に確認した。ハミルトンさんは，これを試すことに同意した。

9回目の面接では，ハミルトンさんは彼女が一人で散歩に2回出かけたことを興奮しながら報告し，自宅のあるブロックの角に差し掛かったとき，緊張し始めたといった。彼女は，必要ならいつでも家に帰り着くことができると自分に言い聞かせ，さらに歩き続けた。彼女は，隣のブロックまで歩いても，そんなに不安ではなかったことにびっくりしたと述べた。

　残りの6回の面接では，援助者はハミルトンさんの「今・ここで」の機能を直接的に支え，また現在の不安を過去の経験に結びつけてサポートすることに専念した。ハミルトンさんは，家の近くを一人で歩くことや運転するなど，不安を誘発する状況にさらに直面し続ける努力をした。不安をもたらす可能性のある原因を理解する力を強化し，考え方や感情を確認し，それらを受け入れる力を向上させ，不安を誘発する状況で自身に語りかけ，活動を展開するための具体的な小さな歩みを成功に導くなどして，これらを組み合わせた。援助者は彼女が自信を得て，また自分の力を信頼し，より困難な挑戦に直面できるように援助した。終結時には，彼女は自分の新しい振る舞い方を練習する計画を立てた。サポートグループに参加してさらに援助を得れば有益かもしれないと援助者が提案したが，彼女はフォローアップ訪問まで一人でそれを試してみたいと言った。

ケース検討

　援助者が用いた主要な介入は，(1) クライエントの不安や恐怖に関連する引き金，考え方，感情を同定すること。(2) クライエントのいわゆる否定的で受け入れ難い考え方や感情は，正常で理解可能なものであり，彼女は悪くないこと，コントロールを失う危険性や心臓発作に襲われる危険性はないことを受け入れられるように援助すること。(3) 彼女自身が不安や恐怖をもつときは自身に語りかけることを彼女に教えること。(4) 彼女の現在の不安症状が，母の病気やその影響と彼女の幼少期の体験とを関連付けるようにクライエントを援助すること。(5) 不安に直面するための小さなステップを歩めるようにクライエントとともに問題を解決し励ますことであった。援助の終結までに彼女の症状は治癒しなかったが，彼女はゆっくりとではあるが着実に進歩を遂げた。

統合失調症

　この障害は，うつ病や不安障害よりも深く広範囲にわたる症状があり，対人関係，セルフケア，社会的，職業的，その他の機能領域における重篤な障害に至ることがある。すべての統合失調症をもつ個人が同じ程度の障害を持つというわけでは

ないが，その多くはある程度の自立と安定を成し遂げることができる。その度合いは，自我能力，家族のサポート，環境的資源によって異なる。

定義

統合失調症の主な亜型は，妄想型，解体型，緊張型，鑑別不能型である。これらは評価時に，一般的な症候学によって定義される。これらの亜型とその他の亜類型とに共通する特徴には，妄想，幻覚，まとまりのない会話と考え方，または緊張病性の行動，感情の平板化，緊縮化，不適切さのような陰性症状，意志の欠如，そして社会的ひきこもりがある（APA, 1994, pp.147-159）。

統合失調症の生物学的な基盤についての根拠は増えてきたが，この障害には精神力動，発達理論，家族，および環境の要因が寄与すると思われる（Austrian, 1995）。原因がなんであれ，一般に統合失調症の人には機能不全がみられる。その領域には，内的および外的刺激と環境からの要求への対処能力／自我境界の維持／現実検討，思考過程，衝動抑制，判断，対象関係，知覚，記憶，集中，理解，そして体系化する能力と総合的知覚／問題解決能力，日常生活の技術，ストレスに対処する能力（Goldstein, 1995a, pp.268-274）が含まれる。

一般的に治療は，障害を「治すこと」ではなく，症状のコントロールや軽減を促し，社会的機能を向上させ，さらなる悪化や再発の予防を目指す。強力な精神安定剤あるいは抗精神病薬は，統合失調症をもつ人の症状を軽減し，その人が考えや言動をより体系化できるようになることには役立つが，しかし必ずしもその人が自律的に機能し，対人関係，仕事や他の社会的役割に対処できるようになるわけではない。その上，薬物療法の中断は，繰り返し精神病症状のエピソードを引き起こし，深刻な問題が生じる。多くの統合失調症の人々は，定期的に薬物を服用するかどうかによって，急性精神病症状を再発する危険性がある。向精神薬の使用は，副作用が出る傾向もみられ，そのうちのいくつかの症状は非常に重篤であり，不治のものとなる。

介入が効果を出すには，以下のようないくつかの介入を組み合せることが必要である。薬物療法／外的構造の提供，たとえば監督指導のある自立型住居の整備，ハーフウェイハウス（中間施設）または住宅，グループホーム，デイ・ホスピタル，シェルタード・ワークショップなど／クライエントのために援助者が，治療，生活調整，地域での役割遂行を監督しコーディネイトし，介入するケースマネジメント（Iodice & Wodarski, 1987）／クライエントの能力，コミュニケーション，日

常生活，対人関係，問題解決のスキルを強化することを目指す個別援助／統合失調症の家族メンバーを家族が理解し，サポートするように援助し，そのメンバーとの機能不全の相互作用を修正する家族介入／社会資源の動員とネットワークの形成など（Goldstein, 1995a, pp.268-274）。

具体的な焦点

統合失調症をもつ人に対するISTTの目標は，その人の機能を回復させ，急性症状の再発を防ぎ，コミュニティの中での生活を可能にし，障害の影響に対処できるように援助することである。介入の具体的な焦点は，以下の項目を含む。

1. 特定の考え方や感情，言動をもたらす複数の因子の観点から，統合失調症について情報を提供すること。
2. 向精神薬の使用と副作用を含め，特定の介入法の合理性や影響を議論すること。
3. 解体状態の増大に寄与すると考えられる環境ストレッサーを確認し，分類すること。
4. クライエントのストレングスを確認し，強化すること。
5. 対処能力を維持し向上させ，コミュニケーション，日常生活，問題解決，対人関係および社会化の技能を改善すること。
6. 他者との新しい振る舞い方の予測と練習のために，また現実検討のために，援助者とクライエントの関係を車の両輪として用いること。
7. クライエントとともに計画し，社会資源を見つけ，擁護すること。
8. クライエントのために他者と協働し，関わること。
9. 薬物治療の利用とその反応も含めクライエントの状態をモニタリングすること。
10. 危機状況に介入すること。

介入過程

下記のケースでは，慢性統合失調症の診断を受けた男性に対してISTTを活用し，自我機能や他者と関わる能力を改善することに焦点を当て，就労の継続を援助した。

ウィルクス・ケース

　ジョン・ウィルクス氏は，33歳，独身の白人で，障害者のためのニューヨーク州立職業教育サービス，就労支援プログラムのカウンセラーのもとを訪ねた。彼は慢性統合失調症の妄想型と診断され，副作用の強いメレリルとコゲンチンによる抗精神病薬治療を受けていた。ウィルクス氏は両親，妹，妹の二人の子どもと一緒に住んでいた。これまで多くの仕事に就いてきたが，面接時は両親から経済的支援を受け，医療扶助も受給していた。

　最初の面接で，ウィルクス氏は，常勤の仕事を探すことに意欲を見せ，ただ両親を喜ばせるために援助を受けたいと述べた。ウィルクス氏は，過去には仕事を継続することが困難であり，自分の成功する能力については無頓着であった。彼によると，両親は彼に仕事に就いてもらいたいと望んでいたが，過保護で，彼の能力を信用せず，常勤の仕事でのストレスが再発を引き起こすのではないかと心配していたとのこと。ウィルクス氏はこれまで仕事の辞職や退職を幾度となく繰り返していたと述べた。援助者が詳細を尋ねると，ウィルクス氏は激怒して，そんなことははじめからもう何度も説明したはずだと言い，援助者に自分の記録を読んでいるのかと言った。援助者は，自分のことを何度も繰り返し報告するのは耐え難いことだと思うが，あなたが自身の言葉で語ってくれるならば，より詳しく理解できると思うと言った。ウィルクス氏はしぶしぶ同意し，いくぶん機械的に彼の仕事の経歴を詳しく話した。

　ウィルクス氏は，事務員，メッセンジャー，受付係の仕事をしていたことがわかった。4カ月前，彼は8週間の仕事をしたが，そのとき，他の人たちが彼のことを噂していると思った。彼の同僚と会って確かめたが，彼らは否定した。彼は言い合いになり，その日は家へ帰るように言われた。同僚が彼について言っていたことをどう思ったのかと援助者が尋ねると，ウィルクス氏は，薬を服用しているところを見て同僚が自分のことを精神病患者だと話をしていると思ったのだと説明した。この出来事の後，彼は薬をやめたので，仕事での彼の働きがおち，仕事を辞めた。彼の両親は彼を救急外来に連れていき，そして薬物療法が再開された。

　ウィルクス氏と援助者は，その他の仕事の経験について話しあった。援助者はウィルクス氏が1カ月くらいなら仕事をうまくこなすものの，そのあと問題が発生することを知った。ウィルクス氏は，彼が抱える問題は彼を刺激する他者に責任があり，これまではただ自分にふさわしい仕事が見つからなかっただけだと思っていた。ウィルクス氏は，青年期後期の最初に入院して，その後に2回の入院をしたと援助者に語った。ウィルクス氏は服薬が必要であることを知っていたが，気分がよいとき，服薬をやめてしまった。彼はこの

教訓から学んだので，今後は繰り返すことはしないとつけ加えた。彼は援助を必要としていないこと，ただ，また仕事に就きたいだけなのだと言った。
　援助者はウィルクス氏の仕事に対する望みを支持し，自分の役割は仕事に就けるようにクライエントを援助することであると述べた。援助者は，クライエントを援助する立場にあること，そしてこれから起こるどんな問題についても，特に彼が引き起こしたとみなされる問題についても，援助できるだろうと説明した。援助者は今後，ある時点まできたら，両親にもこの援助に加わってもらいたいと思うかと彼に尋ねた。援助者はプログラムの手続きについて説明し，就労継続の援助という明白な目的のもとに，12回の面接実施の契約をウィルクス氏と結んだ。
　2回目の面接で，援助者は，小さな法律事務所の事務員で，週3日からはじめ，その後に常勤に移行できるという雇用条件の仕事を確保できるとウィルクス氏に話した。即座にウィルクス氏は，その職場の人々が自分の精神的な問題や服薬について知っているかと尋ねた。援助者は，これは就労支援プログラムなので，ただ上司だけが彼の問題について知ることになると説明した。ウィルクス氏は怒りだし，自分が統合失調症であるかどうかは彼らにはまったく関係ないことだから，誰にも知らせたくないと言った。ウィルクス氏は，人がまた自分のことを話し始めるのではないかと恐れていた。援助者はウィルクス氏の恐れについて詳しく尋ね，彼の精神病の診断に対する否定的な感情と，服薬しなければならない事実を他者のせいにしていたことが明らかになった。そこで，援助者は統合失調症についてウィルクス氏が知っていることを尋ねた。ウィルクス氏は自分の状態について知識としては理解していたが，援助者には，彼が感情的なレベルではそれを受け入れていないことが明らかだった。援助者とウィルクス氏は，彼の状態やその意味について抱いていた彼の主観的な感情について，この面接の大半を費して話し合った。援助者は，ウィルクス氏が「弱い」とか「愚か」であるとか「狂っている」のではないと理解するよう援助を試みた。そして，統合失調症について追加情報を提供し，援助者が就労支援をしたいと考えていることを再確認した。ウィルクス氏は新しい仕事に挑戦することに同意し，この回の面接の残りの時間を，仕事の詳細や仕事を開始することに対する不安，両親の反応についての彼の考えを話し合うことに費やした。
　3回目の面接では，ウィルクス氏が今度の仕事にどのように適応できているのかを取り上げた。彼は仕事を楽しんでいること，また上司が頼りになり，理解があることに気づいたこと，しかし同僚とは距離をおいたままであると言った。彼はただ仕事をしたいと思っているが，他の人との煩わしさに巻き込まれることを恐れていると言った。4回目の面接では，ウィルクス氏は，彼が書類を誤ってファイルしたことを非難した同僚と口論したと

しぶしぶ報告した。ウィルクス氏は，自分の過ちではないと譲らなかった。そして同僚を怒鳴りつけた。その同僚は上司に苦情を訴えた。上司は，ウィルクス氏が大声を出したことを叱責した。援助者と話す中で，ウィルクス氏は自分が間違いを犯していないと繰り返した。援助者はクライエントが誤って非難されたことの苦しみは理解できるが，しかし，彼の上司はおそらくウィルクス氏が大声を出したことをむしろ重く受けとめただろうと指摘した。援助者はウィルクス氏に今後同僚と接する際の別のやり方を考えることができるかと尋ねた。彼は援助者の問いかけの動機を疑うようになり，自分が何も過ちを犯していないのに自分を責めたとして援助者を非難した。援助者は，彼を責めているのではなく，ただ彼が仕事をし続けられるように仕事で遭遇する状況をうまく管理できる方法を見つけられるように手助けしたいだけだと言った。「それがあなたの求めていることですね？　そうですね？」と。ウィルクス氏は同意し，落ち着いた。援助者とクライエントは，このような困難に対処する方策について話しあい，ウィルクス氏を問題により効果的に対処できるように，ロールプレイを行った。

　5回目の面接では，ウィルクス氏はいくぶん落ち込んでいるようで，仕事がうまくいくかどうかわからないと言った。

ウィルクス氏「まただ。職場で他の人たちが私を無視し，私のことを話している」
援助者「彼らはあなたについてどのように言っていると思うのですか？」
ウィルクス氏「彼らは私が愚かで狂っていると言っているのだろう。たぶん上司は彼らに私が統合失調症であると話して，だから彼らは私を避けて馬鹿にしているのだろう」
援助者「そうかもしれない。けれども，あなたは私に他の同僚から距離をおきたいのだと言っていましたね。そしておそらく彼らはあなたの望みを尊重しているのかもしれないですね」
ウィルクス氏「そうかもしれない。しかしそれでは彼らがなぜ私のことを話しているのかについての説明にはならない」
援助者「他の人があなたのことを話していると考える根拠は何ですか？」
ウィルクス氏「彼らは笑っていた」
援助者「その人たちは，あなたについて話していたのではなく，むしろ互いに冗談を言って，暇つぶしをしていた可能性はありえませんか？　ほとんどの人々が仕事からちょっと解放され，おしゃべりをしたいと思わないでしょうか。あなたは自分の病気に敏感になりすぎるため，他の人たちの反応を誤解しやすいという可能性がありますね。あなたがこのような可能性もあると考えることができるならばよいのですがね」

これが，ウィルクス氏の自身に対する否定的な感情について，特に統合失調症であることは成功できないことを意味するものではないことについてさらに話し合うことにつながった。援助者は，彼が以前から発揮していた能力を指摘し，彼が不適切であると思っているだけで，同僚が彼のことを話題にしているとか，彼の状態を知っていることを意味するとは必ずしも言えないのではないかと言った。ウィルクス氏は，仕事をしたいと思っているが，ストレスを取り去ることができないのではないかと恐れていると言った。援助者は，ウィルクス氏と彼の上司と自分とで話しあいを持てば，彼の助けになるかもしれないと提案した。上司が他の人たちにどんなことを言ったか，彼の仕事の遂行について上司がどう考えているか，そして仕事について上司がどのように彼を援助できるかを，そこで見極めることができる。

　翌朝，彼ら3人は会合をもった。障害のあるウィルクス氏に慣れてきた女性の上司は，ウィルクス氏に支持的であった。そして彼のことを，まじめで，時間を守り，有能であると賞賛した。彼女はウィルクス氏に，ウィルクス氏に関する情報は同僚たちにはなにも伝えていないことや，彼についての否定的な意見は何一つ聞いていないことをウィルクス氏にはっきりと伝えた。続けて上司は，ウィルクス氏が周りの男性や女性に対して居心地が悪そうに見えていたと言い，周りの人たちはウィルクス氏が望むから，彼を一人にさせていたのではないかと思っていたのだと言った。援助者が，もしウィルクス氏が彼らに近づいたら，同僚たちはどう反応すると思うかと尋ねると，上司は，同僚たちが受け入れるでしょうと思うと答えた。

　6回目の面接で，ウィルクス氏は職場では少しよくなったが，いまだに同僚たちとは居心地が悪いと感じていると言った。加えて，彼の両親が息子の仕事のストレスを心配し続けており，援助者と話しをしたがっていた。並行面接の計画が組まれた。その後，援助者とウィルクス氏は，彼と同僚との相互関係に焦点を当てて話し合った。

ウィルクス氏「私は皆が私を好きだとはまったく思わないし，私は人への話しかけ方がわからない。私が話しかけられるのは家族だけです」
援助者「私も人ですが，あなたは私にとてもうまく話しかけているように思います。そして，あなたは上司とうまくやれていると思いますよ」
ウィルクス氏「あなたは別です」
援助者「それはそうですが，ここではあなたが同僚たちとどのように話すかを練習しましょう」

ウィルクス氏は7回目の面接に彼の両親を連れてきた。援助者は，両親の心配に耳をかたむけ，両親が息子を愛し関心をむけていること，そして息子にとって一番よい方法を探していることが理解できたと，両親に伝えた。ウィルクス氏は仕事をうまくやり遂げることが彼自身にとってどれだけ大切かを両親に説明した。そして援助者は，両親のサポートがあれば彼は成功できると思うとつけ加えた。援助者は，ウィルクス氏が両親の心配に戸惑い，両親に能力がないと思われているのではないかと心配しているのだと説明した。両親は，息子には能力があると思っているが，ただ息子のことが心配なのだとはっきりと伝えた。援助者は，統合失調症と診断された人の家族によって設立された自助グループに参加することが役に立つだろうと両親に提案した。両親はその情報を受け取り，一度その会合に出向くつもりだと言った。

　8回目の面接では，ウィルクス氏は，この1週間の課題であった上司との関わりについて問題が発生したものの，援助者のアドバイスとあらかじめロールプレイをしていたのでうまくいったことを誇らしげに報告した。援助者は，彼自身がうまくコントロールできたことを褒め，あと面接は残り4回であることを告げた。ウィルクス氏はがっかりして，不安だと言った。2週間おきに面接を定め，その間には電話で話し合いをすることが役に立つだろうと，援助者は強調して彼に言った。これは，まだあと2カ月間，一緒に取り組めるという意味である。ウィルクス氏は目に見えてほっとしていた。そして一緒に残された時間をいかに使うかについて話し合った。援助者は，また彼の両親に紹介したグループへの参加について，ウィルクス氏の考えを聞く機会を設けた。

　2カ月かけて，援助者とウィルクス氏は仕事の適応に焦点をあてて話し合った。彼の現実検討，衝動抑制，判断，自尊心が改善した。援助者とウィルクス氏は取り組み策を練り，話し合いをして，ロールプレイをした。彼はその策を，葛藤を避けるために，あるいは解決するために使うことができた。同僚との関わりは最小限ではあったが，彼は疑い深さや居心地の悪さをあまり感じなかった。彼は両親と一緒に自助グループの会合に参加し，そのことが，彼が自分自身の状態について受け入れる助けとなった。終結後，6週間後のフォローアップでは，ウィルクス氏は仕事上うまく機能し続けており，さらに自助グループの会合にも出席する計画を立てていた。

ケース検討

　援助者は以下のことに焦点をあてた。(1) クライエントが自身の状態をさらに理解できるように援助すること，疾病に対するスティグマを軽減すること，自身に関する否定的な感情を他者のせいにしている点について指摘すること。(2) 彼の仕事の動機づけや能力を

同定し，向上させること。(3) 仕事を続けることの妨げとなっているものについて理解し，また上司や同僚への新しい対応の仕方について工夫するように促すこと。(4) 他者との新しい相互作用を練習するために援助者−クライエント関係を活用すること。(5) クライエントのために，職場の上司や両親と協働すること，またクライエントが状況と取り組む上で，役に立つと思われる資源について両親やクライエントに紹介すること。

パーソナリティ障害

　慢性的な特性を持つパーソナリティ障害は，障害群から構成され，短期療法の対象となる。この種の障害をもつクライエントには精神力動モデルや認知行動療法が短期モデルとして使われてきたが，実際にはそのようなアプローチを適用できるような動機づけや能力を示すクライエントばかりではない。

定義

　パーソナリティ障害をもつ人は，常に自己の知覚と，他者や世界との関係性において長期にわたる機能障害をもち，それには特性やパターンがあり，感情抑制，衝動性の問題をもつ。しかし，このような特性は，一時的には順応しているようにみえるかもしれないが，柔軟性が乏しく，個人から社会状況までの広範囲にわたる，二つ以上の領域での重篤な機能障害や苦痛があり，それぞれの文化の常道から逸脱した傾向をもつ。パーソナリティ障害は，10種類に分類できる。妄想性パーソナリティ障害／スキゾイド・パーソナリティ障害／統合失調型パーソナリティ障害，反社会性パーソナリティ障害／境界性パーソナリティ障害／演技性パーソナリティ障害，自己愛性パーソナリティ障害／強迫性パーソナリティ障害／回避性パーソナリティ障害／依存性パーソナリティ障害（APA, 1994, pp.275-286）。

　パーソナリティ障害を持つ人は，他者からみてその人の言動の特徴やパターンが明らかに問題であっても，自分の言動のすべてを，自身の自然な状態とみなしている。たとえば，非常に疑い深いある男性の場合，実際には，他者は彼の疑い深い態度や言動に対して距離を感じていても，彼は自分の態度や言動が障害であるとはみなさず，むしろ自分にとっては生活していく上で必要であり妥当な反応であると捉えているだろう。このような人は通常，パーソナリティ障害であることを知らないだけでなく，その障害自体に対する援助を求めない。むしろ彼らは，世の中で機能することの常道から外れた結果として生じた問題や悩みからの解放を望んでいる

のだが，その問題や悩みは，自分たちの特徴ある言動から生じているということを理解しない。彼らはしばしば自分の問題について，他人のせいにすることがある。

具体的な焦点

　第1章で述べたように，クライエントに動機づけや能力があるとき，ISTTでは，精神力動モデルと認知行動療法モデルを組み合わせることにより，パーソナリティ障害をもつクライエントに成果を出すことができる。パーソナリティ障害を持つ人は，通常自分たちの状況や苦悩を緩和するために援助を求めるが，そもそも自分たちを変えるつもりはないので，ISTTでは，一般にクライエントが日常機能している側面と目の前にある問題とがどのような関係にあるかの理解を促し，その修正とより適応性の高い取り組み策の習得を援助する。このことは，援助者とクライエント双方に次のことを確認する必要がある。その問題の特性がクライエントの生活全般への適応機能を果たしているかどうか，またクライエントがその問題となる言動をしなかった場合の結果についても話し合うこと，さらに別の方法による取り組みについて考え，それを採用できるかどうかを考えること。クライエントはそれが益にも害にもなることを知っているが，彼らは害になる方を選び，そのパターンを続けたいと望むのである。たとえば，過剰な飲酒の場合，それは害をもたらすだけでなく，うつ状態を軽減することもあるかもしれない。援助としては，クライエントに極力特定した具体的変化を促すために，クライエントにより魅力的なものをアピールすることが必要である。すなわち，クライエントが問題と考えず楽しんでいる言動を変化させたり，それをやめた場合の利点を確認することである。

　特にクライエントの自我，対象関係，自己の欠陥などにある種の重篤な問題を持っているパーソナリティ障害の場合，核となる葛藤や防衛との関係があるかもしれない。そのようなクライエントの援助は，彼らの機能のどの側面が生活の妨害となっているかを教え，新しい取り組みスキルを作り上げることである。対象関係の恒常性が欠如している人，すなわち恋人や家族との肯定的な関わり能力のない人が，大切な人との別離やフラストレーションを体験すると，その人は独特の方法で次の対象者を探すだろう，しかしその場合，慎み深いか，愛情があるか，安全か，適切かどうかを見極めない。短期援助は，対象関係の恒常性が欠如しているクライエントに，これを作りあげる援助ではない。しかし，短期援助を受けたクライエントは，別離やフラストレーションの経験を理解し，言動パターンの経緯を辿り，ニーズを調整する別の方法を見つけ，それが適切な判断であることを学び，従来していた方

法を制限できるようになる。

介入過程

次のケースは，若い女性にISTTを行ったものである。彼女は境界性パーソナリティ障害を呈し，自我機能，自己規制，自尊心，対象関係に重篤な障害をもっている。

レイ・ケース

レイさんは，25歳の悩み多い女優で，ニューヨークの人気のあるレストランでウェイトレスをしながら生計を立てていた。彼女は遠い町に住む父親の強い勧めで相談にやってきた。彼女は不運な恋愛で非常に動転し，夜通し酒場に通い，寂しさをまぎらわすために過剰にお酒を飲んでいたことを父親に打ち明けた。彼女は精神科医を受診し，抗うつ剤のパキシルを処方してもらい，断酒会(AA)に参加するように強く勧められた。レイさんは，精神科医は暗い表情で，緊張していて，自分よりも援助が必要なようだったと言った。彼女は，医師が間をおいてまた来てくださいと言ったので，それはありがたいと思った。

断酒会に行った後，レイさんは，この種の援助は絶対に自分には向かないと思い，自分の力で飲酒をやめようと決心した。家に歩いて帰る途中，精神科クリニックを見つけ，なかに入って話を聞いてもらえるかどうか尋ねた。何回かの面接の中で，そのクリニックの女性セラピストから，レイさんの男性や生活スタイルの選択が自滅的であり，長期治療が必要であると繰り返し言われたため，彼女は通院をやめた。レイさんの保険会社は，個人開業の数名のソーシャルワーカーの名前を彼女に紹介し，彼女はそのうちのひとつに電話予約を入れた。保険でカバーされている20回の面接のうち，今回まででにすでに5回を受け，15回の面接が残っていた。

レイさんが相談室に入ってきたとき，援助者は彼女のことを魅力的できちんとメイクをして，金髪で礼儀正しく，落ち着いた若い女性という印象をもった。彼女は劇的な表現をし，ユーモラスな話し方で，自分自身や生活について語った。レイさんは，最近のものも含めて起こった事柄について新しい担当者に話をしたとたん，涙ぐみ感情的になった。彼女は孤独感や失望感を抱き，女優という仕事を追求する上で，うつ状態が妨げになっていると言った。援助者は，彼女の生活の様子や背景について，またなぜ前任の援助者がレイさんに自滅的であると言ったかについて理解しようとしたが，レイさんは支離滅裂な言い方で次から次へと話題を変えていったことから，面接は難しかった。レイさんは，お酒も

飲みたくなく，ましてやセックスのみを求めてくる男性にも会いたくなく，酒場に出かけることをやめたので，今は一人ぼっちで食べ過ぎてしまい，体重が増え自己嫌悪に陥っていると話した。仕事を続けられないがお金が必要である。彼女は予算を立てず，どこへ行くにもタクシーを使い，高額の靴を買い，借金があった。また彼女は，めったに家にいないルームメイトに腹を立てていて，知的で他者に関心を持っているレイさんとは対照的に，他の友達がうわべだけのつき合いで自己陶酔的であることに腹が立つと言った。両親についての話では，彼女の母親は美しく，能力のある女性だが，昼過ぎまで寝ていて，一日中薬物に浸っていたこと，また父親はハンサムでよく働き，献身的で成功したビジネスマンで，母を貧困から救ったが，結婚して間もなくには自らのキャリアのために母を捨てたと言った。レイさんは，父がいなくてどうしたらよいかわからなかったと言った。父親は地球以外の別の惑星に住んでいてめったに降りてこなかったとも言った。「私が会うどの男性にも父と同じような優しさを期待したが，彼らは優しいどころか，クレイジーなだけだった。私が理想の男性に一度も出会わなかったことについて，失望するまでもないと思っていたわ。あなたもそう思わない？」

　援助者はこれらの一連の事柄に対する内なる反応として，口には出さなかったが非常に圧倒され混乱していた。援助者は，レイさんの発した言葉の根底にある感情，特に彼女には信頼できる人がいなかったという彼女の気持ち，それをどこに発散したらいいのかわからなかったこと，そして他者に対する巨大な失望感に沿うように努めた。援助者の共感の言葉は彼女の心に響いたようで，また来たいと言った。

　2回目の面接では，レイさんは化粧をせず疲れた様子でいくぶんだらしなく見えた。彼女の友人の一人が郊外から来て，馬鹿騒ぎしたいというので酒場にひと晩中いたと説明してくれた。レイさんは「心配しないで，私はクラブソーダ以外お酒は飲んでいなかったわよ。私はアルコール依存症ではないの。私はただ飲みたいときに飲むだけで，今は飲みたいと思わないわ」と言った。そしてレイさんは，実にハンサムな男性に出会ったが，その男性は「頭が空っぽの人だったのよ」と話した。レイさんは，彼のアパートについて行った。彼がセックスをしようと，レイさんを押し倒そうとしたので彼女は激怒した。彼はレイさんに何もしないと約束したが，レイさんは大急ぎでその場を去った。彼女は家に帰ってから彼に電話をした。そしてその週の後半に会うことを決めた。援助者が彼に再び会うことに同意した件について尋ねると，彼女はその男性が彼女にとって良いとは思っていなかったが，一人になりたくなかったのだと答え，いつもこんなことが自分に起こる，今話したように，かなり恐ろしい状況にいたと説明した。援助者は，彼女の前任者が，自滅的なレイさんが同じ過ちを犯さないよう，制止するために取り組んでいたことを理解した。

援助者「あなたに興味をもってくれて，あなたも魅力的だと思える男性に出会うと，何が起きると思う？」

レイさん「うまくいかないのはわかっているわ」

援助者「どうしてわかるの？」

レイさん「何か知らないけれど，うまくいかないことはわかっているわ。私の期待と違う人と会っちゃうの」

援助者「そう思っているのなら，どうして彼らと出かけるの？」

レイさん「うーん，うまくいかないことはわかっているという意味でもないの。期待外れさんではなくて，理想の男性に出会うことを私は願っているの，でもまだ出会っていないだけ。なぜかはわからないわ。ときどきよい人だなと思う人を見つけたと思うのだけど，見捨てられて，打ちのめされたと思うの。それが嫌なの。だから彼らを困らせちゃうわけよ」

援助者「あなたに興味を持ちそうな男性と出かけないようにするのは，あなたには難しそうね。彼らと出かけないほうがいいかもしれないと考えたことはあるかしら」

レイさん「私は楽しみたいの」

援助者「あなたはよく失望したりひどく取り乱したりすることになるようね。楽しいことはそれに見合うの？」

レイさん「一人でいるよりいいわ」

援助者「それがあなたにとってどういうことか，もっと聞かせてくれる？」

レイさん「私は見捨てられたように感じる。いつもこんなふうだと思うの。集中できないしじっと座っていられない。テレビを見ることさえできないときもある。一人のときはいつもテレビをつけているの。自分自身を責めているの。何かおかしいと思っているし，私は自分で思っているほど魅力的ではないし。パニックになって誰かに電話しようとするときもある。それが莫大な借金を生んでいる理由よ。今はずっと食べ続けているわ。以前はタバコも吸っていたけど今はやめたの。一人で飲むことはないわ」

援助者「そう，それはいいことよね。もしあなたが一人でいることにうまく対処できるならば，またあなたのキャリアに集中できるならば，あなたは生活をよりよくコントロールできると思うので，私はなんとかしてあなたの孤独感について援助してあげたいと思う。あなたは楽しみたいと言っている反面，これまで関係をもった人たちとの成り行きからして，かなりの犠牲を払ってきたようね」

レイさん「まじめな人ね。あなたは何座？　あなたの星座を知っておく必要があるわ。教えて」

援助者「おひつじ座よ，あなたにとってどういう意味があるの？」
レイさん「父もおひつじ座なの。だからあなたに話しやすかったんだわ。良い星座よ」
援助者「あなたが一人でいることができて，より良い選択を練習できて，女優の仕事にも戻れるように，あと数カ月間こういった面接を続けていこうと思うんだけれど，どう？」
レイさん「じゃあ，また来週ね」

　レイさんについて，援助者が知らないことがたくさんあったことに気がついたが，援助者は彼女のいくぶん派手ではあるが，生き生きとした話し方を好んでいた。レイさんは，非常に知的で，言葉による表現もできるようだが，境界性パーソナリティ障害の多くの特徴を反映していた（APA. 1994, pp.280-281）。彼女は，自我同一性の不安定さ／一人でいることの問題／自暴自棄，衝動性と自滅的言動／他者との不適切な関係パターン，不安定な関係性／感情の不安定さ，怒りの爆発などを示していた。さらに，レイさんには，対象関係の恒常性や自己を慰める問題，他者を白か黒かの視点でとらえ，適した内核を維持することの問題を示し，自尊心の統制の問題を持っていた。援助者は，15回の面接で，これらの問題すべてを解決するのは無理だと分かっていた。しかし，彼女を自滅的な状況に駆り立てている現下のニーズに対処する，より良い方法を作り上げる援助ができるだろうと感じていた。
　3回目の面接では，レイさんは事務所に飛び込んできて，椅子にドスンと座り，靴を脱ぎ捨てた。彼女は即座に最近冒険したことについて場面を一つひとつ追って話し始めた。コネチカット州であった結婚式で，カメラをもった男性が彼女に近づいてきた。後になって医師だと教えてもらった。レイさんは，彼のことをすばらしいダンサーだと評した。レイさんがセックスを拒んだので，彼らは並んで横たわったまま一晩を過ごした。朝になって彼はまた誘ってきたので，レイさんはあまり興味がなかったが，応じた。彼は自分たちが意気投合できたことが信じられないと言い，翌日の晩に電話すると約束した。レイさんは電話を待ったが，かかってはこなかった。レイさんは激怒し彼に電話をした。彼がまるで彼女のことを知らないように振る舞ったので，レイさんは彼に向かって怒鳴った。彼はレイさんのことを「いかれている」と言い，彼女にまた会いたいと思うことはありえないと言った。レイさんは彼に，あんたは気味の悪い奴だと言った。レイさんは，男性たちと休暇を取ろうと決めていたが，今は一人ぼっちで絶望的な気持ちだと言った。彼女は身の処し方がわからないと不満げだった。

援助者「そうね，あなたは今週確かにたくさんのことを経験したのね。順に考えましょう

よ。まず，その人に出会った場面で，あなたはなにが起こってほしいと思ったのかしら？」
レイさん「私は彼に私を好きになって欲しいと思った。そして，彼もそうだったと思うわ」
援助者「もしそう思ったのなら，あなたを好きにさせるには，出会ってすぐに親密な関係になる必要があったようね」
レイさん「私はセックスをしたくないと彼に伝えたわ」
援助者「どうして気持ちが変わったの？」
レイさん「私にとっては彼と関係を持つことがそれほど重要なことには思えなかったの。彼にとってもそのようだった。私はただ自分のことを好きになって欲しかっただけ」
援助者「他に欲しいものがなかったの？」
レイさん「あったような感じ，でもどうして父のような人に出会わないのかしらと思うわ。母はとてもラッキーだったのよ！ もし父と出会っていなかったら，母の人生はどうなっていたか想像もつかないわ」
援助者「もしあなたがお父様のような人に出会えなかったら，あなたの人生は無意味だと言っているように聞こえるわ。違う？」

　レイさんは，父を偶像化していたことはわかっていたと言った。しかし彼女は，母が病気になったときに，父がずっと傍にいてくれたらよかったのにと言った。レイさんは一人っ子で，母の世話をしたり，笑わせたりするのが自分の役割だったと説明した。レイさんは，子ども時代は一人ぼっちだったが，親に頼らず，テレビや映画で見たキャラクターを演じたり，博物館へ行ったり，音楽のレッスンを受けたりして多くの時間を過ごした。父は遅くまで仕事をしていたので，父が帰るまで夕飯を待っていた。父はいつも協力的だったが，母が子どもの世話をしないことには見ないふりをしていた。レイさんは優秀な学生だったが，学校ではあまり人気がなかった。生まれつきの身体的変形があり，体に目立つ大きなミミズ腫れがあった。成長するにつれて，それは少し目立たなくなってきた。大学に入る頃になると友達もでき始め，デートもするようになった。そこでレイさんは一人の若い男性と恋に落ちた。卒業するまでの2年間つき合ったり別れたりを繰り返した。彼は何度も浮気をしていたので，嫉妬してしばらくは互いに会うのをやめることにした。レイさんは彼のことをまだ思っていた。なぜなら彼はレイさんが本当に愛した唯一の人だったし，その人が，自分を好きでいてくれていると感じさせてくれた唯一の人だったからだ。

　彼女の自尊心の低さや孤独感，男性の関心を切望していることや，自分自身をケアしたり，落ち着かせたりできないこと，そしてアイデンティティの混乱の基盤を説明づけるよ

うな彼女の成育歴に援助者は強く印象づけられた。レイさんは，賢く，好奇心が強く，芸術的で知的な才能が磨かれてきた稀な子どもだったことも感じ取れた。事実，困難な状況下でかなりよく育っていると思える。

　レイさんの対処の困難性は，孤独感や，適切でない男性との未熟な関わり方が中心であり，これらが援助の主要な焦点となっていた。4回目から12回目の面接を通して，援助の大部分はレイさんが自分の価値を追求することに費やされた／レイさんがもつ他者との積極的な関わりや自己に対するポジティブな感情を保つことの困難性を理解する／彼女が快適で気持ちが和らぐ思考や行動に気づかせ専念させること／孤独感に耐えること／より正しい判断ができる訓練，多くの制限を設け，男性とつき合う際により誠実になること／キャリア目標を達成するために少しずつ前に進んでいくこと。

　レイさんの孤独感の探求として，援助者はレイさんに過去の経験と今の状況を関連づけて，彼女が小さい時に一人ぼっちで多くの時間を過ごし，彼女のニーズが認められることもなく，また育まれることもなく，母親の世話に多くの時間を費やさざるを得なかったことなどを話し合った。援助者はまた，身体的な変形やこのような体験の影響が，自尊心，魅力的であるとの感覚，価値観，他者との関係に及ぼしたであろう事柄について話し合った。これらの幼少期の経験に共感しながら，援助者は，より肯定的な言葉で言い換え，さらに不安を和らげるような考え方と新しい行動について再確認し，レイさんが孤独感について話し，問題を解決できるように援助した。

　援助者はレイさんの男性関係について，男たちは性的関係を持てばすぐに彼女のことを好きになるという信念について考えるように援助した。また援助者は，レイさんの自尊心が長い間低いままであることもこの見方と関連づけた。援助者とレイさんは，レイさんが男たちを信じる前に彼らについて知ることの重要性や，父親への感情と見知らぬ男との関係とを区別することの重要性について話し合った。援助者は，レイさんが衝動をコントロールし，NOと思ったときに断固としてNOと言えるようなレイさんの努力をサポートした。

　この終結期には，レイさんは混乱も少なく落ち着いた感じになった。より元気になったようにも見えた。彼女は寂しいと不満を言うこともあったが，飲みに行ったり，度を越えた一気飲みをしなくなり，知らない男についていくようなこともなくなった。レイさんがより元気になり始めたので，残り3回の面接では，有名な演技指導の先生について勉強をする計画を立てて実行することや，オーディションを受けに行くことに話題を絞った。援助者とレイさんは，レイさんの果たした進歩と脆弱性について振り返った。レイさんは，これからも継続して面接に来たがっており，経済的に援助をしてくれるよう父親を訪ねる

つもりだと言った。援助者は，レイさんが面接を続けることができるようにと相談料金を減らすことにした。レイさんはこの提案をとても喜んだが，最後の面接には現れなかった。彼女は，家族に会うため家に帰ることを決めたこと，そしてニューヨークに戻ったら援助者に連絡をすることをメッセージとして残して行った。

ケース検討

レイさんのケースは，長期にわたる多重で重篤な人格上の困難を抱えていた。より長期の援助が必要であると思われたが，保険契約の制約によって一部のアプローチに終わった。介入しやすいように見えるレイさんの主な問題点は，彼女の孤独感や自己尊重，男性関係だった。援助者は，レイさんの孤独に対する反応がどれだけ状況を難しくしているかを分からせ，たとえ孤独の感情を抱いたとしても，自分の振る舞いを変えることに関心をもつように促した。援助者は，レイさんに今の状況と過去の人生経験をつなげて考えさせ，新しい考え方や振る舞い方を定着させて問題を解決させたのである。

要約

本章では，ISTTを使って，4タイプの情緒障害（うつ病，不安，統合失調症，パーソナリティ障害）を抱えたクライエントの問題を検討した。それらの障害を説明し，そのような状況のクライエントを治療する際に使われたISTTの特性を述べ，介入過程を詳しく説明した。

第10章 Nonvoluntary and Hard-to-Reach Clients
自ら援助を求める気のない，接近困難なクライエント

　クライエントの多くは，自発的に援助を求めてこないものである。援助を求める場合は，援助を受けないとネガティブな結末が生じるだろうと恐れているか，法的権限によって治療を受けるように強制，命令を受けたときか，または，サービス受給条件としてカウンセリングを受けるように要請されたときである。また，自発的に援助を求めて来たときでさえ，クライエントたちは，権威・社会を代表する援助の専門家やその過程に対して不信感を持っている。その上，クライエントたちは，適切な環境資源の不足から，さまざまなストレス要因や問題に押しつぶされそうになり，それらの状況を改善するための望み，エネルギー，動機づけを持てなくなっているかもしれない。

　本章では，これらのクライエントが示すいくつかの共通特性について論じ，その援助におけるISTTの適用について特に強調すべき事柄を述べる。

共通特性

　援助を求める気のない，または接近困難なクライエントに対してISTTを適用するために，援助者は，クライエントたちが示す以下の多くの共通特性を意識し，取り組む準備をしなければならない。

1. 彼らは人とはあまり関わりたくないとの思いがあり，援助介入の過程は無駄なものと考えている。彼らは，自己決定の機会を失うこと，うわべだけの抑制，他者から侵入されること，自己をさらすこと，そして無力感や悪影響を恐れている。

2. 彼らは，過去に経験した失望や問題自体にあまりにも押しつぶされてしまったことから，どんな援助も効果的ではないと考えていて，その意味では，援助にほとんど期待していない。
3. 彼らは，過去の経験から，権威的なものに不信を抱く傾向がある。
4. 彼らにとって，必要最低限の生活と福利のための資源やソーシャルサポートがなかったことがたびたびあった。
5. 彼らは自己防衛のために，怒りや挑発的な言動，ないしは無気力さや無関心さを示す。
6. 彼らは，搾取され，虐待され，さらに他者やもっとも身近な人からさえも保護されなかった幼少期や成人期の極度のトラウマを経験して生きてきた人といえよう。
7. 彼らは，疎外感，激情，絶望感を引き起こすような，社会での格付け，人種差別，差別待遇，その他の社会的ネグレクトや抑圧などの矛先になってきたかもしれない。
8. 彼らは，言葉で表現することや考えや感情を明確に話すことが容易にできないかもしれない。
9. 彼らは，自分の感情を話すよりもむしろ，行動化する傾向にあるかもしれない。
10. 彼らは，剥奪を長く経験したがゆえに，彼らの欲求が直ちに満たされないときに，容易に欲求不満になったり，論争的になったり，要求がましくなるのかもしれない。

　介入のプロセスや援助者に対するクライエントの受け入れない態度や敵意からだけではなく，これらの特性は援助者を刺激し，このようなクライエントと関わろうとするときや，援助しようとするときに多くの難題を援助者が抱えることになる。多くの援助者にとって，クライエントが示す言動や振る舞いの背後にあるものに対して私情をはさまず理解することは難しい。援助者がクライエントのためにと思い行うことに対して，その意図が理解されず，鼻であしらわれたり，評価されなかったり，また攻撃されたときには，援助者は苦悩，拒絶の気持ちや怒りで反応することになるだろう。
　権威者としての援助者の役割を遂行することは，クライエントの役に立ちたいという気持ちやクライエントと関わり続けたいと思う気持ちに葛藤をひき起こし，

深刻なジレンマをもつことになるだろう。たとえば，援助者が薬物依存や不法な言動について情報開示するとき／またクライエントが処遇要件を順守しているかをモニターするとき／児童の保護，家庭への復帰あるいは引き離しについて当局に勧告するとき。あるいは児童虐待やネグレクトのインシデントを詳細に調査したことを報告することを期待されているときなどである。

クライエントが抱える困難が押しつぶされそうで，しかもときには恐ろしいものである場合，また彼らを援助するために使える資源が不足しているか，ないしは極端に少ない場合，しかも彼らの問題に取り組むための時間が限られている場合，援助者は無力，嫌悪，減退，搾取や欲求不満の感情を経験するだろう。さらに，援助者自身の価値観や背景――クライエントの価値観や背景と大きく異なることも似通っていることもあるが――のために，このようなクライエントに対する援助者の態度は非常に審判的で批判的になることがあり，クライエントと取り組みたいと思わなくなったり，援助者の価値をクライエントに押しつけようとすることもある。

援助者も機関も，人種差別やその他の差別の影響に対して無縁であるとは言えない。援助者自身の否定的でしかも典型的な見方を自覚すること，安全で，尊重された，しかも受け入れられた環境を作り上げる技術をもつこと，クライエントをエンパワーし，擁護する能力をもつことは，効果的介入の重要な要素である。加えて，偏見的なしかも無策な機関の方針や実践を特定し，修正する努力をすることは，効果的介入の重要な要因である。

複雑な問題や援助者の反応は，自ら援助を求める気のない接近困難なクライエントの援助を阻むものになるとはいえ，援助者はしばしば介入過程において，そこから見返りを見出すこともある。このようなクライエントのほとんどにおいて，生活におけるどんなに小さな改善や変化であってもそれは彼らにとって必要なものであり，非常に重要なことである。

具体的な焦点

非自発的で接近困難なクライエントにとって，ISTT の構成要素のすべてが実践で重要となるが，特に強調しておきたいことがある。

援助過程での感情と取り組むこと

　第4章では，非自発的で接近困難なクライエントと関わる方法について述べた。特に，介入プロセスに参画することに対する関心のなさ，権威に対する姿勢，自己決定力のなさについての感情などを議論した。援助者に会わなければならないというクライエントの否定的な感情を表出させることや，援助者やソーシャルサービス機関だけではなく，権威を象徴する他の機関でのこれまでの体験を話す機会を与えることの必要性を強調した。また，援助者はクライエントの憤慨や，怒りあるいは無関心を受け入れること，そしてありうる選択肢を最大限にする努力の重要性を強調した。これらの課題を達成するために，援助者がクライエントの立場，視点で世間を見ることが役に立つであろう。

　このようなクライエントには，これらの課題について，オープンで率直に，しかも非審判的態度で話し合うならば，クライエントの激しさを一時的に拡散させることができるかもしれないが，援助過程のさまざまな時点で，援助者はクライエントの感情と取り組む必要があると思われる。

介入過程や活用できる選択肢についての情報提供

　援助者は，どのサービスを提供できるかについて伝えること，その過程には何が伴い，どんな相互責任があるかを話し合うこと，また，どのように援助できるかを説明すること，そしてクライエントが抱くだろう誤解や非現実的な期待を修正することによって，介入過程の本質に関する情報を提供することができる。

　援助契約の一部として他者に情報を提供することを求められたときなどの例にみられるように，秘密保持や起こりうる限界について，援助者はクライエントと話し合わなければならない。以下にその例をあげる。クライエントが自分自身や他者を傷つける危険性があるか，児童虐待またはネグレクトや，クライエントの所定の手続きの順守など，たとえば援助面接や親業のワークショップ，職業訓練プログラムへの参加状況など，診察の予約，物質依存の禁断状態などを援助者はモニターしなければならない。また，子どもたちの親権を得るとき，仮釈放決定のとき，裁判所の指示による治療を終了するときに，クライエントが機能しているかどうかについて，報告書を作成・証明する責任がある。

　援助の開始にあたって援助者は，クライエントとともに取り組む過程で，クライエントに関する情報をどのように活用するかを明確にしておく必要がある。クラ

イエントはその情報を知る権利を持っているという理由からだけでなく，この課題について話し合うことで信頼関係を築くこともできる。また，ときには，後に生じる援助者とクライエントとの関係の亀裂をも防止できるかもしれない。クライエントにとって秘密にしておきたいものが，しかも否定的な結果をもたらす恐れがある情報を，援助者が他者と共有しなければならないときに，亀裂が生じることもある。援助者が実際に実行する前に，他者に情報を開示するその意図についてクライエントと共有しておくとよい。

動機づけを高めること

　自ら援助を求める気のない，接近困難なクライエントの面接では，クライエントの拒否的反応を避ける意図であっても，クライエントが介入過程に関わることで得られるプラスの価値を認めることが必要である。

　また援助者は，具体的な方法でクライエントへの関心を示すことや，クライエントの生活のささいなことでも援助できる能力が必要である。援助者がクライエントのもつ問題をより小さな要素に分割できることで，クライエントは困惑を軽減させ，より問題に取り組めるようになる。そして具体的でしかも現実的な目標を見出すことができる。このことはクライエントが望みを持って介入過程に積極的に参画する意欲を高める上で重要である。

援助者の自己活用

　自ら援助を求める気のない，接近困難なクライエントの援助において，援助者はいつでも応じることができ，誠実で柔軟に，しかも一貫性のある態度で，粘り強く，創造性をもって臨むことが求められる。が，援助者がクライエントに対しての責任を示すには，クライエントが理解できるように話し，文化的背景となる慣習や道徳観に精通していて，クライエントに繰り返し手を差し伸べ，彼らの生活空間に入り込み，法廷審理，ないしは受診予約などにつき添うことである。

ストレングスの強調

　辛うじて機能しているクライエントが，しかも手におえないような状況下にあるときでさえ，その人たちが認識しているかどうかは別として，彼らは何らかのストレングスを持っているものである。クライエントのストレングスを見出すこと，その強みを認めさせること，そして問題と取り組み，改善するためにも，その強みを

活用することは援助者にとって重要なことである。援助者はよく，クライエントの問題や振る舞いを病理学の視点に特化して見がちである。援助者は抑圧，差別，汚名，退去，社会的排除の影響を軽視しがちであり，どのようにクライエントがストレス，剥奪や逆境に適応してきたかも考えないことが多い。

自信と自尊心の構築

自ら援助を求める気のない，接近困難なクライエントの困惑や無力感は，非常によく見られるが，介入プロセスの重要な焦点となるのは，クライエントが自己責任感や生活の制御力を強め，自分自身について肯定的に捉え，自己効力感を向上させることである。

より積極的な役割モデル技法を活用することは，クライエントの現実検討，判断，そして衝動制御力を改善させ，新しくより効果的な言動を学ばせることに役立つが，他のタイプの介入の取り組みも併用すべきである。援助者は，課題の明確化にも，そして自己主張の練習にも，ニーズの充足にも，衝動や言動の制御にも，生活の特定の局面への対処にも，クライエントを巻き込むべきである。

環境レベルの介入

自ら援助を求める気のない，接近困難なクライエントへの介入プロセスの重要な側面は，サービスや受給資格やその他の物質的な援助に結びつけることである。援助者は適切な資源を見出し，クライエントがそれらに接近できるように援助しなければならない。援助者は，申請の仕方やインテークの手続き，資格要件と待機リスト，相談機関の職員や役所での形式的な手続きなどに対応しなければならないかもしれない。加えて援助者はクライエントのために調停し，擁護することが必要であるかもしれない。

ケースマネジメント

自ら援助を求める気のない，接近困難なクライエントは複数の機関とサービスに関わることがしばしばあるので，援助者はこれらの多様な資源を俯瞰して，コーディネイトすることが重要である。この場合，協働は本質的なものであり，多様な優先順位，課題，そして関係者のために，さまざまな技能が求められる。

付加サービスの活用

　職業訓練，親への指導，セルフヘルプやその他の支援グループ，個別教育，学童プログラム，指導と保健サービスは，自ら援助を求める気のない，接近困難なクライエントには併用しうる重要な資源である。その活用体験は，クライエントの孤立感の軽減，共通の興味を持つ他者との仲間意識の強化，受容，自尊心，自己効力感の強化，問題解決やその他の技術の向上，クライエントの感情や問題に対処するための新しい選択肢の学習，そして他者からのサポートの獲得を拡げるものである。

共感と直面化や限界設定との均衡の保持

　クライエントは，否認，その他の不適切な防衛，および対処機制を頻繁に用いるので，援助過程においては直面化の技術を用いる必要があろう。この介入のタイミングは重要である。援助において，あまりにも急いで直面化の技術を用いると，クライエントは攻撃されたと感じ，脅え，防衛を頑なにし，行動化を激化させ，抵抗を増すことになるだろう。援助者がクライエントに自滅的・破壊的な言動，ないしは不適切な防衛と取り組ませたいならば，クライエントが感じていると思われることがら，彼らの言動の背後にある理由に理解を示すのが一般的には望ましい。この方法は，クライエントの切迫したニーズと感情の状態に共感しながら関連づけ，クライエントが個々に幼少期のネグレクトや虐待，その他のトラウマから生き抜くために獲得してきたと思われる言動のマイナスの結果について指摘することである。

　限界を設定し，契約の技術を使うことは，あるクライエントに役立つ一方で，自ら援助を求める気のないクライエントの多くは，契約条件を守ることができず，つまずきや危機の繰り返しを体験するだろう。援助構造において十分に柔軟性を持つことで，クライエントが援助を中断することなく終結につなげるのである。

介入過程

　次のホームレスの女性の援助には，自ら援助を求める気のない，接近困難なクライエントへの介入で生じる多くの課題が描かれている。

カーティス・ケース

　寒さが厳しくなった頃，30歳のアフリカ系アメリカ人であるカーティス夫人はしぶしぶホームレスシェルターに入所してきた。家賃の未払いでアパートから退去させられた後，5，6週間路上で生活をしてきた。シェルターには2カ月間滞在可能であり，そこではカウンセリングと住居探しなどのサービスを提供しているが，カーティス夫人はただ気候が良くなるまでの間の寝る場所と温かい食事だけを望んでいた。彼女は当初，スタッフや他の入所者との関わりをすべて避けていて，疲れていて，悲しそうで不機嫌であった。援助者が最初に彼女に近づいたとき，カーティス夫人は怒りと敵意をあらわにし，ほっておいてくれと言うだけだった。援助者は，プライバシーを守りたいことは理解できるが，市からの要請で，手続き上シェルターの入所者全員から情報を得ることになっていて，援助者の質問はプライバシーを侵害するものではなく，クライエントが望むことや必要とするサービスを決定するための一つの手段であると説明した。カーティス夫人は，関係ない人たちが私に干渉したがるが，結局は本心から助けたいとは思っていないと苦々しく言った。あなたがこれまで嫌な経験をしてきたとしても，私はあなたを助けたいと思っていると言うと，彼女は，福祉事務所のケースワーカーや病院の事務員，そして一般の人々についての不平を話し始めた。そして彼女は口走った。「なんでこんなこと言わなければならないのよ。あなたには関係ないわ」。援助者は不意を打たれたが，反論はしなかった。援助者は，カーティス夫人に何も押しつけたくないが，あなたが何か，必要なもので欲しいものがあれば援助したいと思うので，明日以降もあなたがどうしているかを見に来ますと言った。

　次の日，援助者は彼女のいるところに行って，どうしていますかと尋ねた。「別に。こんな女たちと住むのは耐えられないわ」と彼女は言った。援助者はこの機会をとらえ，私の仕事の一つは，クライエントが望むなら，住宅の申請を援助することであると説明した。援助者はカーティス夫人にシェルターを出てからの計画について尋ねた。

カーティス夫人「そんなこと考えたこともない。どうなろうと構わないわ。路上に戻ればいいのだから」

援助者「あなたは，疲れて悲しそうよ」

カーティス夫人「もうすべてに疲れた。誰も，家族さえも気にしてくれなかった」

援助者「あなたは，誰かが助けに来るという希望を捨ててしまったようね。私にあなたを援助するチャンスを下さるかしら」

カーティス夫人「ほっといてよ！　私はただ，寒さから逃れるためにここに来たのだから」

援助者「わかりました。でも私はここにいます。そしてあなたの力になりたいの。明日また会いに来るわね」

　援助者は関わり続けた。翌日，彼女はカーティス夫人が独りで簡易ベッドに座っているのを見つけた。彼女は援助者を見て，すぐにシェルターと他の入所者についてたくさんの苦情を話し始めた。援助者は根気よくそれを聞き，シェルターでの生活は難者だと説明し，カーティス夫人がどうしてホームレスになったのかを知りたいと言った。彼女はため息をついて答えた「あなたはよさそうだから，これまでのことを話すわ」

　彼女は1年前までの生活について，順序立てずに淡々と話し続けた。彼女は，十代の娘と，彼女の二人の姉とその子どもたちとで一緒に生活していたとき，自分がHIV陽性であることを知った。彼女が病気のことについて姉たちに知らせると，姉たちは，彼女がまるで2年前にエイズで死んだ自分たちの母とそっくりだと怒りだし，そして自分の子どもたちにはカーティス夫人に接触することを認めてくれないと言った。姉たちは思いやりもなく，居心地が悪くなったので，彼女はすぐに家を出た。彼女はどこにも行くところがなかったので，薬物常習者であるボーイフレンドのところへ引っ越した。カーティス夫人が自分の娘と連絡を取ろうとしたとき，姉たちは「育児放棄」で彼女を児童相談所に通告すると脅した。およそ2カ月後，カーティス夫人のボーイフレンド（レニー）は，もう彼女とは一緒にいたくないと言って立ち去った。その後，彼女は立ち退きを言われるまでアパートにとどまった。

援助者「あなたは診断を知ってから，とても苦悩のときを過ごしてきたのね。お姉さんたちは実際にあなたを攻撃し，あなたのボーイフレンドはあなたを見捨てた。あなたを助けたいと思う誰かがいるはずだと信じることは無理な話だったのね」
カーティス夫人「人生でいちばん過酷な経験だった」
援助者「あなたは医療的治療を受けていましたか？」
カーティス夫人「それがどうだというの？　おせっかいな。なんてことないのよ。誰にも私の状況なんて話さなければよかった。誰もいない。子どもにさえ会うことができない」

　援助者は，カーティス夫人が家族による拒否や娘に会うことができない状況を解決するまでは，彼女が自分の将来のことや，自分自身の生活について計画を立てることはできないと結論づけた。援助者は，カーティス夫人と娘の強い結びつきが重要なストレングスであり，彼女が自分の生活を気遣うことは援助する上で活用できるものであると理解した。

援助者が，姉たちと娘との関係を再構築するよう提案すると，彼女はみんなには会いたいが，姉たちはもう話してはくれないのではないか，娘と会うことを許してくれないのではないかと思うと言った。援助者が電話で仲裁することを提案すると，カーティス夫人は姉たちは本当に手強いから……と援助者に警告した。援助者とカーティス夫人は互いに微笑み，援助者は「あなたもかなり手強いわよ」と言った。カーティス夫人は，清潔な衣類をほとんど持っていないので，シェルターからは入所者に対して衣服を提供してくれるのかと尋ねた。援助者は一緒にクローゼットを調べて，いくつか適当な服を見つけましょうと提案した。

　四日後，4回目の面接で，援助者はカーティス夫人に，姉たちと連絡が取れ，そして姉たちはしぶしぶ援助者と会うことに同意したと話した。カーティス夫人はその結果についてはそれほど楽観的ではなかったが，援助者の努力に対して感謝を述べた。カーティス夫人が特に気にかけている様子がなかったので，援助者は，HIVの状態に話をもどそうと提案した。彼女は怒り出し，その話題は混乱するので話したくないと言った。これは性急すぎたが，援助者はカーティス夫人が自分の状態の原因となったかつての薬物依存を後悔していることを知った。援助者は彼女の成育歴をもう少し尋ね，彼女が3人姉妹の一番下であること，17歳まで彼女は郵便局員の母と，父親が違う二人の姉たちと住んでいたことを知った。それから彼女は妊娠し，高校を中退して赤ちゃんの父親と一緒に暮らすために家を出た。彼女は薬を使い始めた。赤ちゃんが6カ月のとき，ボーイフレンドは彼女のもとを去った。そして，カーティス夫人は手続きもなく母と姉たちのもとに娘を預けた。

　その後8年間，カーティス夫人は人づてを転々とし，あらゆる薬物依存回復プログラムに参加したが，どれもうまくいかなかった。彼女は姉たちとの関わりを続け，娘に定期的に会いに行っていた。5年前，彼女の母親がエイズで体調を崩した。父親は，長年家族から離れて暮らしていたが，病気で亡くなっていた。カーティス夫人と姉たちは母親の病気に非常にショックを受けた。彼女は薬物をやめようとしなかったが，彼女は自分の問題をコントロールして家族のもとに戻り，母親の世話をした。彼女は姉たちと話し合い，友人や親せきには母親はガンであると告げた。その4年後に母親は亡くなったが，カーティス夫人と姉たちだけがその病気の真実を知っていた。だからこそ彼女は，娘にだけは彼女がHIV陽性であることを知らせたくないといった。

　援助者はクライエントの生活歴を聞き，彼女が悲しみ，決意したことに心を打たれ，エイズがいかに家族を破壊したか，そして彼女をはじめ家族がその病気を隠さなければならなった苦悩を理解した。姉たちを訪問したあと，姉たちがカーティス夫人のHIV陽性に対して何の同情も示してくれなかったので，彼女はショックを受けた。姉たちは，カーティ

ス夫人が薬物依存のせいでこのようなことをまねいたために，恥をさらすことになり，彼女をトラブルから救い出すことに疲れ果てていたとのこと。そして，最も重要なことは，子どもたちが学校や友達から烙印をおされてしまうことを恐れて，どの子にもカーティス夫人の状態について知らせたくないとのことだった。姉たちが彼女を助けることに前向きではないことに援助者は落胆したが，姉たちが彼女の問題に対していかに腹を立て，負担に感じていたかをようやく理解できたと伝えた。援助者は，カーティス夫人は自分の状態について子どもに話したくないこと，しかし彼女の娘（ドーン）に会いたいこと，娘に会えずに寂しかったこと，そして娘を心配していることを姉たちに強く訴えた。援助者が，ドーンはどうしていたのかと問うと，姉たちは，ドーンはとてもつらい時期を過ごしていて，特に学校では彼女が落第したことを認めた。姉たちは，14歳の子どもにとって母親から離れることは容易でないことはわかっていたが，カーティス夫人が娘に会うことで，娘や他の人々が母親の状態を知ることを恐れていたのだと言った。姉たちは，全員のことを考え，最善を尽くしたと考えていた。援助者は，姉たちが非常に困難な環境のもと，最善を尽くしてきたことに同意した。姉たちはドーンのことを心配していたが，ドーンが連れて行かれるのを恐れていたので，公的機関には連絡しなかった。援助者はカーティス夫人に娘を会わせることが，娘のドーンや今の状況に対してよい援助になるかもしれないと考えた。援助者は，姉たちは乗り気ではないと思うが，話し合う場を整えたいと提案したところ，姉たちはそれについて考えてはみるが，約束はできないといった。

　その後2週にわたって，援助者がカーティス夫人と姉たちとの仲介役をしたことで，ついにシェルターでカーティス夫人とドーンは会うことができた。ドーンは当初は距離をおき，しかも不承不承であったが，援助者の促しにより，母親にすぐに会いにこなかったことへの怒りを示した。援助者は，カーティス夫人にドーンがどんな気持ちでいるかを事前に考えさせていたので，彼女はドーンの気持ちを受け入れることができた。娘の訪問が終わって，ドーンもカーティス夫人も安心しており，見るからに幸せそうであった。

　姉たちの許可を得て，援助者は子どもたちを含めて家族全体が取り組めるように，またエイズから発症する重複の疾病と死について，そしてまたこの家族の秘密に対して，前向きに取り組めるように，地域のいくつかの予防プログラムに連絡をした。その結果，あるプログラムが自宅での家族カウンセリングを引き受けた。姉たちはカーティス夫人を除くことを条件として，ファミリーカウンセラーに会うことに同意した。援助者はファミリーカウンセラーを家に連れてきて，子どもたちと姉たちとの面接に同席した。その面接はうまく進行し，姉たちはカウンセラーだけに会うことにも同意した。

　シェルターに入所して6週間で，カーティス夫人は，援助者の問いかけによく応えるよ

うになった。ドーンに会った後，彼女は将来の計画と生活の仕方に対してより積極的に取り組む姿勢を見せた。残りの3週間の目標は，(1)治療を受ける，(2)住宅探しに取り組む，(3)彼女の状態についての心理的影響を話し合うこと，そして(4)彼女の取り組みをサポートするために新たにカウンセリングを見つけることである。

　援助者は同僚の手を借りて，カーティス夫人の医療評価のために診療記録を入手し，関係機関に転送し，そして各機関の面談予約につき添った。カーティス夫人は検査に神経質になっていた。彼女はすぐに死んでしまうのではないかという恐怖について話し，娘のドーンは自分の人生で唯一の生きがいだと，娘への心配を話し合った。カーティス夫人は，ドーンが自分の生き方で傷つくことだけは避けたかった。そして，それが姉たちや母に娘の世話をしてもらった理由だったと言った。援助者は，ドーンが愛らしい若者で，カーティス夫人がドーンを安全に守ることができれば，母親として自負してよいのではと述べた。そして援助者は，カーティス夫人がさまざまな困難に立ち向かっているが，彼女の人生はそれだけでは終わらないと思うと伝えた。

　カーティス夫人の要請で，医師はカーティス夫人に援助者と一緒に会った。HIV陽性であるが，カーティス夫人のエイズは発症していなかった。医師はその相違について注意深く説明した。援助者は今後の取り組みに対する助言を医師に求めた。医師は，カーティス夫人の体調を整えることに努めると言い，カーティス夫人に栄養の管理計画を勧めた。カーティス夫人と援助者がクリニックを出るときには，カーティス夫人は安心して，希望が持てたように見えた。カーティス夫人と援助者は，特別なニーズをもつ人が入居できる住宅の申し込みについて話し合った。援助者はカーティス夫人にHIV陽性患者のための就労支援，およびカウンセリングサービスについて話した。

　翌朝，援助者はシェルターでカーティス夫人を探した。警備員は，カーティス夫人が前日に出て行ったと言った。5日後に彼女は戻ってきたが，髪は乱れて，服装はだらしなく，疲れているように見えた。援助者が近づくと，カーティス夫人は援助者にほっておいてくれと言った。

援助者「何か大変だったようですね。それについて話してみますか？」
カーティス夫人「いやです！」
援助者「私は，あなたが本気で諦めてほしがってるなんて思っていませんよ」
カーティス夫人「とても恥かしい。レニーが，シェルターに私を探しに来た。彼は私にドラッグを渡したの。とても孤独だったので，彼について行ったの。数日間ハイになって，そして彼は消えた。なぜこんなことをし続けてしまうかわからない。私はどうしてし

まったのかしら？」

援助者「あなたは本当によくやってきたと思いますよ。たぶん，やりすぎたのでしょう。過去に戻ってしまうこともあるわよ」

カーティス夫人「自分を変えるのは難しすぎる。だって，私がしなければならないことはたくさんあるのよ。新しいアパートを見つけて，一人で生活して，ドラッグをやめて，レニーのような男から離れて，職を得て。そんなエネルギーが私にあるか，わかりません。私は高校の卒業証書さえ持っていないもの」

援助者「取り組むことがたくさんあるのね。でも，あなたが一度にすべてをやる必要もないし，自分一人ですべてやる必要もないのですよ」

援助者とカーティス夫人は，またもとの軌道に戻った。そして，その後の2週間は住宅の申し込み手続きと外来物質依存プログラムへの参加に援助の焦点があてられた。カーティス夫人は，薬物プログラムではそこの援助者と積極的な関係を作り，匿名断薬会（Narcotics Anonymous）の会合に出席し始めた。

残念ながら，カーティス夫人はシェルターの退所時点までに住宅申請の承認を受けられなかった。彼女の姉たちは彼女を家には戻さず，カーティス夫人は麻薬常用者のたまり場として知られていた個室つき共同住宅（SRO）の建物へ引っ越さなければならなかった。援助者とカーティス夫人は，彼女がこれから生活しようとしている環境で，回復していこうとすることがどれだけ難しいかについて相当時間をかけて話し合った。援助者とカーティス夫人は，物質依存プログラムのカウンセラーに会った。カウンセラーはこれまで参加してきたNAミーティングへの参加を増やし，支援者を見つけることを推奨し，プログラムで同じ課題に取り組んでいる人との交流を強く提案した。

最後の面接は，特に援助者とカーティス夫人双方にとって難しいものではあったが，カーティス夫人は定期的に彼女の娘に会っていて，物質依存プログラムとNAミーティングに参加していて，レニーから離れるという進歩を遂げていた。彼女の姉たちは，カーティス夫人が実家に戻ることについて考えを変えなかったが，ファミリーカウンセラーとの関わりは続けていた。カーティス夫人は，いずれ姉たちが自分の進歩をみて，彼女をより受け入れることを期待していた。援助者とカーティス夫人は3週間後の面接に同意した。

ケース検討

援助者は，クライエントに対して共感的立場を維持し，共に取り組むことに関して，初期の頃に表れたクライエントの怒りや意欲のなさに耐えた。援助者はクライエントに過去

の否定的な経験を公的機関などに共有するように促し，クライエントの感情やニーズに応じる努力をした。援助者は，クライエントが娘との緊密な関係を築けるようにクライエントを動機づけ，関わりを続けた。そして，クライエントと姉たちとの仲介をして，クライエントは娘との関係を再び作り上げることができた。姉たちの反応に失望したが，援助者は彼女たちのニーズを地域の資源に結びつけることができ，手助けをして，母親がドーンに合うための訪問を調整することができた。

そして援助者は，医療を受けることと住居に関して具体的にクライエントを援助することができた。カーティス夫人の一時的な後退の局面で，援助者は変わらずクライエントに手を差し伸べ，クライエントのプレッシャーに理解を示した。援助者は，クライエントを希望に向かって取り組めるように促した。最終段階では，関連機関とサービスを十分に活用することになった。クライエントの今後のことはわからないが，援助者は，カーティス夫人が彼女の人生において，今までとはまったく異なった世界を作り上げたと実感した。

次の例は，あるクライエントとの援助の開始段階について述べている。カーティス夫人と比較して全般的に介入過程での抵抗は少なかったが，このクライエントは内的・外的問題に打ちのめされ，しかも別の種類の困難をもっていた。

ウォーターストン・ケース

ウォーターストン夫人は離婚しており，8歳，6歳，3歳と生後5日目の4人の子どもをもつ母親である。彼女は息子の保育所の担当者から紹介を受け，地域を管轄基盤とした里親支援機関に来所した。

ウォーターストン夫人は，黄疸で入院中，しかも次の日に退院予定の新生児である娘の世話に神経質になり，参ってしまっていることを訴えた。ウォーターストン夫人は，彼女の初老の叔母と他の3人の子どもと一緒に，一間のアパートに仮住まいしていた。彼女は，乳児を世話することができないと考え，養育家庭に預けたいと言った。

援助を求めてきたウォーターストン夫人の努力を，援助者は支持したが，彼女の，乳児の娘についての決心を導いたものが何だったのか不思議に思った。彼女は打ちのめされていて，妊娠しているときには赤ん坊が生まれるとどうなるか，もろもろのことがこの先どうなるかなど，何も考えていなかったのではないかと彼女は言った。彼女はなんとかなるとしか考えていなかったが，赤ん坊を家に連れて帰ることを考えたとき，とても怖くなってきたと言った。「赤ん坊が寝る場所もないし，服もないし，名前だって決めていない」。「あ

まりにも多くのことが起こって……」と言うので，どういう意味なのか質問すると，彼女は，私の人生はこれまで下降線を辿る一方だったと言った。

彼女の母親は1年前に亡くなった。そして，彼女は母親のことを今もなおずっと思っている。その後彼女は，妊娠していることを知った。そして，彼女の夫は赤ん坊の父親であることを信じず，他の女性のところに行ってしまった。クライエントが住んでいた建物は取り壊されることになったので，ウォーターストン夫人と3人の子どもは叔母とともに転居した。彼女は高血圧症と片頭痛を持っており，うつ状態になり，無気力で，非常に神経質になっていた。この一連の話を聞いて，援助者は，クライエントが確かに多くのストレスにさらされていたことを理解し，どのように対処してきたのかと尋ねた。彼女は，叔母が手助けをしてくれていたが，非常に大変だったと答えた。とても疲れていら立ったときには彼女は昼寝をし，子どもたちも寝かしつけた。援助者がクライエントの収入について尋ねると，彼女は転居前に，すでに生活保護と食料引換券を受けとっていたという。住所変更を福祉職員に伝えたにもかかわらず彼女は支給額を受け取っておらず，アパート捜し，子どもの学校や保育所への送り迎えに飛び回り，その後出産したので前の家には戻っていなかった。ウォーターストン夫人は叔母から食費をいくらかもらっていた。クライエントは，住宅を見つけ，気持ちも穏やかになり，情緒的にも身体的にも強くなって生活保護の問題を解決できるまでは，新しく生まれた乳児を養育家庭に預けた方が皆にとってよいだろうと考えた。

援助者は，養育家庭への手続き，生活保護課への連絡，そして，住宅申し込み用紙の記入の援助だけでなく，悲しみや不安感に対する支援を提案した。援助者は生活保護課に電話して公的手続きの問題を処理し，支給額の翌日支給の保証を得た。さらに，週一回の訪問を含む養育家庭への任意承諾の手続き，規定，権利，および責任に関する書類を見直し，入所の同意に必要な書類にサインさせ，翌朝，養育家庭に引き渡すために援助者とウォーターストン夫人が病院へ赤ん坊を迎える段取りを取り付けた。彼女は，自分の母親の名にちなんで赤ん坊をマリーと命名することを決心した。

翌日，ウォーターストン夫人が病院に現れなかったので，援助者自身が赤ん坊を連れて行った。3人の子どもを育てあげた養母は，赤ん坊を喜んで世話したいといった。そして，援助者は，乳児の医療的ニーズを含む状況について養母に説明し，手続きを完了した。援助者がウォーターストン夫人と連絡をとり，何が起こったのか尋ねると，彼女は他の子どものうちの一人が病気になりその子を残して出かけるわけにはいかなかったといった。彼女は，まったく赤ん坊について尋ねなかった。援助者は，彼女がが必要な書類に記入したので，赤ん坊は養育家庭のところにいると言った。援助者は，ウォーターストン夫人を訪

ね，話し合うための時間を約束した。

　翌日の午後，援助者が到着すると，ウォーターストン夫人はかなり動揺しているように見えた。彼女は，ひどい朝だったと言った。彼女の息子ジョニーはまだウイルス性疾患が治らず，上の子二人も学校を休ませなければならなかった。そして叔母は，娘を里子に出したことで彼女を悪い母親だとなじったあと家から出て行ってしまったという。ウォーターストン夫人が出来るだけのことはしたこと，そしてまた頭が痛いという説明に，援助者は忍耐強く耳を傾けた。援助者は，ウォーターストン夫人に現在抱えているすべてのストレスが関係し合っているのではないかと尋ねた。彼女は「確かにそうです」と言った。援助者がジョニーについて質問すると，彼女は医師に電話したと言った。そして，息子の症状についての説明を聞き，医師はそれがウイルスによるものだと言った。援助者は，ジョニーに会いたいので，家の中を見せてほしいと言った。アパートは狭いがよく整理整頓されていて，子どものための玩具が置かれていた。また，ブロックで静かに遊んでいたジョニーに近づくと彼はすぐさま微笑んだことに援助者は気がついた。ジョニーはためらいもなく援助者に名前と年齢を伝え，次に母親の膝に座った。援助者は，ウォーターストン夫人が自分の息子にやさしく接し，世話をしていることを確認した。

援助者「さて，赤ちゃんについてもう少し話しましょう。気になることがあるの。あなたは赤ちゃんについて何もふれないけれど，預けたことについてどう思っているのかしら」
ウォーターストン夫人「娘についてどう思えばいいの。いま起こっていることすべてを見てよ」
援助者「そうですね。たくさんのことが起こっていますね。昨日，お母さんが亡くなってから生活が落ちぶれたのだと話してくれましたね。そのことについてもうすこし話してくれますか」

　ウォーターストン夫人は一人っ子で，彼女と母親はいつも親密だった。父親が7年前に亡くなったとき，母親は娘であるウォーターストン夫人とその夫と同居することになった。母親がいて，子どもたちの面倒を見てくれたので彼女は喜んでいた。母親と彼女の夫は喧嘩が多く，激しい口論の末，彼女の母親は同じ建物の他の部屋に引っ越した。その後もウォーターストン夫人は，子どもの世話をしてくれる母親と多くの時間を過ごした。母親はウォーターストン夫人の家で，心臓発作を起こし亡くなった。彼女は，母親がいなくなったことをまだ信じることができないと言った。

ウォーターストン夫人「母は私のすべてでした。母が死んでからも，何も変わっていません。私一人で子どもたちを世話してきたとは思えないのです」

援助者「あなたにとってそれはつらい喪失でしたね。お母さんが亡くなった後，どのようにやってこられたのですか」

ウォーターストン夫人「私の夫は，しばらくは協力的でした。また，母が私にとってどれほど重要かわかってくれているようにも見えました。2, 3週間後，彼は私に，母の死から立ち直って，自分と子どもの世話を始めるようにと言いました。彼は一日中働いて家に帰ってくるのですが，夕食の準備ができておらず家が汚いとわめき叫ぶようになりました。彼は，私が怠け者で能無しの妻だと言いました。私は泣き，彼は家から嵐のごとく出て行きました。彼はそれから何日も家を空けるようになりました。その後，私は妊娠しました。彼はもう耐えられないと言って，ガールフレンドのもとに出ていきました」

援助者「子どもを一人で世話しなければならず，大変な目にあったと思われたでしょうね」

ウォーターストン夫人「いまは自分の世話もろくにできない状態です。叔母は私を助けようとしていますが，叔母は年を取っていますし，私の母親ではありません。私の母親なら，養育家庭に赤ちゃんを預けたことについて私を非難しなかったでしょう」

　援助者は，赤ちゃんは3カ月間，養育家庭での一時養育が可能なこと，そして終了時には，赤ちゃんのために長期計画を立てなければならないだろうと説明した。ウォーターストン夫人は，養育家庭から娘を引き取ることができるように，そのときまでにはすべてを整理したいと言った。援助者は，毎週訪問する時間を組み込み，定期的に赤ちゃんの面会をすることが夫人にとって重要であると強調した。彼女はそれに同意し，訪問の予定を組んだ。ウォーターストン夫人が承諾書に署名をしたので，援助者は，他の二人の子どもの状況について，叔母，学校および保育所に尋ねることにした。

　翌日，援助者は，子どもの教師たちを訪ねた。二人の子どもはよく育っていることが分かった。彼らは，毎日時間通りに到着し，健康に見えて，よい関係がとれていて，標準レベルに達している。しかし，保育所の担当者は，ジョニーが健康的で担当者には優しく接することができるが，彼は担当者が他の子どもと関わると，他の子どもに攻撃的で，破壊的になると言った。担当者は，母親がしばしば疲れきっているように見え，彼を時間通りに連れて来なかったことがあるとつけ加えた。

　ウォーターストン夫人の叔母は，なぜ姪が養育家庭に赤ちゃんを預けるのか理解できなかったが，全般的には，姪は子どもたちに良くしていると思うと話した。一方で姪は未熟で，彼女の母親に依存しすぎていたとも述べた。

援助者は，ウォーストン夫人にとって彼女の母親が大きなサポートであったこと，彼女が子どもたちの面倒を見るには母親からの支援が必要であったのだと考えた。母親の死は彼女に衝撃を与えただけでなく，一人でなにもかもやりくりせねばならない状況に追い込んだのである。加えて，夫との別れ，アパートからの退去，妊娠や生活保護などのすべての問題が，彼女の対処能力をはるかに超えたものであった。ウォーターストン夫人は3人の子どもたちを世話し，子どもたちの生活の基本的ニーズを充そうとしていたが，あまりにも負担が大きくなり，生活を段取りよくすすめることができなくなった。援助者はクライエントが生まれたばかりの赤ちゃんの世話をすることに対してアンビバレントな状態にあったと判断した。

　ウォーターストン夫人は，娘に会う予定になっていたが，キャンセルの電話もよこさないまま，面会時間になっても来なかった。援助者が電話をかけると，彼女は面会に行かなかったことに対しては謝罪し，子どもを朝学校に送った後，うたた寝をして，寝過ごしたと説明した。彼女は，赤ん坊に関して尋ねもしなかったし，その次の面会を願い出ることもしなかった。援助者は，別の日に面会の予定を決めることが重要であることを伝えたところ，クライエントは翌日訪問することに同意した。

　ウォーターストン夫人は，約束の時間より30分遅れてきた。彼女は時間がたつのを忘れていたと説明した。彼女はやるべきことをやれなかった。援助者は，クライエントがそのことをどうすればよいかについて悩んでいることはよくわかるので，今起こっていることを理解しどのような手助けが必要かを一緒に考えていこうと言った。クライエントは，アパートを探すことが今一番必要なのだと言った。援助者はそれに同意して，アパートを見つけることが娘を里親から引き取るための要件の一つなので，住宅申請の書類を作成することが最優先であると説明した。また援助者は，子どもを任意に里親に預けたことの経過報告のために，法廷審問が翌週に予定されることを彼女に通知した。

ウォーターストン夫人「なぜ私が裁判所に行かなければならないのですか」
援助者「それは決まりよ。裁判官は，あなたが赤ん坊を預けた理由と将来のあなたの計画について尋ねるでしょう」
ウォーターストン夫人「まあ，すぐにではないけど家に連れて帰るつもりよ」
援助者「すべてをやってきた今だからこそ，あなたがもう一人の子どもを産んで育てることが無理だと思ったことは理解できるように思うわ」
ウォーターストン夫人「なぜそのようなことを言うのですか。私が悪い母親であると思っているのですか？」

援助者「あなたは他の子どもたちにはとてもよい母親のようですね。子どもの教師からも，とてもよい報告を受け取っていますよ。ジョニーが病気だったとき，あなたが思いやりを持って接していたことを見ましたし，あなたがマリーを預けなければならないことについて痛みを感じていたことを私は十分に感じていました。しかしあなたは今もなお多くのストレス下にあるのよ。家に連れて帰ることに対するあなたの複雑な気持ちは，マリーに面会しないことや，あるいは子どもについて審問をうけることと何らかの関係があるのかしら？」

ウォーターストン夫人「わからない。ときどき，子どもにとっては，別の人が世話をしてくれて，楽しい生活を送ることができた方がよいと思うの。なぜ私は赤ちゃんを迎えに行って，彼女をかわいがり，その後里親の家族に娘を引き渡さなければならないのでしょう。それはあまりに辛いことだわ」

援助者「これはとても辛いことでしょう。あなたは妊娠中に，赤ちゃんについてどのように感じましたか」

ウォーターストン夫人「私は中絶を考えました。でも私の両親共に信仰があり，特に父ですが，私は中絶ができなかったのです」

援助者「お父さんのことについては初めて話してくれましたね」

ウォーターストン夫人「私は父を愛していましたが，父は非常に厳格で，完全服従を強いる人でした。子どもの頃，従わなければ，母と私をよく殴ることがありました。父は，母が裏切ったことを責め，私に友達を作らせず，夫と出会ったときも私の所在について嘘をつかなければなりませんでした。私は，家から出るために夫と結婚しましたが，夫が私の父親にとても似ていることを知りました。私は，夫に従わなければならず，言い返すことは決してしませんでした。夫はすべて自分やり方を通しました。私はただ言われた通りにしました。今は私のやり方でやっていいはずなのに，どう決めればよいのか分からないの」

援助者「あなたが，自分自身に確信が持てず，赤ちゃんについて確固たる決定をすることがこの時点でできないことはわかります。あなたのために，あるいは娘さんのために何が最善か，あなたと私で時間をかけて整理していきましょう。まず，はじめにしなければならないことは法廷審問を終えることです。裁判官に会いに行くときには，私も同行しましょう。その後，私たちは住宅申請に取りかかりましょう。子どもたちを一時的に世話してくれる誰かを派遣するサービスプログラムがないかどうかを自宅の近くで探してみましょう。これからもあなたを悩ましていることについて，あなたが穏やかになる方法について，そして，生活がうまく段取りできるような方法を見つけだせるように，

一緒に話していきましょう。娘さんを家に連れて帰ることについて，あなたが何をしたいのかがはっきりしていないので，どうするかよりも，自分の意見を話してみることがまず大切です。あなたには決められた頻度で面会することが必要なのですが，あなた自身がプレッシャーを感じることなく，そのことを実施するには，どのようにすればよいのかについて考えましょう。さらに，面会に際するあなたの気持ちを話し合うことができます。予約した面会を順守することを私と約束してください。私たち二人で決めたことについては，もしも問題が発生して，あなたが約束を守れなくなった場合には，私にそれを報告してください。それにどのように対応すべきか方法を見つけていきましょう。たくさんお話ししましたけれども，これらすべてについてどう思いますか？」

ウォーターストン夫人「たぶんあなたは，やるべきことをご存じで，私を助けたいと思っているのだと思います。私は指示してもらうことが必要です」

ケース検討

クライエントは積極的に援助を求めてきたが，彼女はストレスの多い生活状況，うつ状態，自尊心が低く，他者に依存的，自己統制や問題解決に困難を抱いているので，援助計画に充分に協力することが困難であった。援助者は，クライエントに共感的でしかも忍耐強く接した。クライエントが同意した援助計画に添わないときは手を差し伸べ，励ました。面接当初の協力を求める上では，クライエントに自分の考えと感情を共有するように促し同意を得た。援助者は彼女が自分自身でできなかった事柄をできるように援助し，補助自我的な役割を果たした。また，非審判的で，しかも受容的な方法で，援助者はクライエントが生まれてきた娘に関する自分のアンビバレントな感情を認めるように援助した。

援助者は，クライエントのストレングスと能力を支え，クライエントのストレスとうつ状態の軽減を目指して，段階的な支援計画を策定する責任を取った。そして，クライエントが生活において自己統制力を活かすように援助した。この事例では，機関間協働を活用し，クライエントが必要としている補助的なサービス，資源に結びつくように援助した。

要約

本章では，介入プロセスにとって重要な意味合いを持つ，自ら援助を求める気のない，接近困難なクライエントにみる共通の特性について検討した。特に，二つの異なるタイプのクライエントの介入プロセスを描写し，このようなクライエントを援助する上で用いるISTTの具体的な焦点について説明した。

第11章 Family-Oriented ISTT
家族志向型 ISTT

　　援助の焦点は，しばしば個人よりも家族になることがある。多くの家族は以下のような課題に対して援助を求める。必要な資源の獲得／親子関係を改善／病気，感情的問題，障害，ライフステージの課題，喪失と別離，ストレスが高い状況との取り組み／急性あるいは慢性の葛藤や不調和への対処などである。援助者は，主訴がすべての家族メンバーに関連し，影響しているように思われる場合，家族全体への介入を決定する。

　家族システムを活用した援助は，一般にはさまざまな理論上の概念と原則からなる独自の構図から導き出されたもので，多数の治療モデルを生み出したが（Hartman & Laird, 1983; Nichols & Schwartz, 1995; Walsh, 1997），これらの動向については本章では取り扱わない。本章では，ISTT がどのように家族の支援に適用しうるかを示す。ここでは，家族志向型 ISTT の四つの具体的な焦点を検討し，介入過程について述べる。

具体的な焦点

　家族志向型の ISTT の活用において考察すべき最も重要な点は，個人アプローチから家族中心アプローチへと移行してきたことに伴う焦点の拡大である。ISTT の構成要素のすべては家族援助に適用しうるが，その活用には理論枠組みの特定の側面の強調や，修正が必要である。

問題確認と開始期の関わり

　それぞれの家族メンバーは，問題について異なった説明をするが，援助者はそ

れぞれの問題，原因，その意味，その結末に対する見方，そしてそれがどのように取り組まれてきたかを具体的にかつ明確にしなければならない。開始段階の主な課題は，家族メンバーが互いに耳を傾けられるようにすること／家族の一人が問題を持つと，それが家族のすべてに影響するということについて受け入れられるように援助すること／家族が共に集中して取り組む際の困難性については家族メンバーに同意を取りつけることである。家族葛藤があるとき，あるいは家族メンバーの何人かが介入過程に参加することを拒むなら，援助者にとって家族のコミュニケーション力を高め，目標や焦点に関して同意できるように，努力することが特に大切である。

　ときには，家族メンバーは，家族の誰か一人が問題であるとの同意のもとに援助にやってくるかもしれない。この見方は，スケープゴートのプロセスを反映しているかもしれない。また誰がその問題にどのように貢献しているのか，あるいは影響しているのかを捉えることを妨げるかもしれない。このような場合，家族と関わりを結ぶためには，援助者はまず，家族のその問題についての規定の仕方を受け入れる必要があるだろう。特定のメンバーの問題に影響を及ぼしている家族の役割を明確にして受け入れるように家族に促すことは援助者にとって重要であり，それは比較的短期間で行えうるだろう。

　家族は，場合によっては，特定の出来事，役割変換，家族機能や幸福感に関するライフステージ上の課題の影響を認めないかもしれない。これらの状況では，特定のストレッサーの存在とその影響を家族が認めるように援助することが必要であろう。

　家族の介入ではしばしば，「今・ここ」での姿勢や行動を重視して，原家族の課題を無視するように提案することがあるが，ISTT では，必要であれば現在と過去の両方に取り組む。家族メンバーが成人の場合，現在の家族の相互作用に影響を与えるものには，価値観，独自の関係の作り方，原家族由来の葛藤，および個人の発達段階などがある。これらの影響要因は，家族の主訴の中で重要な役割を果たしているかもしれない。

家族メンバーと家族システムのアセスメント

　アセスメントには，それぞれの家族メンバーと原家族由来の課題だけでなく，現在の家族システム自体をも含めることが必要である。このアセスメントは以下のことを考慮すべきである。家族の構造と発達／コミュニケーションの形態と様式，文

化的背景と文化への適応度，他者および地域との関係，環境状態／ストレッサー，資源，ストレングス，そして問題解決能力である（詳細なガイドラインについては第3章参照）。

　家族はそれぞれ，固有の構造形態，文化的背景，コミュニケーション様式，対処の方法を持つので，援助者にはその家族がもつ環境に適応するための独自の調整方法やその独特の強みを理解し受け入れることが求められる。援助者の目の前で，家族はコミュニケーションのパターン，ストレスや葛藤に対する独自の機能の仕方や対処の方法を展開するので，面接の場面での家族のこれらの行動は，重要なデータの源となる。このように，家族援助のアセスメント過程において重要なのは，援助者が家族相互作用を観察し，明確にしていく努力である。この相互作用には，面接で援助者に対して家族が示したすべてのものが含まれる。

援助者の活動

　援助者は，家族の関係パターンをアセスメントのために使うだけでなく，直接彼らの相互作用過程にも介入する。開始期では，家族メンバーは援助者に向かってコミュニケーションを取ろうとするので，援助者は，反応を引き出すことと応答することとをバランスよく行う必要があり，家族メンバーが互いに直接会話を交わし，相手の話に耳を傾けるように促す。たとえば，機能不全の相互作用を指摘したり，追跡したり，遮断すること，最適な言動の仕方を形成すること，よい関係づくりの役割モデルを示すなど，援助者は積極的にこれらの役割を取ることが必要である。

　家族志向型ISTTでは，援助者は，言動から環境までのすべての範囲に介入する方法を採るが，特にコミュニケーションや行動の新しい方法を体験させることに家族メンバーを巻き込むなど，援助者は面接で生じるすべてを活用することが大切である。たとえば，互いに話し合うことや理解し合うことのできない思春期の男の子とその父親との面接場面で，援助者は彼らの役割を交替するように，あるいは互いに交流するようにとの指示をだすかもしれない。また，援助者は，家族メンバーに問題となる場面を再演するように指導し，そこで生じている事柄を捉え，それを新しい振る舞いの導入の必要性の根拠として用いてもよい。さらに，家族に対して彼らなりの方法で取り組むことができるような課題や宿題を課すことで，家族の取り組み過程をさらに前進させるのに役立つこともある。

焦点の維持とモニタリングによる確認

　個々にニーズがそれぞれ異なる複数の家族メンバーが来所した場合，面接への参加度に影響を与え，しかも新たな動揺をもたらすような問題が出現するかもしれない，また家族面接の焦点に影響を及ぼすかもしれない。このように援助者は，家族に対してある程度柔軟に対応することを求められるが，全回出席とできる限りの一貫性を保つ必要性を家族に伝え，そして家族が取り組むことに同意した問題には常に焦点をあて続けることの大切さを伝えることがよい。

　家族メンバーはそれぞれ，ときには葛藤が生じるような異なるニーズやゴールを持っているので，援助者がプロセスについて定期的にフィードバックを求めることは役に立つ。この問いかけによって，面接が中断される前に，発生したどの不満やフラストレーションいずれにも援助者が取り組むことを可能にし，必要に応じて修正もできるだろう。さらに，変化することにはほとんどの人が恐れを抱くものであるが，それは家族にとっても同じことである。変化は，有益ではなく家族単位の保護と生き残りを脅かすものとして認識されるかもしれない。そのときに家族は彼らの恐怖を明確にし，打ち勝つために，十分な援助が必要になる。

援助者の反応

　個人への介入では，援助者は問題を確認し，理解し，管理することが求められるので，援助者個人の反応に刺激をうけるが，家族への介入では，複雑で，調整しがたい感情が発生しやすいと考えられている。家族の相互作用のプロセスから距離をおいて関わることは，援助者にとって難しい（そしてあまり勧められるものでもない）が，援助者は，家族プロセスに引き込まれがちになり，ときに客観性を失い，分離できない状態に陥ることもある。援助者はまた，面接の中に自分の原家族の価値，期待，関係作り，課題，葛藤を持ち込み，特定の家族メンバーに過剰同一化をすることになり，家族を認め受け容れることが難しくなり，援助者の考える理想の家族に仕立て上げようとして，自己の原家族の困難性に関連づけ過激に反応することもあるだろう。援助者は，クライエントの問題と似たような経験をしているかもしれない。そのことがクライエントとの客観的で最適な関わりを難しくするかもしれない。そしてときに援助者は，家族の相互作用がもたらす圧倒的な妨害の本質に直面し，最低生活保障の資源が不足している状況下で，あからさまな虐待やネグレクトが存在しているならば，援助者は，押しつぶされそうになり，疲労を感じ，落

胆や欲求不満を，さらに自分が不適切だと感じるような状態に追い込まれることになるだろう。

介入過程

次の事例は，ディエゴ氏家族への援助開始期について概説している。この家族は，子どもの学校での問題を中心にして援助を求めてきた。夫婦間の葛藤関係がこの家族の根底にあり，家族メンバー全員に影響を与えている。

ディエゴ・ケース ....

　児童指導員によりジュアン（34歳）とローザ（32歳）のディエゴ夫妻と，二人の子どもであるペドロ（9歳）とマリア（7歳）は共に，家族カウンセリング機関に紹介されてきた。ここ2～3カ月間，ペドロは学校での問題や，対人関係の社会的問題があり，一方マリアは引きこもりがちになり，繊細で，些細なことに欲求不満になり泣きわめくことがあった。ディエゴ夫妻は結婚して10年目で，実家に近い二間のアパートに子どもたちと住んでいた。ディエゴ氏はリムジンバスの運転手として，妻は保険会社で補償査定員として働いていた。

　援助者の要請に応じて，家族全員，4人が初回面接に来所した。自己紹介とあいさつを交わしたあと，援助者は家族に来所理由を尋ねた。ディエゴ夫人が話の口火を切り，それまで子どもたちには何も困ることがなかったので，学校からの呼び出しに戸惑ったこと，また，なぜ子どもたちに問題があるのかわからないと言った。彼女は，自分たちは，仲のよい家族で，子どもたちとよい時間を過ごし子どもたちが望むもの，あるいは必要なものはなんでも与えてきたと言った。ディエゴ氏は息子ペドロのサッカーチームのコーチで，娘マリアは母親と料理や買い物を楽しんでいた。ディエゴ夫人は援助者の質問に応えて，他の子どもと同じように，ときどき子どもたちが家で喧嘩をすることはあると言った。私たち夫婦は，子どもたちを助けるためにはなんでもやりたいといった。しかし彼女は，カウンセリングを信用していないのに，面接に通うことに同意したのである。

　援助者は，ディエゴ夫人が話しているのをディエゴ氏と子どもたちが熱心に聞いているのを観察した。援助者は，ディエゴ夫人がとても心配しているようだが，いま起きていること自体について明確に理解していないようだと言った。援助者は，ディエゴ氏に向かって，この状況についてなにかお考えがありますかと尋ねた。彼は，ないですと言い，そし

て妻は，ペドロとマリアが他の子どもと同じようにときどき喧嘩すること以外は，家で何の問題もないのですと言った。

ディエゴ氏「息子は，とても活動的で物事に夢中になる。息子はとても元気がよく，自力で頑張っている。学校はおそらくそれを悪い行動と誤解したのだろう。彼は誰かを傷つけるつもりはないと思うよ」
ディエゴ夫人「マリアは，これまではずっと敏感だった。彼女はまだ幼いから。娘はこれまで我を通すことがよくありました。でも私が慰めると泣くのをやめたわ」

　援助者はディエゴ夫妻が，自分たちは良い両親で子どもたちは普通だということを援助者にわからせようとしていることに対して，あなた方のご心配は親だからこそと思いますが，これから私がお尋ねすることで，おそらくこの状況との関連が理解できるようになるかと思いますと言った。援助者は，この数カ月に起こった彼らの家庭生活での変化について尋ねた。
　両親は何も思いだせないと言ったので，援助者がペドロに注意を向け，最近学校で起こったことについて少し話してほしいと尋ねた。彼は父を見て，父に促されて援助者に答えた。

ペドロ「ときどき，他の子にいじめられるの。だから喧嘩したんだ」
ディエゴ夫人「(夫をにらみつけて) 喧嘩しろといっちゃだめだと言ったのに！」
ディエゴ氏「今はそのことにふれるな。そのことを言っている場合じゃない」

　ここでマリアがそわそわしだしたので，ディエゴ夫人はじっと座っていなさいとマリアに言った。マリアは，つまらないからここにはいたくないと答えた。援助者は介入して，マリアに紙とクレヨンを渡し，ディエゴ氏の発言に戻った。

援助者「ディエゴさん，奥さんの今のご意見に困っていられるように見えますが，あなたのその反応についてもう少し話してくださいますか？」
ディエゴ氏「ときどき，妻と私は，子どもの育て方について意見が食い違っているのです。私は，ペドロが自分で自分のことをすべきだと思っているのです。しかし，戦うことは，妻の信条にはないのです」
ディエゴ夫人「戦うことに何の意味があるの。あなたはただ，息子にあなたのようになっ

てほしいだけでしょ」
ディエゴ氏「父親っていうのは，息子にとって何が一番いいのかを知っているものだよ」
援助者「娘のマリアさんの育て方についても互いに意見が合わないのですか」
ディエゴ夫人「夫はいつも，私がマリアを甘やかしていると言うわ。マリアは幼くて，私を必要としているの。夫は，私がマリアに関心を寄せているのがいやなだけよ。夫は私がペドロには十分な関心を向けていないと思っているのよ。でも，ペドロはもう成長した男の子なのよ」
ディエゴ氏「君は，マリアと同じようにはペドロの面倒を見てこなかったじゃないか」

　援助者は，夫婦の間で子どもの育て方に相違があることを指摘し，面接中に夫婦で意見が合わなくなると，マリアがそわそわして，一瞬，二人の邪魔をすると言った。援助者は，これがいつも家で起こっているのではないかと思った。ディエゴ夫人は，マリアが夫婦の言い争いを嫌うのは，互いを大切に思い合っていないからだと理解しているのだろうと言った。マリアは絵を描きながら，このやり取りを聞いていた。そこで援助者は，両親が言い争いをしているとイライラするかとマリアに尋ねた。マリアは肩をすくめて，そしてうなずいた。

援助者「マリアちゃん，なんでイライラするの？」
マリア「お父さんとお母さんがすごく大きな声で，言い合うの」
ディエゴ氏「ときどき大人は喧嘩するものなんだよ。別に深い意味はないんだよ。それは父さんと母さんの間のことだから，マリアは，心配いらないよ」
ディエゴ夫人「お父さんとお母さんは，あなたを愛しているわよ」
援助者「ご夫婦は子どもたちを愛していらっしゃって，大人の喧嘩とはそういうものだと思います。でも，あなたたちの口論は子どもたちを動揺させていることも確かです。最近，喧嘩は多いのですか？」
ディエゴ氏「いや，別に」
ペドロ「（顔をしかめて）お父さんとお母さんは，最近は，怒鳴りあってばかりじゃないか」

　援助者がペドロに，両親が喧嘩をしているときに何をしているのかと尋ねると，ペドロは，自分の部屋に入りドアを閉めビデオゲームをしていると答えた。援助者が，マリアは何をしているのかと尋ねると，マリアは母親のところに行き，母親のひざに頭をのせた。

母は娘の髪を優しくなで，子どもたちが傍にいるときには夫婦喧嘩をしないようにするわと言った。

ディエゴ氏「そうすると，私たちの口論が学校での子どもの問題に関係あるのですか？　両親は，喧嘩や口論するものです。子どもたちは，そのことを理解するべきだよ」

そのとき，マリアがトイレに行きたいと言い，母親が連れて行こうと申し出ると，ペドロが連れて行ってあげると言った。子どもたちがトイレに行っている間に，ディエゴ夫人は，夫婦喧嘩がときどきとても激しくなることを認めたが，しかし子どもの学校での行動になぜ影響するのかを理解できなかった。

ディエゴ夫人「私たちは子どもたちを愛していて，子どもたちに最善を尽くしたいのです」
援助者「もちろん，あなた方はやっています。あなたたちが自主的にここに援助を求めて来たことがその証拠です。ご夫婦は互いに，子どもたちへの対応の仕方については，いくつか譲れない相違があるようですね。ときにはご両親の意見が一致しないことは珍しいことではないのですが，あなたたちの喧嘩は，お二人が思うよりも，子どもたちがイライラしています。子どもは，しばしば自分たちの悩みを家庭でよりも学校で示すことがあります。それは，子どもたちが両親を守り，状況を悪化させないためです。このことは，子どもが悪いということでもなく，あなた方が子どもたちに何か過ちをしたということでもないのです」

ここで，子どもたちが戻ってきた。マリアは泣いていて，ペドロが叩いたと言った。ディエゴ夫人はペドロを叱り始めた。しかしディエゴ氏が割り込み，ペドロの話を聞かずにペドロを叱ったことについて妻を責めた。ペドロは，マリアが自分の悪口を言ったので叩いたんだと言った。ディエゴ夫人は，マリアが悪口を言ったとしても，叩いてはいけないわと言った。ディエゴ氏は，妻の言ったことに対して，マリアは兄を怒らせる方法を知っているのだと答えた。このときには，子どもたちは二人とも静かになっていた。しかし，両親は言い争っていた。援助者は彼らをさえぎり，次のように言った。

援助者「あと数分あります。このあとどうするべきか，話し合うといいですね」
ディエゴ氏「私たちは子どもたちを助けるために，何をすることが必要ですか？　何が問題だと思いますか？」

援助者「今日話した中で，何か気づかれたことがありましたか？」
ディエゴ夫人「子どもたちが夫婦喧嘩を嫌がっていることは分かりましたが，私たちの口論が学校での問題を引き起こしているとは思っていませんでした」
ディエゴ氏「夫婦喧嘩が，子どもの学校での問題の原因になっているかどうかまだよくわかりませんが，そのことの話し合いは疲れました。話し合いが悪くなっているようです」
援助者「どうでしょうか。面接にもう一度ご家族全員がいらっしゃることはどのようにお考えですか。何がご夫婦の喧嘩の原因なのか理解できるように考えてみませんか？ 子どもたちの状況が良くなるように援助したいと思います。子どもさんの学校にも訪問し，先生たちと話しをすることもできます」

ペドロとマリアは，また来たいと言った。そしてディエゴ氏夫妻は次の面接を予約した。援助者は，クリニックの方針として週1回，10回の面接を行うと説明した。ディエゴ氏は多すぎるといった。援助者は，10回面接は最長のものであって，すべての面接に来る必要はないと説明した。援助者はまず4回の面接をした後，継続するかどうかを話し合いましょうと提案した。

援助者は，彼らは思いやりのある両親だが，夫婦関係にはひずみがあるように見え，互いに子どもに良くなってほしいと望んでいること以外に，夫婦二人の間にある調和の部分がはっきりしていなかった。援助者はまた，学校の状況が子どもたちに影響しているのかどうか疑問に思った。

夫婦は，直接的ではなく，子どものことを話題にして，互いに言い争っているようだった。夫婦は，葛藤がひどくなり困惑していたが，夫よりもディエゴ夫人の方が，夫婦の喧嘩が子どもに否定的な影響を与えているという可能性についてより理解しているようであった。

2回目の約束の数時間前，ディエゴ夫人は病気を理由にキャンセルの電話をした。夫人は動揺しているようだったので，援助者がそのことを伝えると，夫人は，「私は大丈夫よ，それに家族も次の週には元気になると思うわ」と応えた。援助者は学校の担任を訪ね，子どもたちが学校で好かれていて人気があることを知った。担任は，学校環境では子どもたちの行動変化の根拠を見つけることができなかったことについて心配していた。

次の面接で，援助者はディエゴ夫人にご気分はいかがですかと切り出した。夫人は夫を見て，嘘をつくことは正しいことではないと言った。夫人は，夫婦が小競り合いをしてひどい口論になったことを詳しく話した。夫人が話しはじめると，マリアは泣き出し，夫人の方へ行ったので，夫人はマリアをなだめた。ペドロは椅子の向きを変えて壁の方を向い

た。ディエゴ氏はいら立っているように見えた。

ディエゴ氏「妻がマリアに注意を払って，ペドロにはそうしないのを見ましたか？ こういうことがいつも家で起こっていて，喧嘩の原因になるのです！ 私になにをしろというのでしょうか？ 私が彼女に話をしようとすると，彼女は私の言うことに耳を貸そうとしないのです。だから，私は腹が立つのです。私が悪いのでしょうか？」
ディエゴ夫人「マリアが私のところに来たら突き放せというの？」
ディエゴ氏「ペドロはどうなんだ？ ペドロだってお前を必要としているんだぞ」
ディエゴ夫人「ペドロはマリアよりも自立していて，母親が世話することをあまり好まないようだわ。あなたは私と言い争うのではなく，なぜうまくやれるようにしてくれないのかが，分からないわ。あなたは私が間違ったことをしているときだけ，わたしに声をかけているように思うわ」
援助者「お二人の喧嘩は，子どものことについてなのか，相手が理解してくれないことや感謝してくれないことに対する互いの感情のことなのか，どちらなのでしょうね。たとえば，ディエゴ夫人，あなたは，ご主人があなたを批判するときだけしか話をしてくれないと言いましたね。そしてディエゴさん，あなたが得たいと思っている以上に，奥さんの注目を必要としているのではないかと思いますよ。たぶん，お二人は，互いを必要としていることを直接言うことは難しいのですね。どう思いますか」
ディエゴ氏「私は，自分自身のことも，自分の願いも，妻に無視されたくないのです」
ディエゴ夫人「あなたは私に無視されたくないのね？ 私はどうだというの？ あなたは私が何をして何を思っているのか，興味を持ってくれたことがあった？ 今では一緒に出かけようともしないじゃない。あなたはペドロのことを，私はマリアのことをしているだけで，私たちは昔のようには仲が良くないのよね」
援助者「昔はどんなふうで，何が変わったか教えてください」

ディエゴ氏は二人の生い立ちについて次のように話した。二人は，メキシコで幼なじみであった。10代のときにそれぞれの家族とニューヨークに移住した。ディエゴ氏は5人兄弟の長男で，経済的にも貧しい環境にあった。父は長時間労働者で，ディエゴ氏は幼いきょうだいの世話をして，母親を助ける責任を負っていた。彼は12歳で学校を中退し，家族を助けるために懸命に働いてお金を稼いだ。17歳の時，ニューヨークに住んでいた母方の叔父が，家族全員の移民の手続きをした。ディエゴ氏は，弟たちが学校に通っている間，地元のスペイン系の雑貨店で働いた。その後，家族はより広いアパートに移り，24歳で結

婚するまで彼はそこに住んでいた。

　ディエゴ氏の両親は，波乱の結婚生活を送り，金銭，子育て，父親の激しやすい傾向について，口論していた。父親は，普段は献身的な父親だったが，しばしば多飲で，家族のために貢献していないことに激しく憤り，妻や子どもに八つ当たりをした。ディエゴ氏の母親は，信心深く，子どもに献身的で，夫をしばしば無視したが，そのことがさらに無能力さについての夫の感情に追い打ちをかけることになった。ディエゴ氏は，今でも夫婦に少しでも余裕ができると，この家族にお金を送っている。

　ディエゴ夫人は，3人きょうだいの真ん中だった。彼女は，夫の家族よりも少し良い経済状況の家庭に育った。彼女の父親は穀物の会社で働き，定期的に収入があった。夫人が10歳のとき，姉が交通事故で死んだ。家族はこの喪失に落胆し，父親のうつ状態と怒りの感情が続いた。父親は，しばしばディエゴ夫人が姉には及ばないことを評価し怒った。その後，家族にはほとんど楽しみがなかった。家族は，場所を変えることで父親のうつ状態が軽減されることを願って，引っ越した。母親は他人の子どもの世話をする仕事を見つけ，父親は失業したままだった。ディエゴ夫人は高校を卒業後に就職した。

　ディエゴ夫妻は，ダンスパーティーで再会し，親しくなった。彼らは同じような生い立ちであり，音楽やダンス，ビーチに行ったり，映画を観たり，友達に会ったりして楽しんだ。彼らは4年間交際し，十分な貯金をしてアパートを手に入れ，結婚した。彼らはすぐに子どもを作ろうとは計画していなかったが，1年後にペドロが生まれ，その2年後にマリアが生まれた。子どもたちが生まれたとき，ディエゴ夫妻はとても真剣に子育ての責任を果たし，徐々に家族の活動を優先させるために自分たちの関心事をあきらめた。

　子どもの誕生からずっと，ディエゴ氏はペドロを可愛がっていた。ディエゴ氏は自分が子どもの頃に過ごせなかった人生をペドロには送って欲しいと思っていた。その後も，彼はペドロと時間をより長く費やすようになった。マリアはディエゴ夫人の姉に似ていることから名づけられたが，早産だったため，特別なケアを必要とした。ディエゴ夫人は，夫と息子の関係から取り残されたように感じ，マリアとの関係にやすらぎと関わりを求めるようになった。ディエゴ氏は家族と仕事への責任とに板挟みの状態になり，ディエゴ夫人はさらに孤独を感じ，人生を楽しむことができなくなったように感じていた。二人は生い立ちを話すことで，ディエゴ夫妻は自分たちの家族状況のために，子ども時代と思春期時代に，どれほど自分たちのニーズをあきらめなければならなかったかについて気づいて，驚いた。

援助者「あなたたちは若いうちから大きな責任を負うことを余儀なくされ，自分自身の

ニーズを無視してきたのかもしれないですね。また，楽しむ時間をそれほどとれなかったようですね」

ディエゴ氏「私は家族の面倒をみなくてはならなかった。私はたくさんのことを逃してきました。私の母親は自分のことで忙しかったのです。それは母のせいではありませんが，自分の息子には自分とは違った子ども時代を送ってほしいと思うのです」

ディエゴ夫人「私の姉が死んだとき，とても大変だった。なにもかもが変わったわ。マリアが生まれたとき，彼女に何か起こるのではないかととても心配でした」

援助者「昔の家族の経験と，今起こっていることの間に，どんな関係があると思いますか？」

ディエゴ氏「どういう意味ですか？」

援助者「ときには夫婦は，自分たちの過去の人生で起こったことを繰り返します。たとえば，お二人が育ってきた家庭で感じてきたことと同じようなやり方で，現在の家族に対してとても真剣に責任を受け止め，負担や孤独を感じ，物事を行っているように思います」

ディエゴ氏「そうです」

援助者「ディエゴさん，ペドロのためにいろいろとなさることは，あなたが子どものときに得られなかったものを埋め合わせる方法ですね。奥さんが，あなたやペドロに注意を払っていないようなとき，過去にあきらめたニーズをあなたに思い出させた可能性があります。そしてディエゴ夫人，もしかするとあなたのマリアについての心配は，あなたのお姉さんに起こったことによって強化されているのでしょう。あなたの夫が子育てについて批判すると，あなたは罪悪感を抱き，あなたの父親がどのようにあなたのあら探しをしたかを思い出されるのではないでしょうか」

ディエゴ氏「わかりません。私は妻に対して少し批判的すぎたかもしれません。ときどき，妻が自分にもっと注意を払ってくれたらと願うことがあります」

ディエゴ夫人「私は，夫が若いときに彼の家族のためにたくさんのことをしていたのを知っています。そして，今も彼はそうしています。たぶん，彼も私を必要としているのだということを理解していなかったかもしれません。今，私たちにできることはありますか？」

援助者「お二人は，互いのことを大切に思っているように見えます。もし，お二人が互いに必要としていることを直接話し合い，相手の言うことに耳を傾け，昔の関係のように，子どもたち抜きで一緒に何か楽しいことをし始めれば，それが助けになるのではないでしょうか。それで子どもたちも安心すると思いますよ」

援助者は，二人に，この1週間はたとえ批判したいと思ったとしても，互いを批判しないように心がけ，互いに何を欲しているかについて考えるようにしてくださいと言った。第3回目と第4回目の面接では，援助者は子どもたちを参加させずにディエゴ氏夫妻に会った。援助者は，それぞれが必要としていることや欲していることを相手に知らせることを中心に，特に夫婦のコミュニケーションを改善することに焦点を当てた。しかしこれは，二人が毎回の面接で，子どもたちのことについてまたもや言い争いを始めたので難しいことだった。そこで援助者は，夫婦が互いに言い争って困惑する理由を確認するための介入が必要だと考えた。援助者は，ディエゴ夫妻にそれぞれ結婚当初の体験を，もっと話すよう援助した。ある場面で次のようなやり取りがあった。

援助者「ディエゴさん，奥さんが土曜の午後の時間をどれだけマリアのために使っているかについて不平を言っていますが，あなたが本当に望んでいらっしゃるのは，奥さんにもっとあなたのために時間を使ってほしいということではないかしら」
ディエゴ氏「妻が私と一緒にいたいと思っているとは思えません」
ディエゴ夫人「しかし夫は私に求めません。夫はペドロとただ出かけるだけですから」
援助者「ディエゴさん，あなたにとっては，奥さんに一緒にいてほしいと頼むことは難しいようですね。言葉で言わなくてもあなたの望んでいることを奥さんが理解することは大切だと思われます。どうしてこうなるか，あなたはどのように思われますか」
ディエゴ氏「ときどき妻はとても忙しくしています」
援助者「あなたがご自分のお母さんについて言っていたことを思い出しました。あなたは，お母さんを煩わせないように振る舞うことをずっと学んできたはずなのに，今でもお母さんに注目してもらいたいと思っていたのですね。あなたは直接，奥さんにそれを伝えていますか？」
ディエゴ氏「私は，君がたくさんのことをしなければならないことは分かっているから，君の邪魔をしたくないのだが，ときどき私のことを考えてもらいたいと思う」
援助者「ディエゴ夫人，ご主人が言ったことについてどう思われますか？」
ディエゴ夫人「ときどき，夫を幸福にするにはどうしたらいいのか，わからないのです」
援助者「あなたが，お父さんについて話していたことを思い出します。誰もお父さんを居心地良くできなかったと言っていましたね。それは非常に痛々しいことだったに違いありません。あなたができることで，ご主人に影響を与えることがたぶんあるでしょう。ご主人に聞いてみましょうか」
ディエゴ夫人「私にできることはあるかしら？」

ディエゴ氏「僕は何か楽しいことをしたいなあ。私たちは人には会うこともないし，そうかと言って避けているわけでもないし，一緒に出掛けることもないです」

ディエゴ夫人「あなたはペドロといたいのだと思っていたわ」

ディエゴ氏「ペドロはこれまでほど私を必要としていないよ」

援助者「今夜，あなたたちが互いに話し合おうとして，互いに耳を傾けようとしたことはよいことだと思います。この一週間に，一緒に出かける計画を立てられそうですか？」

ディエゴ夫人「マリアは，宿題をするのに私と一緒じゃないとね」

援助者「ディエゴ夫人，あなたのおっしゃっていることは，おそらくそうだと思いますが，あなたがご主人といるよりも，マリアと一緒にいたいのだとご主人が思われているのがあなたにはわかりますか」

ディエゴ氏「先に言われてしまいましたね」

ディエゴ夫人「あなたの言うとおりです。私は自分のやり方に慣れてしまっているようです。それを変えるのは大変ですね」

援助者「あなたがたがそのことをお分かりになったことはよいことです。変えることは難しいことなのです」

ディエゴ夫妻は，これまでの面接からすでに子どもたちが安心した状態にあることを理解したので，今後さらに6回継続して面接を受けることに同意した。そして夫婦は，二人の関係をこれまで無視してきたことを認めた。この面接の残りの時間で，援助者は，夫婦それぞれのニーズという点で互いに悩ませてきたものを確認して，夫婦の口論を助長しないように援助することに焦点をあてた。その後の何回かの面接では，夫婦が互いに直接話せるように援助し続けた。援助者は，他者との触れ合いを増やし，夫婦が一緒に活動することや，子どもたちが親戚ともっと時間を過ごせるように計画する夫婦の努力を支えた。援助の終結までには，学校での子どもたちの行動は著しく改善した。そして，ディエゴ夫妻の喧嘩は減り，より社交的になった。

ケース検討

援助者は，家族メンバーそれぞれが，問題に対して異なった見かたをすることを学んだ。夫婦は子どもたちの学校での困難に自分たちの問題が影響していることや，夫婦が介入プロセスに関わることにより，子どもたちの態度が改善するということを疑っていたのだが，援助者は夫婦の関心を活用し，子どもたちにより関わることで，相談に来所し続ける動機づけを促した。第1回，第2回の面接で，もしも子どもたちがその場面に同席していなかっ

たなら，夫婦のやり取りが子どもの前で展開されることはなかっただろうし，両親の喧嘩やその結果が子どもたちに与える影響を把握することも援助者にはできなかっただろう。両親それぞれの生い立ちと，結婚の経緯を理解したことで，援助者は，彼らの現在の行き詰まりを導いた主要な力動のいくつかを捉えることができた。このような情報を使って，援助者は面接での二人の「今－ここで」の相互関係に介入し，夫婦げんかを減らし，二人のニーズについて意見を交わすことを促し，二人の関係上の困難性と幼少期の経験を関連付けることができた。援助者は，両親が楽しみを得ることや，夫婦の親密度を増やすことができるように，地域での活動にともに参加することを提案し援助した。

次節では，セビーノ家族への援助開始の段階について述べる。その家族は，前述のディエゴ家よりも，さらに重篤な困難を抱えていて，援助に対する動機づけがあまりはっきりとしていなかった。

セビーノ・ケース

セビーノ家は，敬虔なペンテコステ派の家族である。この家族は，虐待の疑いは見当たらないがそのリスクがあると判断され，州立児童保護部門の予防サービスプログラムに紹介されてきた。セビーノ家は，寂れた工業地域の賃貸住宅に住んでいた。家族構成は，以下のとおりである。父親のジャック（45歳）は，娘の学校の校務員であり，母親のダイアン（45歳）は専業主婦であった。二人の娘，クリス（17歳）とリサ（15歳）は，高校生であった。過去5，6年間に，クリスは父親がしつけを理由に過度の身体的暴力を振るっているとして，児童虐待レジストリーに何度も電話をした。毎回調査がなされ，クリスは自分の訴えは真実ではなく，彼女の怒りが厳格で支配的な父親に対するものであることを認めた。最終的に州認定の調査員は，家族カウンセリングを受けるように命じた。家族は，長年自分たちを知ってくれている牧師に依頼したが，牧師との面接の約束を守らなかったので，予防サービスプログラムに紹介されてきたのだった。

母，ダイアンが，外出を怖がったので，初回面接は自宅で行われることになった。援助者が自宅に着いたとき，誰もいなかったので援助者は待つことにした。約20分後，家族は帰ってきたが，誰も遅刻した理由については話さなかった。

ジャック「なぜ，あなたに会わなければならないのか？　私たちは牧師に会いたいんだ」
援助者「あなたがたが望むなら，牧師とは会うことができます。あなたがたが予約を守らなかったので，州政府は私たちのプログラムがあなたがたを担当をすべきだと決定した

のです。私が担当するのが心配ですか？」

ジャック「自分たちの家庭生活に、なぜ援助者が介入するのかわからない」

ダイアン「私たちは、見ず知らずの人と話をしたくないのです」

援助者「あなたがたを知らない私に、プライバシーやその他のことを話さなければならないことへの気持ちはわかります。いまは、どんな心境でしょうか？」

クリス「あなたがここにいてくれるのは嬉しい。私の話を私に味方して聴いてくれるから」

ジャック「あなたは、私たちの教会の人ではない。悪気はないが、私たちのやり方を知っている誰かと話したいと思います」

援助者「その方があなたがたにとっては居心地がいいかもしれませんね。でも、私はあなたがたにできるだけオープンに接して、理解したいと思っています。おそらく、今後保護サービス課から解放されるために、資源として使える者でありたいので、あなたのお役にたてると思いますよ」

ダイアン「ジャック、たぶん、私たちはこんな風に考えなければならないのよ」

援助者「いつから、問題は始まりましたか？　誰から話されますか？」

クリス「私から。父さんは、わたしのボーイフレンド、トニー（21歳）のことが好きじゃないの。教会以外で彼に会うのを許してくれないの。それが父さんのやり方で、そんなのいやだわ」

ジャック「（さえぎって、叫びながら）そうじゃない！　そういうことじゃないのですよ！」

援助者「さえぎらないで、互いに他の人にも話す機会を与えましょうね。みなさんそれぞれが言えたかどうかは私が確認しますよ」

クリス「父さんは家を出たければ勝手に出て、戻ってくると決めたら勝手に戻ってきて、それで私たちが従うと思っているんです。何も言わずに出て行って、何の説明もなく戻ってきて、いつもの支配。そんなのは、もうイヤなのです！」

ジャック「口のききかたに気をつけろ。そんなことを言うんじゃない！」

クリス「よく言えるわよね？　しゃべりだすと汚い言い方をするんだから。お父さんは6年間ここにはいなかったじゃない！」

　ジャックとクリスとの間で、話がさえぎられたり相手を責める言葉が交わされるなかで、次のようなストーリーが明らかになった。ジャックは12年前に他の女性と駆け落ちをした。連絡がないまま、もう一度やり直したいと彼は6年後に再び現れた。彼は家族に南部の州に引っ越しをするように命じた。しかし、転居を数回繰り返したあと、彼らは元の地

域に戻ってきた。父親が再度現れる前，家族は生活保護を受け，母親は子どもの世話に最善を尽くした。ジャックが戻って来て，家族のすべてを決定した。そして，母ダイアンを押しのけ，彼女の望みを無視して，厳しいルールを課して子どもをコントロールした。

援助者「ご家族のどなたにとっても大変な時期だったようですね。お父さんが戻って見えたとき，ダイアンとリサ，あなた方にとってどんな感じでしたか？」

リサ「父が出て行ったとき，私は3歳でした。そして，父が戻って来たとき，私は9歳でした。私は，父がいることが嬉しかったです。私は，ただ，父のやり方では罰して欲しくないのです。私は15歳です。間違ったことは何もしていません。私は，喧嘩にうんざりしています。私は，みんなが仲良くなればよいと思っています」

ダイアン「ジャックとクリスは，よく喧嘩するわ」

援助者「あなたは，どんな罰が必要だと思いますか？」

ジャック「娘たちは，いかに振る舞うべきかを学ぶ必要があるのです」

クリス「(さえぎって)父さんは，私たちに家にいなさいと言って部屋に閉じ込めるの。私たちはテレビを見ることもできない。宗教的な音楽しか聞いてはいけないの。父さんは部屋の電話を外したの。父さんはいつも説教ばかりするの。帰宅が遅くなることを電話で連絡しても，父さんは，嘘つきだとか，ふしだらな女だとか，ずるい奴だと言って私を非難するのよ」

ジャック「(さえぎって)お前は卑怯だ！　ずっとお前を監視しなければならないのだ。お前たちは二人とも，自分では大人だと思っているようだが，そうではないのだ。お前たちは態度が悪い。何でもできると思うな。私に従うべきだ。私は何でも知っているのだから」

ダイアン「ジャック，もうそのくらいでやめて！」

ジャック「なぜ，やめなければならないのか？　私が言うことには，なにも間違いはない。ただ子どもたちのために最善をと願っているだけだ」

援助者「お父さんが子どもたちのニーズに対して，とても強い信念を持っておられることはわかりました。でも，クリスとリサが自分たちのニーズについて，強い意志をもっていること，また，問題は，今起こっていることはだれにとってもよいことではないということです。私たちで，喧嘩をしているあなたたち全員を助ける方法をみつければ，おそらくクリスが行政に訴えることもなく，みんなが一緒にもっと楽に暮らせるようになるでしょう。この面接を終了する前に，書類作成のための質問を二，三させてください。ご家族のどなたかに，病気などの問題を持っている方がおられますか」

互いにささやきあったあと，ダイアンは，ジャックに本当のことを話すように言った。ジャックは，自分が9年前から，妻が5年前から，HIV陽性であったことを明かした。彼らは服薬し，効果が出ている。援助者は，面接の終了時点でこの意外な事実が出てきたことに驚いた。終了時点では，十分な時間を割いてこの話題を話しあう時間がなかった。援助者はこのようなことをお話しされて，あなた方はどんな感じですかと尋ねた。ジャックとダイアンは，審判を下されるのではないかと心配し，彼らは他の人たちには，牧師にさえも，このことを告白しなかったと言った。援助者は，彼らがこの情報を共有してくれたことを嬉しく思うと言った。援助者は，自宅で週一回の面接を20回行うことに家族の同意を得て終了した。
　面接予約のキャンセルや，やめたいという脅しが幾度かあったが，援助者はそれに屈しなかった。援助者は，家族の私的な生活に入り込まれたことに両親が感じているであろう怒りに寄り添うよう，そして，公の機関が介入せずに，家族関係を改善するように援助したいと言った。
　その後の面接では，母や妹のためのスポークスマン役を担っていたと思われるクリスが父親にかなり大きな葛藤を抱いていることが明らかになった。家族のいさかいの主なテーマは，クリスとボーイフレンドのトニーとの関係だった。彼が信仰心を持たないことから，父は彼にきわめて強い嫌悪感を抱いていた。ジャックは，クリスが妊娠を機にトニーと結婚することになり，生活保護を受け，エイズになって死ぬのではと恐れていた。ジャックは二人を極力特定の状況下でしか会わせないようにし，そして彼は常に目の届くところにいた。ジャックは，リサがクリスのように早く大人になることを心配していた。ジャックはクリスとリサが学校にいる間も見張り，彼女たちがクラスで誰と話していたのか，どんな振る舞いをしていたかについて，先生に何度も尋ねたいと思った。ジャックは，子どもたちが学校か教会以外で友達と会うことを禁じ，週末は家で過ごすように要求したが，家族として一緒に何かをすることはなかった。ジャックとダイアンは，だいたいお昼まで寝ていて，それぞれやることをこなし，子どもたちにも自分たちで何かをするようにさせていた。ジャックは，ダイアンがセックスをせず，家事もできず，娘たちにもだらしないと不満を言った。これまで人と交わることをしなかったダイアンは，ジャックが家に戻ったあと，ますます引きこもるようになった。彼女は，娘たちの育て方について夫と意見が合わず，夫の独占欲と批判に憤慨しているが，彼と闘うことは難しいとわかっていたので，彼が支配するままになった。彼女は，援助者が関わることで，ジャックがさらに腹を立て，容赦のない批判的な態度が続くのではないかと恐れていた。彼女はうつ状態で孤立して，家族や友達が近くにいないので，教会や雑貨店などに買い物に行く以外は，家をめったに

出ることはなかった。

　ジャックがクリスとリサについて何を恐れているのかを探究していくうちに，援助者はジャックが青春期時代にすでに多くの女性と性的な関係があったことがわかった。その女性たちに彼は実際には愛情を感じておらず，さらに飽きてしまうと捨てたということである。ジャックは，成人になってからも女遊びをし，多くの子どもたちの父親になったが，その子どもたちの面倒もみず，会うこともなかった。ジャックは，自分が娘を守らなければ，彼のような男たちの被害に遭うだろうと思っていた。ジャックはHIVが陽性と知ったあとに，宗教に頼った。そして，彼が教会を信奉しなければ，彼の言動は変わらなかっただろうと思っていた。また，ジャックが父親から捨てられて，母に育てられたことを援助者は知った。ジャックは路上で育ったので，教育をほとんど受けていなかった。自分の子どもたちには大学教育を受けさせるなどして，よりよい人生を送ってほしいと心に決めていた。

　援助者はジャックとダイアンがHIV感染者であることの背景とその意味合いを話し合うなかで，ジャックは感染の原因を知らないが，しかし売春婦からの感染ではないかと想定していることを援助者は知った。そして，ジャックから妻にウイルスが感染したのである。ダイアンが診断を受けて判明したことから生じたいさかいにより，この事実を知った娘たちは，母親にHIVをうつした父親を責め，両親が病気になって死ぬのではないかとの不安を抱えていた。ときどき，クリスは，父親が死んでいくのを見るのが耐えられないと叫ぶことがあったが，それは母親を失いたくないという思いからくる，極度の動揺であったと考えられる。ダイアンは，ジャックを責めることだけでなく，HIVに感染したことについて自分自身を責めていた。彼女は夫が感染していて，性行為をするときに何ら対策を立てていなかったことを知っていたのである。ダイアンの生活歴の中で重要なことは，思春期に家族の友人に繰り返しレイプされたという事実である。彼女が自分の家族にその話をしたとき，家族はそれを忘れるようにとダイアンに言い，加害者との接触は断ち切られた。ダイアンの父ときょうだいは生存しており，別の州に住んでいた。彼らは，彼女の夫が嫌いだったので，彼女は彼らと疎遠になった。

　援助者は，ジャックの厳格で支配的で破壊的な言動に対してフラストレーションや嫌悪感を抱き，ダイアンには彼女の消極的で従順で自己防衛のないことに対して失望感を抱いていたが，家族の問題となっている行為や態度の背景にあるものを理解する方法を見つけたいと相談に来た家族を認めることで，援助できたことに満足した。

　援助者は，ジャックが家族のために正しいことをしていると本当に信じていること，そして娘たちによい人生を送ってもらいたいと望んでいることにとらわれて，彼の支配的な

言動を軽減させるための援助が非常に難しくなっていたことを理解した。また援助者はジャックが，他に娘たちと関わる方法を知らないことや，HIV感染状態であることの緊急性を感じているかもしれないと理解した。ダイアンについては娘たちのことを愛しているが，彼女の夫に対する反発や，夫のもとを去るためのエネルギーや，内的・外的資源を持ち合わせていなかったことを援助者は見てきた。さらに，彼女自身がHIV感染の状態にあることが，疑いもなく夫に依存したいという気持ちにさせていたのである。

援助者は，以下のことを重要事項として決めた。(1) ジャックに対しては，彼の信念や過剰な恐怖に挑戦することなく，娘たちを援助し守りたいという気持ちの正当性を認めること。(2) ジャックの関心に合わせて娘たちを支配し，従わせようとする彼の努力は，良し悪しは別にして一時的にうまくいくかもしれないが，それを永久に続けることはできないこと。さらに娘たちを遠ざけ反抗を煽ることになり，娘たちが家から逃げ出すことになれば，彼がもっとも恐れていた結果になってしまうということに気づかせること。(3) クリスとリサが，望むことや必要としていることについて具体的に話せるように援助すること，そして娘たちがジャックにわめいたり叫んだりすることを抑制することや，父親を尊重する姿勢をとるほうが，彼女たちにとって得であることを示すこと。(4) ジャックに批判されることなく，ダイアンに気持ちや意見を表出する機会を与えること。(5) 父親の尊厳を保持しながらも娘たちが少しでも自由を持つ。これらの方法で家族みんなが問題解決できるように援助すること。援助者は，両親がHIV感染者であるという境遇が，家族システムの脆弱性を招いていることを知っていたが，それは主訴に直接影響を及ぼしているようには見えなかった。それでもいずれはその課題に取り組む必要がある。援助者は，ダイアンがうつ状態で比較的孤立しているため，彼女に医学的診断が必要で，彼女の自尊心を助け，サポートシステムを提供し，彼女の対処能力を強化するために，最終的には外部の資源に繋げることが必要であると，認識していた。

介入プロセスの開始局面では，混乱し，暴言，威嚇と脅し，干渉があるなかで，援助者は家族に対して積極的にコミュニケーションを構築した。援助者はジャックと同盟を結ぶことに成功した。ジャックは援助者が，娘たちとともに彼の目標に向かうのを助けてくれていて，娘たちへの彼の支配を軽減するために，いくらかは彼を受け入れてくれるようにしていると理解できた。援助者は同時に，ジャックを疎外することなく3人の女性と同盟を結ぶことができた。彼女たちのニーズや願望の表出を助ける一方で，彼女たちにジャックの適切な意図を認めるよう援助した。ジャックの怒りをかうダイアンの動揺した言動の多くは，うつ状態の結果であり，それは投薬で改善することができることについて教育した。ジャックは懐疑的だったが，彼はダイアンを医者へ連れて行くことに同意し，医師はパキ

シル（抗うつ薬）を処方した。

　この援助の達成は困難であったが，家族はお互いに話し合い，耳を傾け合うことで改善した。より多くの自由を許容し，楽しい時間を共有する方法を実施することで問題解決を可能にした。ジャックはまだ過剰に支配を続けているが，極端になるとか不安定になることは少なくなった。クリスとリサは対決姿勢が減って以前よりも楽しそうになり，ダイアンは元気になって，引きこもりも少なくなった。これらの小さな成功は，家族メンバーにとって，その後の面接での他の課題にも取り組むことができるという自信となった。

ケース検討

　セビーノ家は，介入に対して不本意であり抵抗を示していた。彼らは問題の本質と何をするかについて意見が合わなかったので，援助者にとっての主な仕事は，家族が援助者の介入を受け入れるように援助することであり，家族の健全な部分で同盟を取りつけること，家族が一緒に取り組めるいくつかの共通点を見つけることを援助することだった。

　これらのことがひとたび達成できれば，家族面接を用いて，家族メンバーそれぞれのニーズと，家族全員が受け入れられるような可能な取り組みを明らかにする援助が可能となる。

要約

　本章は，二つのケースを用いて介入プロセスを描写し，家族との取り組みへのISTTの適用を検討した。家族メンバーの個別化と同時に，家族をシステムとして捉え，家族面接を用いて，メンバーが互いに他のメンバーに耳を傾け，過去の原家族の課題と現在の問題との関連を理解し，新しいコミュニケーションと言動の方法を試してもらう援助の重要性を強調した。

第12章 Group-Oriented ISTT
グループ志向型 ISTT

精神保健領域において，ソーシャルワーカーや他の専門職が，主流の援助方法論としてグループを活用することが増えてきた。また，経費上の要因から考えれば，個人に介入するよりもグループを対象に介入する方がより魅力的であると思われるが，この方法を活用するための臨床的指標がいくつかある。グループは媒体として重要であり，以下の取り組みを可能にする。たとえば，クライエントの受容，再保障，奨励を促す／クライエント自身の悩みを，同じような経験を持つ他者と分かち合う機会を提供する／その機会を活用し，孤独やスティグマを軽減させ，問題解決を促進し，ストレングスを高める／自我能力を促進・発達させる／共通の関心事や技術を発達させる／自己制御感とコンピテンスを強化する，情報や教育を提供する／相互支援を促進する／言動と態度を変化させる／そして他者との新たな関係づくりを発展させるなど，である。

グループの介入は，19世紀後半のセツルメント運動にその端を発し，ソーシャルワークでは長く豊富な伝統を持つが，第二次世界大戦後にその重要性が唱えられた。ソーシャルグループワークと集団心理療法は，多くの理論から引き出されたそれぞれのモデルを生みだした（Budman & Gurman, 1988; Garvin, 1997; Mishne, 1993, pp.111-132）。これらのすべてをこの本でレビューすることは難しい。そこで，本章では主要なソーシャルワークグループモデルのそれぞれの見解に合致させたグループ志向のISTT適用について述べる。調停モデル（mediation model）はグループ・プロセスの機能と体験を強調する。治療モデル（remedial model）はグループ内での個人に焦点化する。課題中心モデルは達成課題と活動の活用を強調する（Garvin, 1997, pp.316-317）。グループ志向型ISTTの活用の指標や具体的な焦点を検討した後，介入プロセスについて述べる。

グループ活用の指標

相談機関側には，クライエントの個別の問題や能力に配慮せず，区別なくクライエントを短期支援グループに参加させるような不適切な傾向がみられるが，グループ志向型 ISTT の活用の決め手となるいくつかの指標がある。グループは以下のような状況にある人々で構成される。

1. 退職，配偶者の死，転居，自立，退院など，人生での転換期を体験している。
2. 思春期や中年期など，同様の発達段階にある。
3. 近隣地域の暴力や安全，環境保護，学校行事や人事，地域資源など，社会的，ないしは職業的役割や職位にあり，共通の一般的な興味や関心事を共有している。
4. 幼児期の疾病ないしは障害，喪失と死，手術，家庭内暴力，レイプ，または精神科への入院，介護負担や慢性的な疾病や障害に順応するニーズなど，人生の危機に対処している。
5. 社会化，日常生活，親業，職探しなど，特定の関心や技術を促進させる援助を必要としている。
6. 衝動制御，現実検討，または自尊心など，問題解決能力を高め，自我機能を形成するための援助を必要としている。
7. 感情障害，薬物依存，反社会的行動など不適応な行動形態，問題，情緒障害など，類似した課題を持っている。
8. 幼児期の性的虐待など類似した過去のトラウマの影響がみられる。
9. 統合失調症や躁うつ病，アルコールやギャンブル依存など深刻な障害を持つ家族メンバーとの関わりがある。
10. 予防や早期介入の必要性がある。

具体的な焦点

ISTT の構成要素すべてがグループワークに適用できるものであるが，その活用にはその特定の枠組みを強調し，修正し，拡大することが必要となる。

アセスメントでは個人とグループとでバランスを取ること

　グループ志向型 ISTT の主な達成課題は，アセスメントするうえで，個人とグループのバランスを取ることである。グループは，そのグループに参加している人々の総和以上の存在であり，グループそれ自体が生命体である。コミュニケーションの質，役割の前提条件，リーダーシップの確立，サブグループの編成，力の配分などを含む「今・ここで」のプロセスに特徴がある。グループへの介入は，グループの目標を達成するためにグループ・プロセスを活用し，促進することに重きを置く。同時に，グループメンバーそれぞれが，固有の文化的背景，人格，問題，ニーズ，ストレングス，能力，グループの相互作用への関わり方を持っているので，個別化が必要である。

開始期の関わり

　援助者は，関わりを促進するために，グループに参加することに対するクライエントそれぞれの感情や期待を引き出すことが重要となる。クライエントの反応は，原家族での関係のあり方や，幼児期や思春期における学校や仲間たちとのグループ経験，成人期のグループの相互作用からの影響が反映されている。家族やグループメンバーとの過去の体験が比較的肯定的なものであれば，そのメンバーはグループに参加することについて，楽観的で，希望をもち，居心地もよさそうである。しかし，その他のメンバーは，これまで拒否され，無視され，虐待され，卑下され，屈辱を受け，社会的にも排除され，搾取され，攻撃されるなど，家族や集団での明らかに否定的な体験を持っているかもしれない。そのようなメンバーは，グループにいることに怯え，不信感を抱くかもしれない。メンバーはそれぞれ，プライバシーを守ることや他者に自分の関心を示すこと，ある特定の話題についてオープンに話すことに対する価値づけがそれぞれ異なるので，クライエントの何人かにとっては，グループに参加することに期待をもつことさえ難しいことかもしれない。

契約

　グループメンバーは，共通の関心事をもつ一方で，各人が異なるニーズをもつ。援助者には，グループ参加で得られるものについてのそれぞれのメンバーの考えを探り，メンバー全員が何に焦点を合わせるか，また一緒に取り組むその方法につい

ても合意に達するよう援助することが求められる。開始期の主な達成課題として，グループに加わることの気持ちをメンバーが話すように促すこと／出席者数，守秘義務，参加，言動，コミュニケーション，その他の相互作用について，グループの基本的なルールや規範を決めることを促し，グループのゴールや焦点に関する合意を取り付けることなどが含まれる。

グループの凝集性を高めること

人々の集合体は，メンバーそれぞれが類似した関心事や問題をもっている場合でも，存続可能なグループとして機能するとは限らない。援助者は，受容，尊敬，安全，信頼のある雰囲気作り／相互関係や互恵性の促進／そして共に問題解決できる力を育てるように介入する必要がある。さらに，言語的相互作用だけでなく，活動，課題，エクササイズ，ロールプレイなどの共有が，ときにはグループの凝集性を高めるためのよい方法となることもある。

グループの相互作用を促進する

グループそれぞれは，その目標や焦点を持ち，いくつかのグループは活動に対して支持的，教育的，あるいは体系化されているのに対し，変化志向型のものもある。援助者はグループの相互作用を促進するために，常に介入する必要がある。グループ開始にあたり，グループメンバーそれぞれは，援助者に集中してコミュニケーションしがちであるが，援助者は，メンバー同士が耳を傾け合い，応答しあうように促し，バランスよく個々のメンバーの意見を引出し，メンバー間での相互交流に努めなければならない。グループによってはメンバー同士が自由に建設的に交流できるが，その程度には差異がある。援助者はグループの相互作用を形成し，最適な関わり方，問題解決の仕方，制限の取りつけ方の手本となるなど，積極的な役割を果たすことが求められるだろう。

葛藤を解決すること

グループメンバーが自らの問題に共に取り組もうとするとき，必然的に葛藤が生じる。そこには，さまざまな発生源がある。ものの見方，ニーズ，優先順位，さまざまな関係作りの形態，グループ・プロセスに対する特定の視点からの誤解，鈍感で傷つけるような発言，守秘義務を破ること，グループのルールや規範の違反，破壊的な言動，参加の不安定さ，特定なメンバーの不参加，メンバー間でのライバ

ル意識や，嫉妬心を起こすなどである。メンバーがグループの葛藤の原因を確認し，それに取り組み，解決するのを助けることは，肯定的なグループ体験を維持するための核となるものである。また，それによってメンバーは，葛藤の解決や他者との関わりについての新しい方法を学ぶことができる。

援助者の役割と介入

援助者は，グループの目標や焦点，メンバーの能力や抱えている問題に応じて，多種多様な方法を用いるだろう。情報，助言，教育，妥当化，サポートの提供／ストレングスの構築，問題解決，考え，気持ち，新たな振る舞いの方法の検討と提示／グループメンバーが互いにサポートし合い，正当化し合うよう援助すること／他者との関係を形成するグループメンバーの能力や自我機能，問題解決，社会化，そして他の技術を向上させるための課題，活動，訓練プログラムを作ること／グループ・プロセスを内省させること／破壊的相互作用の可能性のあるものを阻止すること／グループの言動と現状の生活問題との関係づけを行うこと／過去の経験と現在の問題とを関係づけて考えさせることである。援助者が，必要な資源やサービスを見つけ，入手し，また他者のために活動するようにグループメンバーを支援することも適切な行動である。

援助者の反応

援助者がグループにおいてリーダーシップを発揮することで，複雑な反応がひき起こされるかもしれない。クライエントと同様に援助者も，自身の背景，肯定的または否定的な家族やグループでの体験，介入プロセスに関する自ら好むやり方を持ち込むことがある。何人かの援助者は，グループ・プロセスに融合することや距離をおくことに脆弱さをもち，効果的なリーダーシップをとることができないかもしれない。また，グループの相互作用は非常に張り詰めたものであるため，一部の援助者はグループの相互作用を私的に受けとめ，おじけづき，自身の反応を取り扱うことが難しくなることもある。援助者はグループメンバーの中の何人かに，他のメンバーより感情移入し，共感を示すことで，メンバーたちからは，えこひいきとか無神経な態度，無防備だと批判され，スケープゴートにされてしまうこともある。ときにグループメンバーの問題の本質やグループの相互作用，あるいは必要な資源の不足に圧倒され，妨害され，援助者は疲労困憊し，枯渇し，うつ状態になるという結果をもたらすこともあるだろう。

終結の課題

　個人や家族を対象とした援助とは異なるグループ志向型 ISTT の終結では，グループメンバーは互いに，あるいはグループ全体で終結に導かなければならない。援助者は，終結プロセスでグループメンバーが体験するさまざまな反応を引出し，関わらなければならない。グループが形成されるのは，グループ全体の目的を達成する場合と，自分の問題や課題と取り組めるよう援助を受ける場合と，グループに参加すること自体が帰属意識や相互関係の感情をもたらすという効果があるかもしれない。グループメンバーは互いに有意義な関係を形成するだろう。それは集団という構造なくしては，参加を継続したり，中断したりすることは難しいからである。

　グループの誰もが同様の効果を得たり，同じように有意義な関係を形成したり，あるいは他の参加者と同じように進歩を遂げるということはない。結果的には，他のメンバーと同じように肯定的体験をもたないクライエントは，他のメンバーと比較して，失望し，困窮し，妬みの感情を持つかもしれない。

介入過程

　次の事例は幼児期に性的虐待を受けた経験を持つ成人被害者たちを対象とした 12 回のミーティンググループの介入過程を示したものである。このグループは病院の外来部門の主催で行われた。それはこのようなグループで取り扱われる課題には，情緒的に関与することが必要で，被害者であるクライエントが脆弱性を持つことから，それぞれのメンバーが治療を受けていることが参加要件であった。

成人被害者のグループ

　援助者であるゲイル（48 歳白人女性）に加え，グループは次の 6 名で構成された。

　シッシー／42 歳で二人の子どもをもつ既婚のアフリカ系アメリカ人女性

　ジョアン／27 歳の独身白人女性

　デニス／20 歳のアフリカ系アメリカ人女性

　アリス／30 歳の白人女性．

　ミラゴス／24 歳のヒスパニック系女性

テリー／55歳の白人女性

　クライアントそれぞれは，治療者から人物描写，主訴，短い成育歴を記載した紹介状を持ってやってきた。グループリーダーはこの女性たちと個別に面接し，グループへの適合性を確かめ，グループがどのように運営され，進行するのかについての情報を共有し，メンバー候補者との関係づくりを準備した。以下の情報は，これらの二つの情報源に基づいたものである。

　シッシーは幼児期の性的虐待の影響から援助を求めてきたが，個人心理療法を3カ月前からすでに受けていた。シッシーはセラピストに虐待について考えない日はなかったと告げた。3カ月前，シッシーは，7歳の自分の娘を祖父のところに置いて家を出たくなかったので，そのことでシッシーと母親が言い合いをした。シッシーの母親は傷つき，怒り，シッシーの行動が理解できなかった。シッシーは，誰かが自分の子どもたちに危害を加えるかもしれないとの恐れが強くなり，彼女の恐れが幼児期の性的虐待に関係していることに気づいた。シッシーは近親姦のサバイバーのためのグループがないか相談機関に電話をかけた。個別治療がグループ参加の前提条件であることを知り，シッシーはしぶしぶ援助を受けることになった。シッシーはもっと若い時に心理療法を受けようとしたことがあったが，2～3回で面接に行かなくなった。紹介者のセラピストは，シッシーのことをもの静かな女性で，セラピストとは気楽に話すことができないが，同じような経験をもつ女性のグループに入ることについての動機づけはあると述べていた。

　シッシーは南部の両親のいる家庭で，一人っ子として育った。9歳のとき，大好きな叔父から，オーラルセックスでもてあそばれた。動物園で一緒に一日を過ごし，叔父の家に戻ったとき，叔父はシッシーに秘密だと誓わせ，誰かに言ったらシッシーを殺すと言った。翌年に，叔父は，シッシーの世話をするとき，2回以上もシッシーにいたずらをした。シッシーの父親が新たな仕事を得て，家族はニューヨークへ引っ越したので，シッシーは叔父と二度と会うことはなかった。シッシーは両親や他の人にも，夫にも，誰にもその出来事については話してこなかった。

　ジョアンはうつ状態で対人関係を維持できず，個人で心理療法を1年ほど受けた後，グループに紹介されてきた。ジョアンは仕事での葛藤を抱き，人づきあいも限られていた。心理療法でもジョアンは，性的虐待の体験と取り組んできたが，セラピストは彼女にとって，グループでの経験が対人関係の問題の助けとなると考えた。セラピストからの紹介状にはジョアンが怒りをもち，疑い深く，ときに飲酒の面でだらしないと記されていた。また，積極的にというわけではなかったが，彼女はグループへの参加意思をもっていた。

　ジョアンは10歳から16歳まで，兄から何回も性的虐待を受けていた――兄のグレッ

グは15歳から21歳までだった。その虐待は互いの性器遊びから始まり，兄がジョアンにオーラルセックスと挿入を強制するようになっていった。ジョアンは自分たちがやっていることが何か違っているとは知っていたが，兄を怒らせたくなかったと語った。ジョアンはアルコール依存であった両親から，身体的にも情緒的にもネグレクトされていたため，兄を尊敬し，頼っていた。ジョアンが13歳のとき，ジョアンがグレッグの友達3人とセックスをしないなら，グレッグはジョアンの妹たちを虐待すると脅したので，ジョアンはそれを受け入れた。しかし，ジョアンは16歳のとき，もし兄が自分にまた触れたり，妹たちに近寄ったりしたら殺すと兄に言った。

アリスはグループに来る前に，7ヵ月間，アルコールの問題で個人心理療法を受けた。アリスは自分と二人の通行人が入院することになってしまった交通事故を起こしたので運転免許証を失い，AA（断酒会）に1年間参加していた。アリスは禁酒を続けるために治療に入った。アリスのセラピストは，自分の体験や感情は自分だけのものだと考えるアリスの信念を変える上で，グループ療法が役に立つと考えた。アリスも進んでグループ療法に参加してきた。セラピストはアリスについて，派手で，エネルギーにあふれていて，自立しているかのように見えるが実際には自立していない，そして愛嬌があるが，その根底には罪悪感と怒りがあると説明した。

アリスは裕福な中西部のアイルランド出身のカトリック家庭で育った。著名であったアリスの家族は，しばしば子どもたちをパーティに「飾り」として同席させ，アリスはそこで飲酒をおぼえた。アリスは，見た目だけを気にする両親はどうでもよかったと自分の気持ちを述べた。アリスは，不動産業を経営していた両親が，冷たく，隔たりがあり，めったに家にいなかったと話した。アリスと妹たちは，高等教育を受け，運動能力にもたけ，社交的に振る舞うようにしむけられていた。アリスが13歳のとき，彼女の母親は多発性硬化症を発症した。母親はすぐに視力を失い，車椅子生活となった。父親はひどくお酒を飲んで，夜中に，慰みと満足を求めて，アリスの寝室に忍び込むようになった。父親は孤独でアリスが必要だと言った。父親とは1年以上性的関係をもった。アリスは母親や他の家族を傷つけたくなかったので，誰にも言わなかった。近親姦が終わったのは，父親が他の女性とつき合うようになってからであった。父親が部屋に来なくなったことに，アリスは解放されたと思ったと同時に腹を立て，傷つき，罪悪感を覚えた。アリスは独りぼっちになり，捨てられたように思った。その後のアリスの生活は，飲酒とアリスから離れていった男性との関係への失望ばかりだった。しかし，仕事は堅実にこなしていた。

デニスは里親家庭で7年間育ち，21歳でその制度から自立するための準備に向けて，行政のソーシャルワーカーから個人カウンセリングを受けていた。デニスは里親家族とうま

く暮らしており、地元のコミュニティカレッジに通い、たくさんの友人もいた。面接で、デニスは個人の日記についてその内容を明かした。それは、ロマンテックな空想からサディステックあるいはマゾキステックな夢想までを含んだ、性的で具体的な内容で埋めつくされていた。デニスの幼少期の虐待について知っていたソーシャルワーカーは、手に負えないと思い、グループ療法を紹介した。そのソーシャルワーカーの記録によれば、デニスは、安全で、しかも受け入れられたと感じたときには、高い知性と言語能力を発揮できるとのことであった。

デニスは13歳のとき、母親から施設に入所させられた。その理由は、デニスが学校に行かず、また夜は一晩中家に帰らず、母親の手に負えなかったからである。その際にデニスへの性的、身体的虐待とネグレクトが報告された。2年後、母親は薬物で逮捕され、刑務所に入った。デニスは最初の入所から現在に至るまで7カ所の異なる里親家庭を経験していた。援助者はデニスが9歳のとき、母親のボーイフレンドの一人から性的虐待を受けていたことを知った。デニスが母親にそのことを伝えたとき、母親はデニスがボーイフレンドを横取りしようとしていると非難し、嘘をついていると言って殴った。デニスはまた、ある里親家庭で性的虐待を受けて追い出されたと報告したが、警察が事実を調査した結果、それは犯罪として立証されなかった。

ミラゴスは、ボーイフレンド（トム）とのコミュニケーションの問題と性的な困難について、2カ月間、カップルセラピーを受けていた。彼らは結婚したいと思っていた。しかし、ミリーはトムが「口下手」であることを心配し、トムはミリーが「セックスに興味がないようだ」と心配していた。カップルセラピーでは、トムは自分の考えや気持ちをミリーと共有できるようになったが、ミリーは自分の性の問題について二人の男性（援助者とトム）に伝えるのは困難であった。援助者はミリーの幼少期の性的虐待と今の性的問題に関連があると考えており、女性グループ療法への参加は、ミリーがよりオープンに幼少期の経験を話すことで、過去から現在を切り離す助けができると考えた。援助者の記録によると、ミリーはまじめで、多くのストレングスをもっていることは明らかで、性的虐待に対する家族の反応にもかかわらず、セラピーがうまくいっていると記されていた。

ミリーが13歳から15歳まで、ミリーの家族と一緒に住んでいた従兄弟（20歳）が、繰り返しミリーにセックスを強要した。ミリーが学校ガイダンスのカウンセラーにそのことを報告し、従兄弟は逮捕され、ミリーは告訴し、従兄弟は刑務所に2年間入った。ミリーの家族は、従兄弟が投獄されたこと、起こった出来事を公にしたことに対して、ミリーに怒りを向け、非難した。ミリーは家族と距離を感じ、高校卒業後仕事を見つけると同時に自立した。従兄弟が刑務所から出所して、彼がしたことを謝ったとき、ミリーはどうにか

家族とも和解した。ミリーはボーイフレンドと出会ったが，互いに肉体的に親密な関係になると，犯されるという考えを持ちはじめ，性的関わりを拒否した。

テリーがセラピストからサバイバーのグループに参加するように勧められたのは，1年ぐらい治療を受けてからであった。テリーは6歳から12歳のときに受けた過去の性的虐待について，犯されるという考えや断片的な記憶があり治療を受けていた。テリーは結婚してすでに30年になり，4人の成人した子どもたちがいて，成人してからずっとビジネスの世界に身を置いてきた。治療に入る1年くらい前に，ある男性の雇用主がテリーに激怒して，彼女をどなりつけるという出来事が起きた。この出来事から，テリーは壁が自分に向かって迫ってくるような気がして怯えた。その後，彼女が父親に犯された最初の性的な記憶があることが判明した。テリーはパニックで打ちのめされ，その後数カ月ひどく落ち込み，その結果仕事を辞めることになった。テリーは自殺念慮があり，ほとんど入院して過ごしたが，家庭医が抗うつ剤を処方したことで，改善がみられた。テリーは自分では対処できないと考えて，治療を求めてきた。セラピストの記録によれば，テリーは，穏やかな話し方をする無口でまじめな女性で，たくさんのストレングスと，良いサポートシステムを持っているが，最近思い出した出来事の影響に対処するための援助を必要としていると記されていた。

テリーは二人姉妹の姉で，貧しい家庭に生まれ，思春期時代にこの国に移民としてやってきた。父は一生懸命働くが，自分の仕事を嫌い彼のうっぷんを家族に向けていた。彼は人相が怖く，ほとんど家に居なかった。母親は完全に受身で，従順な人であった。テリーが思い出し始めたのは，6歳の頃から，父親は繰り返し彼女の部屋に来てはテリーの上に乗り，オーラルセックスを強制し，性的振る舞いをさせたことだった。このことを思い出したことで，テリーは父親に対して嫌悪感を抱き，父親が近くにいることにも耐えられなかった。すでに亡くなっている祖母がテリーの部屋に父親がいるのを少なくとも1回は見ていると思うが，母親はそのような虐待の事実を否定した。テリーの妹も，これら出来事をテリーが最近になって話したとき，テリーを信じず，母親同様に否定的な態度であったことが，テリーの大きなストレスの原因となっていた。

これらの情報に基づき，援助者は，このサバイバーグループの女性全員が幼児期に経験した性的虐待に関連する課題をもち続けてきたが，虐待の影響に対処する能力もあり，自我が比較的健全に機能しているとみられたことで，グループ療法に適していると判定した。それぞれのグループ療法に対する動機やニーズは異なっているが，彼女たち全員が参加に積極的であり，いくつかの共通のゴールも確認できた。援助者は，このグループの特徴である年齢と文化的な背景の違いが，援助に有効であると考えた。アリスがリーダーと

なるかどうか，ジョアンの他者に対する怒りを持ったアプローチの仕方が他のグループメンバーにどんな影響を与えるのか，デニスは女性の権威者に対して，疑い深く否定的な感情を持っていたが，それをどう乗り越えるのか，また，最近思い出した性的虐待のことや，彼女の年齢や人生経験とを加味すれば，テリーはどのようにグループに馴染むだろうかなど，いろいろと援助者は考えを巡らした。

　第1回セッションでは，援助者は自分の自己紹介から開始し，メンバーにも同様に自己紹介を促した。彼女たちは自己紹介をし，シッシーとアリスという，一番活発で，おしゃべりで，グループ参加に対するモチベーションも高い二人のメンバーがいくつかの情報を自発的につけ加えた。シッシーは，彼女に起こった「そのこと」について，長い間，誰か他の女性と話したかったので，グループに参加できて嬉しいと述べ，アリスはたくさん共有したいものがあると言った。彼女はAA（断酒会）に参加していることも話し，AAも好きだが，AAのミーティングで受けた以上のフィードバックをこのグループで得たいと望んでいると話した。彼女たちが自己紹介をしていたとき，デニスはしぐさと声の調子から，不安で疑い深くなっていることを十分に表わしていた。シッシーが話している間，デニスの目はキョロキョロとして，援助者の反応を窺っていた。ジョアンはムッとしているようで，みんなを見定めているようである。ミリーは一番落ち着いているように見えたが，むしろ平然としているようであった。テリーはびくびくしているようでもあり，躊躇しているようでもあった。援助者はシッシーとアリスのコメントを取り上げた。

援助者「あなたは自分の感情を分かち合いたいと思っているようですね。そして同じような経験をもつ他のメンバーからのフィードバックを得たいと望んでいるようですね。それ以外にも何か要望がありますか？（何も返答はなし）このグループはまだお互いによく知らないし，何を期待すべきか，他の人たちがどう反応するかわからないので，あなた方の何人かが居心地悪く感じていても当然ですね」
アリス「なぜ，みんなが何も言わないのかわかんない。私からスタートするわ。私の話を聞いてください。私はAAでも話すのに慣れているから」

　アリスは彼女と父親との間で起こったことの始まりについて，淡々と話した。他のメンバーはそれを熱心に聞いていた。アリスが話し終えたとき，ジョアンは苛立っているように見えた。

ジョアン「アリスは自分に起きたことについて何の感情も持っていないように聞こえたわ」

援助者「辛い感情を持つことはそんなにたやすいことではないのよ。特に知らない人とそのような感情を共有することはね」

ジョアン「でも，私たちがここにいるのはそのためじゃないの？」

援助者「みんなが安全だと感じることが重要よ。発言したことが受け入れられるだろうという安心を感じるには時間がかかるのよ」

ジョアン「私に何が起きたのかについて話すときは，私は動揺すると思う。安全だと思えるようになるか，私はわからないわ」

援助者「グループの他の女性たちと一緒にいてあなたが安全だと思うかどうかわからないということ？」

ジョアン「私は安全と思ったことは一度もないわ。私は人と関わらない人間だもの。私は人とはあまり話さないの。セラピストがここに来るのがよいと考えたから，私はここに来ただけよ」

援助者「まだ準備ができていないなら話す必要はないのよ。しばらくただ聞いていなさい。他の人はここにいることをどう思っているの？」

ミリー「このグループが私の助けになるのかしら。私はボーイフレンドとの問題があって，私たちは男性のセラピストに会っていたんだけど。セラピストは私たちが抱えている問題と私の虐待経験とに何か関係があると考えているのよ。私が若い頃に何があったのかを他の女性と話すことが助けになると思ったみたい」

援助者「何が起こったかみんなと共有できる？」

ミリー「(彼女の話を終えたあと) 何に動揺しているかというと，家族がその状況にどう対処したか，そのやり方よ。家族は私に怒り狂って，従兄弟にではなく私が何か悪いことをしたように感じたのよ。彼がやったことなのに！ 彼は刑務所に入ったのよ」

デニス「それは私にも起こったわ。私の母親は，彼女の汚らわしいボーイフレンドが私にしたことを話したとき，信じなかったし，私を嘘つき呼ばわりして私をぶったの」

シッシー「私は自分の両親に，決して私に何が起こったかは話さないわ。誰も知らない，私の夫でさえも」

援助者「みんなは似たような経験について話しているように思えるわ。あなたの大切な人があなたを信じてくれないことや，あなたを責めたということは，あなたにとっては理解しがたいことだったのですね。あなた方の何人かは，自分が傷つくだろうという理由で他の人に話すことを恐れていたのですね」

ジョアン「なぜテリーは何も言わないの？」

援助者「テリーはまだ話したくないみたいよ？ あなたたちは少し時間をかけることが必

要です」

ジョアン「でも彼女は何にも言ってないのよ」

援助者「だからどうなの？」

ジョアン「彼女が何を考えているかわからないわ。たぶん，彼女は私たちより自分がましだと思っているんじゃない？」

援助者「テリーが何を考えているか，何を感じているか，話したいと思うかどうかテリーに聞いてみましょうか？」

テリー「あなたたちよりましだなんて思っていない。あなたたちはみんな話すことがたくさんあったもの。私の場合は，最近の2年間で何が私に起こっていたのかを思い出しはじめたという意味でね，私自身にとって，これは真新しいことなの」

援助者「そこからが大変だったのね」

テリー「ええ。私はまだ信じられないの。私のすべての人生が変わったように感じているわ。幸いなことに，私の夫と友人は私を信じ支えてくれているけど。私が言えることはこれだけ。人は実際に理解してくれないし，聞きたがらないわ。私の母や妹は私を信じてくれないし，私に黙っているように仕向けているので，多くの問題を抱えているのよ。母親はどうして父親が私に対してしたことを見逃してきたのか，理解できない」

ミリー「（うなずきながら）あなたは私たちと同じよ」

アリス「あなたは虐待についての記憶がまったくなかったということ？」

テリー「そうなの。まったく記憶がなかった。それは私にとってもあまりにもショックなことだったの。私は仕事を辞めなければならなかった。何が起こったかを認め始めた頃，死にたいと思ったわ」

アリス「何が起きたの？」

　テリーは，母親と祖母が自分に何が起こっていたかを知っていたと考えていること，そして彼女たちは何とかするべきだったと考えているという事実も含めて，彼女が思い出したことをみんなと共有した。

援助者「みなさんは虐待体験だけではなく，人生で他の人たちがいかにあなた方をおとしめたかについても，苦しんできたのですね」

　グループメンバー全員が援助者のコメントに反応したので，援助者は彼女たちに共感した。援助者はグループミーティングの終わりの時間が迫っていることに気づき，今回の

ミーティングについてどのように感じたかを尋ねた。ジョアンを除いてグループメンバー全員が，自分たちがくぐり抜けてきたことがらを理解し合う場に，同席できてよかったと言った。ジョアンは何も言わなかったが，次の会合でみんなが何を話そうと考えているのかを知りたいと言った。

援助者「それはいい質問ね。前に説明しましたが，グループは12回のミーティングを持つので，あと11回あるということよ。あなた方はご自分の虐待経験について話し，それがあなた方の人生にどのように影響したかについて話してください。ここで話し合うことで，あなた方がそれほど孤独にならず，恥ずかしいと思わず，お互いに自分の虐待経験の影響について別の方法で考え，取り組めるようになればいいと思いますよ」

　援助者は，第1回ミーティングはうまくいったと考えた。メンバーは援助者が予想したよりも相互に作用し合った。シッシーはグループにいることがとても幸せで心地良さそうであった。アリスは一番話したがり，グループが進行するのを助けた。ジョアンは唯一，配慮に欠け妨害的であった。デニスは喋ったけれども防衛的で，注意深かった。ミリーはグループを必要としているかどうかはっきりしていなかったが，グループには参加していた。テリーは最初，他の人たちからいくぶん孤立しているように見えたが，最後にはグループに関わるようになった。ゲイルは，メンバーのコミュニケーションが自分に向かっていたのが，互いに話し合う方向へと動き始めたことに気づいた。また，ゲイルは，メンバーが自らの虐待経験よりも，むしろ他の人の反応について多くを話したことを観察した。当然これには，さらに時間と安全である感覚が必要だろう。
　ゲイルは第2回目のミーティングを，前回のミーティングについての考えや反応を尋ねることから開始した。

テリー「前回のミーティングの後，私は妹にもう一度話してみようと思って，妹に電話したわ。私は妹との会話の後ひどく動揺してしまったの，妹は，なぜ私が過去のことを持ち出すのか理解できないと言うの。なぜ私がみんなに対して問題を作るようなことをするのかって妹は質問し続けたの」
援助者「あなたはとても動揺したのね」
デニス「それはどんな意味なの？」
テリー「私が母を動揺させてしまったことを妹は非難したの。でも母は父を止めるために何かしてくれるべきだったわ」

シッシー「何が私の頭から離れないかといえば，私は，叔父を止めることができたのではないかという思いよ。たぶん，彼を止めるためにすべきことが何かあったのではないかと思う」
援助者「皆に何があったかもっと話せますか？」

　シッシーは体験を語り，叔父を撃退しようとすべきだったと言って終えた。ジョアンはシッシーに共感を示し，彼女の場合は幼なすぎて，立ち向かうことが怖くて無理だったろうと言った。しかし，ジョアンとミリーは，自分たちも虐待を防ぐことができたのではないかと思うことがよくあると言った。

援助者「虐待を防ぐために何かができたのではないかという気持ちは，みなさんの共通した気持ちのようですね」

　ジョアンの言葉は，彼女が積極的に他のメンバーと繋がろうとした最初の兆しであったので，援助者はジョアンが感じたことについてもっと話してもらえるように頼み，聞き出そうとした。

ジョアン「(シッシーに向きながら) 私はどのようにあなたが思っているかよくわかるわ。私は自殺すべきだったの。虐待を止めることができたはずだわ。それを止めるためならなんでもできたはず。どうしてそうしなかったのか。つまりそれは，私が望んでいたということ？　私は私の妹たちを守ろうとしていたと思うわ。みんなには何が起きたかわからないわよね」
アリス「たぶん，今，私たちに話せるわよね」

　ジョアンが話し終わったあと，テリーも自殺したかったと言った。テリーは人に話せない恥ずかしいことをやってしまったと思ったからである。テリーは未だにときどき自殺を考えるが，自殺がその答えであるとは思わないとつけ加えた。

援助者「誰か他につけ加えたいことはある？」
ミリー「なぜ自殺したくなるのか私には理解できないわ。私は自殺したいとは思わなかったわ。私は，いとこが私にやったことに対して，いとこを痛めつけたかった」
テリー「私は父に対して怒りを感じられないようなのよ。父が私にあんなことをやったの

は，かなり病んでいたはずだわ。私は父を止めることができなかった母の方に怒りを感じるわ」

デニス「わかるわ，あなたが言っていること。母は私を守ってはくれなかった。だから母が私にすることすべてを嫌ったわ。私は里親のところに行くことで終わらせたけど，そこでも虐待された。誰もそれについて何もしてくれなかった。私はそこから出て行くしかなかった」

援助者「みんなが通り抜けてきたのはひどいことだったのね，みんなは守ってもらえなかったのね。みんなをひどく傷つけた人や守ってくれなかった人を傷つけたいと思ったことは理解できるわ。ときには，加害者に責任を負わせる代わりに，子どもたちが加害者を守り，自分たち自身を責めるのよ。これは性的虐待をされた子どもたちの中ではとても一般的なことなの」

ジョアン「なぜ？」

援助者「私たちは若い頃，両親を必要として依存しているので自分たちの親が自分を傷つけるとは考えづらいことなの。だから，私たちが悪かったと考える方が簡単なのよ」

シッシー「たぶん，私にできたことが何かあったはずだわ」

援助者「子どもは頼りにする大人に傷つけられたり，守ってもらえなかったりしたときは無力なのよ」

そして次の何回かのミーティングで，女性たちは実際の虐待体験について話し始め，激しい感情のたけを表現した。メンバーたちが互いに理解しあったことは明らかであった。

7回目のミーティングで，女性たちは現在の生活での問題を話し始めた。何人かはセックスについて葛藤があると話した。ミリーはボーイフレンドが肉体関係を求めてきたとき，怒りや無感覚の感情が起こると説明した。ミリーはしばしば彼を押しのけてしまっていることに気づき，彼は理解しようとしてくれているが，欲求不満を感じ始めている。ミリーはどうしていいかわからなかった。

アリス「私はセックスするためによくお酒を飲んだわ。すごく酔っぱらったからどうでもよくなった。今はそれがとても難しいことなの，でも私は自分に，快楽を持つのは正しいことだとか，一緒にいる男性は私の父ではないとか，私はこの状況をコントロールできるのだと言い聞かせてきたわ。自分に言い聞かせることはいつもうまくいったとは言えないけれど，少し楽になってきたわ」

ミリー「コントロールってどういう意味？」

アリス「説明できるかどうかわからないけど，子どもの頃に起こったことについては，私の言い分を聞いてもらえるとは思わなかったの，そしてその感情を封じたまま男性との関係を持ったの。私はもう子どもじゃないと気がついたし，わたしがコントロールできることに気づいたわ。私がやりたくないことはやらなくていいのよ」

援助者「ミリー，このことは，今あなたが経験していることと何か関連しているように思うのですが」

ミリー「私がボーイフレンドに言い分を聞いてもらえないと感じているのは本当よ。私は彼が欲することに従いたいと思っている。彼はそんなふうに私に感じさせてくれない。私はそうせざるをえないのよ。どうすればいいかわからない」

援助者「ミリーのために誰かよい考えがない？」

テリー「たぶん，あなたはどこに触れて欲しいか，気持ちよいと感じるかを自分で決めて，あなたのやり方でリードできるようにボーイフレンドに伝えるといいと思うわ。きっとそれがあなたにとってコントロールできているという感覚になると思うわ」

アリス「私は，あなたが自分に語りかけることはよいことだと思うし，自分自身に喜びをもつことを許してあげるといいと思う。そうすれば，もっとリラックスできるようになるわ」

ミリー「ボーイフレンドの好むことをしなければ私は罪悪感を持つと思う。それが怖いの」

援助者「あなたが気持ちよいとわかれば，彼も気持ちがよいと思うのだということを考えたことある？　彼だけが唯一喜びや満足をもつ権利があるというわけではないのよ」

ジョアン「私には皆に聞いてもらいたい問題があるの。チェックが必要な身体状態なので婦人科の検査を受けることになっているの。私の主治医は退職したから，新しい医者に行かなくちゃいけないのよ。前の医者に慣れるまでにもすごく時間がかかった。別の医者に会うのがすごくこわいのよ。私はこれをちゃんとやるのを避けているの」

テリー「あなたがその話題を出すなんておかしいわ。私は主治医に会わなくちゃいけないのだけれど先延ばしにしているの。自分でも何を恐れているのかわからないわ。まったく意味がない。私の医者は女医さんよ。彼女が私に何をしようとも恐くないわ」

デニス「私も数年前に，たった1回だけど，里親に虐待をされたときそのような検査を受けたわ。それはひどい，屈辱的な経験だったわ。とっても嫌だった。行かなくちゃいけないのはわかっている，だって何らかの避妊が必要だし，でも行くのが嫌なの」

援助者「検査を受けることが，何をかきたてると思うの？」

ジョアン「無力で，ある種の暴力を受けたということを思いだしてしまう。私はそういう立場にいることが嫌なの」

テリー「私は，さらに悪い思い出を持つことになるのではないかと心配なの」
シッシー「私はパニックになって悲鳴をあげてしまうのではと心配」
援助者「こういった検査を受けるためには，何をすればいいのかしら？」
アリス「私はいつも一緒についてきてくれるボーイフレンドがいたわ，検査室に私の友達も入っていいかと主治医に聞いたわ」
ジョアン「それいいアイデアね，でもそんなことを頼める人はいないし」
アリス「私が行ってあげるわよ。実際に，よくわかっている私の主治医のところに行けるわよ」
ジョアン「誰もそんなふうに手を差し伸べてくれる人がいなかったの」
シッシー「たぶん，私たち全員ができるわよ。それがお互い助け合うってことでしょ」

　8回目のミーティングで，女性たちは彼女たちを煩わせる考えやセックスについてのファンタジーについて話しあっていた。デニスは長年，彼女の性的な偏見について日記をつけていたと言った。

ジョアン「誰もそんなこと聞きたくないわよ！」
デニス「私はそれを持ち出す権利があるわよ」
ジョアン「なぜ今持ち出すの？」
ミリー「デニスに尋問しないで」
ジョアン「あなたに話していたのではないわ。なぜデニスをかばうの？」
援助者「やめましょう，そして何がここで起きたか理解しましょう」
ジョアン「私は単に質問をしただけよ。なんでそんなに大げさになるの？　そしてなんでミリーが入ってくるの？　何様なのよ？　彼女は関係ないでしょう！」

　デニスは泣きだし，隣に座っていたテリーは腕をデニスの肩に置いた。ジョアンはさらに腹を立てた。

ジョアン「どうして彼女を甘やかすの？　自分でどうにかできないの？」
援助者「ちょっと待って。私たちは落ち着いて，ここで何が起こったかを話す必要があるわ。ジョアン，何かがあなたを明らかに動揺させたのよね。でも日記を話題に持ち出したことについてあなたが質問したことはミリーを攻撃し，それでミリーがデニスをかばいたいと思わせたのよ，それがわかってないようね」

ジョアン「私は何も悪いことしなかったわよ」

援助者「あなたが何か悪いことをしたかどうかが問題ではないの。もっと重要なのは，ミリーとデニスに何が起きているのかを理解することと同じく，あなたがどんな考えにこだわり，そしてあなたが感じたことが何かを理解することなの」

ジョアン「デニスを傷つけるつもりはないけど，みんなが彼女をかわいそうだと思ったことにイライラしたの。彼女が多くのことをくぐり抜けてきたのは知っているけど，それは私も同じだわ。誰も私のことを気に留めてくれていない」

テリー「私たちはあなたのことを心配しているわよ。先週，アリスがあなたに彼女の主治医のところに一緒に行こうと申し出たとき，あなたはすごく喜んでいたように見えたわ」

ジョアン「嬉しかったわ。そして医師に予約をとった。このことを全部みんなに伝えたかったの」

援助者「たぶん，先週のミーティングのあとどうなったのかグループがあなたに尋ねなかったことにがっかりしたのね。しかもデニスが自分の話したいことを発表したから。あなたは，必要なことを言葉に出す代わりに，たぶん，腹を立てることでそのがっかりしたことを示したのね」

ジョアン「怒っているように話していたとは気づかなかったわ。私はがっかりしたの。でも私はいつもこんなふうに感じるの」

デニス「さっきのような話しかけ方は傷つくわ。それではあなたにやさしくしようとは思えないわ」

ミリー「デニスに動揺したわ。私はいつも不当な扱いをされているような人を守ろうとしてしまう」

援助者「それでジョアンに少しつらくあたったのかしら？」

ミリー「たぶんね。人はわたしのことをそう言っていたわ。私は必要じゃないときでも，いつも他人を応援してしまうの」

ジョアン「私のセラピストは，私が言いたいことを言わないから人を遠ざけてしまうことになると考えていた。でも私は，他の人が私がしてほしいやり方で反応してくれないと動揺してしまうのよ。あなたを傷つけてしまったのならごめんなさい」

援助者「あなたが何を必要としているかを話す練習にもなるから，ここはいい場所よ。あなたがそうできるように，何かお手伝いできるかしら？」

シッシー「たぶん，毎回ミーティングを始める前に，それぞれの人に何を取り上げてほしいかを尋ねるとか，話題が決まるまでにその日にグループでやって欲しいことがないかどうかを尋ねるべきだわ」

ジョアン「私は自分が何を感じていて，何が必要なのかにもっと気づかないと」
援助者「それは誰にとってもいいアイデアね。みんな自分たちの欲求が踏みにじられるひどい体験をしてきた。必要なものに触れないようにしてきて，必要を満たすためにどうすればよいのかもわからなかったことは理解できる。私たちにはあと4週間ある。私たちはそれについてあなた方がどう感じるか，残りの時間をどう使いたいかについて話す必要があるわね」

　グループの女性たちは他者との関係に過去の虐待がどのように影響しているかについて話し続けたいと言った。メンバーの経験をオープンに他者に話すことについて，またこれまでの人生で，メンバーたちの面目を潰した人たちの扱い方について何らかの助けを得たいといった。メンバー全員がグループは自分たちにとって大変重要だと感じており，またそれぞれのセラピーも助けになったと感じていた。彼女たちはグループが終了することに悲しみやこころもとなさを表出したが，アダルトサバイバーである他のメンバーとの関係や一緒に居られることに価値を見出していた。グループの継続が援助者が属する組織の方針に反することであることから，彼女たちは援助者抜きでグループを続ける計画を望んだ。

ケース検討

　グループの開始期では，関わりを結ぶこと，ゴールの設定，グループの相互作用の促進，グループの凝集性の形成が中心となった。参加者は，グループの話し合いが安全であることを理解し，メンバー間の共通点を見つけ，彼女たちは過去のトラウマになった経験やその影響について話し始めた。この過程において，グループメンバーは互いに，またグループ全体として，より強い繋がりを持つようになった。援助者は，話し合いのテーマが非常に緊迫したものであったことから，このセッションに負担を感じた。しかし援助者は，彼女たちが困難な背景を持ちながら乗り越えてきた強さや，互いを積極的に助け合おうと望んでいたことに心を打たれた。終結に近づいた会合では，女性たちは個人的な課題や心配事を話し合い，グループが相互にフィードバックし，支え合うことができるようになった。グループの何人かはこのグループでの話し合いに葛藤を示すようになったが，援助者は，その葛藤が各自にどのような意味を持つのかを内省させ，会合内での他のメンバーの行動と会合の外での彼女らの課題とを関連づけて考えさせた。グループの最終回では，グループメンバー全員が，生活状況についてだけでなく，また，それぞれのメンバーにとってミーティングを終了することはつらいことであるが，その話題に焦点を当て，話し合いが展開された。

要約

　本章では，グループ志向型のISTTに関する主要課題について解説し検討を重ねた。グループに適用する上での判断指標について述べた後，いくつかの重要ポイントを強調した。たとえば，個人とグループのアセスメントに際してそのバランスのとり方，初期の関わり方，契約，グループの凝集性の形成，グループの相互作用の促進，葛藤の解決，介入方法の広範囲の活用，援助者の反応，終結の課題など。

監訳者あとがき

　本書は1999年に米国のソーシャルワークの研究者たちによって著わされたものであるが，15年後の2014年に文化の異なる日本で，本書の翻訳版を出版したその背景について説明する必要があるだろう。

　当時の米国は国家財政赤字という背景の下，支出項目の筆頭におかれた福祉政策関係は，真っ先に削減の対象となった。とりわけ，医療費など，施策に基づく経費の問題は切実な社会問題となり，高齢者・障害者の介護問題では，地域間格差が大きく費用や介護内容の問題が指摘されるなど，問題が山積していた。一方，医療サービスでは費用を抑制するマネジドケアへ急速に転換が進みソーシャルワークの効果・効率性が問われてきた時代でもあった。

2014年の日本の社会現象

　2014年の現在，欧米の当時の状況と同じく日本においても，超高齢社会の到来により，医療費の高騰の傾向，生産年齢人口の減少，人材や資源の不足など，社会福祉の課題に対する国の方策が追いつかず，財政的な側面から，医療・福祉のコスト効果がますます問われることになった。ケアの質も，施設保護から居宅保護へと進み，レジデンシャルソーシャルワークだけでなく，地域生活でのソーシャルワークの展開が求められるようになった。その結果，社会資源の活用に関する規制緩和の必要性が生じ，応益負担などを取り込むことは回避できない要件となってきた。

コミュニティワークなど，ソーシャルワークの地域での展開

　ソーシャルワーク支援はコミュニティワークの推進の流れを受け，対象者の地域生活移行の検討が要請され，その意味では，対人援助の対象者が抱える問題や課

題は，より多様になり，複雑になり，その解決可能なレベルは，実に幅広く，即解決できるものから，十分に時間・月日・年数を必要とするもの，また，解決できないことは明らかであっても，生きていくうえで，解決への取り組みをするその生き様を支える必要のあるものとが混在している。

その中で，対人援助を展開している機関・施設は，制度の規定に基づき実践領域・解決期間・制度利用者／対象者が限定され，何よりも介護保険制度や障害者自立支援制度など，法制度に基づく限られた時間で，いかにクライエントの課題を解決できるかが問われるという「しがらみ」がソーシャルワーカーなどの対人援助者を束縛しはじめるようになったのである。

対人援助者の新たなしがらみ

この現実は，援助の形態を変化させ，新らたにしがらみを生むことになった。これまで施設・機関内で援助をしていたので，時間が限定されており，その中でなにがしかの援助効果を出すことがこれまでのしがらみとなっていたが，援助の場が地域へと広がったことで，地域生活での援助のニーズは緊急性を伴うものが多く，時間束縛があるので短期援助をするのだが，実際には人の生涯全域をその援助の対象にすることになるというしがらみが生じてきた。たとえば，高齢者の支援についても，施設入所型であれば，退所・退院の支援や入所中の生活支援，ないしは地域への移行が中心となるが，援助の場が地域に拡大されたことで，その人の地域での生活全般が対象になり，人が人生を全うするまで援助や見守りをすることになり，それが対人援助者の限界となり，しがらみとなってきた。

実際には，その社会で暮らしている利用者や対象者，ひいては地域住民，人々全般にかかわることになり，援助とは何かが非常にあいまいになるという形に変わった縛りが生じることになる。このような動向について対人援助の専門家は，社会情勢，それに対応する社会保障制度，社会福祉サービスが影響を受けて変化していることを十分に承知しているが，その変化の渦のなかでも何とか的確な支援方法がないかと模索することになる。

対人援助者に求められる援助の成果

たとえば，専門性と質がますます問われてきたソーシャルワーク援助の場合，実践現場では日々の業務に翻弄され，適当な支援の方法論や技術の選定や開拓は，それぞれ，個々のソーシャルワーカーに委ねられており，その選択いかんによって

はソーシャルワーク援助の効果を大きく左右することになった。「時間がかかりすぎである」「どんな効果をあげようとしているのか」など，多職種からソーシャルワーク援助の意義・必要性を問われる結果となっているのが現状である。おそらく多職種チームの中でもソーシャルワーク援助の必要性を理解されていないことがネックとなり，チームが円滑に稼働しない現象が生じていることも考えられる。ましてや人生全般にかかわることになれば，どんな援助や成果を出すことが求められているのであろうか。また，どのような論理的根拠でその妥当性を証明できるのであろうか。

本書の意義

ソーシャルワーク援助の科学化が今，求められているとすれば，援助者はその根拠をいかに提示することが最適であるかを考えることが重要である。その論理的解説を示したのが本書である。本書が取り上げている統合的な生物・心理・社会的アプローチは，心理学，社会学，そして生態学から抽出した概念から構成した理論枠組みの最適化を目指したものであり，援助面接をどのように実践するかを示すマニュアル本ではなく，援助をする際に，最適な面接技術を使うことの理論化の作業を議論したものである。

福祉・保健・医療領域で人々が取り組んでいる問題や課題は，常に解決可能であるとは限らず，長期にわたり人々が取り組みを進めていくことが求められる。そのような援助を展開するとき，ソーシャルワーカーも無力さを味わうことが多い。ISTTの最大の効果は，単に問題を解決するだけではない。問題を抱えてきた人々が，この援助プロセスを経ることで，さらに「生きる」ことへの前進する力を獲得できれば，援助の意義を十分に果たしたといえよう。

ソーシャルワーク論の発展には，研究と実践とがかけ離れることなく，二つの領域の統合が必要である。それは，現場での援助事例をとおして，クライエントやその家族の理解，および尊厳の保持に基づく援助の意義あり方について学問的に考察できるように，援助プロセス，援助者とクライエントとの相互関係，クライエントの人格および精神構造などを論理的に分析し，評価する根拠づけを行うことで可能となる。研究者も実践者も最適な論理での検証により，高度で，質の高い援助展開が可能となると考える。

本書の内容には現在の日本の社会状況，人々が抱える問題の多様性・複雑性，独自性，特性，援助困難性など，実に多くの類似性があり，現場での援助を展開す

る上での手がかりを多く示すものである。基盤とする理論的根拠に基づき，分析視点，考え方，援助方法，価値観，援助の展開過程を詳細に具体的に描写し，分析し評価することは，現状でのソーシャルワーカーなど対人援助の実践者にとって不可欠な業務である。

　本書を活用することで，以下の3点を明らかにできることを保証したい。

1. ソーシャルワークの効果性や効率性を多職種に伝達する論理の習得。
2. ISTTによる援助の効用は，短期間で結論を出すというよりも，特定期間内で具体的な目標を達成する理論知を獲得し，検証できることを実感する。
3. その場で求められる対応についての経験知が重要とされる現場において，事前に十分に学術的根拠を適用して援助計画を立てている実践者であることを自負できる。

　本書の翻訳出版には4年の歳月をかけた。その間に多くの方々のお世話になった。ISTT研究会のメンバー（柳田千尋氏，菊池由生子氏，菊池要子氏，後藤幸代氏，佐々みさき氏，佐野間寛幸氏，小滝則子氏，高草木葉子氏，水野友紀氏，村崎美和氏）は，本書と実践を結びつけて，ソーシャルワークの論理的根拠を探究し続けている。また，公益法人日本医療社会福祉協会には，研修会の企画を承認くださりISTTの普及に貢献をしていただいたことに感謝するとともに，研修参加者たちの熱意ある取り組みとご協力にも感謝いたします。

　この領域でのベテランであり，精神保健の専門用語に精通しておられる萬歳美美子氏には，ご多忙の中，専門用語の訳語の再点検を快く引き受けていただいたことに心からお礼申し上げます。最後に厳しい社会の動向の中，本書の出版を緻密な高い計画性のもとバックアップしていただけたこと，金剛出版の高島徹也氏のご尽力がなければ本書の誕生がなかったことに衷心より感謝の意を表したい。

2014年5月
恵比寿の朝やけを眺めながら
監訳者　福山和女，小原眞知子

文 献

Abarbanel, G., & Richman, G. (1991). The rape victim. In H. J. Parad & L.G. Parad (Eds.), Crisis intervention book 2: The practitioner's sourcebook for brief therapy (pp. 93-118). Milwaukee, WI: Family Service America.
Adler, A., & Ansbacher, R. (1956). The individual psychology of Alfred Adler. New York: Basic Books.
Alexander, H, & French, T. M. (1946). Psychoanalytic therapy. New York: Ronald Press.
American Psychiatric Association. (1994). Diagnostic criteria from DSM-IV. Washington, DC: American Psychiatric Association.
Austin, L.(1948). Trends in differential treatment in social casework. Social Casework, 29, 203-211.
Austrian, S. G. (1995). Mental disorders, medications, and clinical social work. New York: Columbia University Press.
Baker, H. S. (1991). Shorter term psychotherapy: A self-psychological approach. In J. P. Barber & P. Crits-Christoph (Eels.), Handbook of short-term dynamic psychotherapy (pp. 287-318). New York: Basic Books.
Bandura, A. (1976). Social learning theory. Englewood Cliffs, NJ: Prentice Hall.
Bartlett, H. (1970). The common base of social work practice. New York: NASW.
Beck, A. (1976). Cognitive therapy and the emotional disorders. New York: International Universities Press.
Beck, A. T., Emery, G., & Greenberg, R. L. (1985). Anxiety disorders and phobias. New York: Basic Books.
Beck, A. T., Freeman, A., et al. (1990). Cognitive therapy of personality disorders. New York: Guilford.
Beck, A. T., Rush, J. A., Shaw, B. H, &Emery, G. (1979). Cognitive theory of depression. New York: Guilford.
Bellak, L., Hurvich, M., & Gediman, H. (1973). Ego functions in schizophrenics, neurotics, and normals. New York: Wiley.
Brekke, J. (1991). Crisis intervention with victims and perpetrators of spouse abuse. In H. J. Parad & L. G. Parad (Eds). Crisis intervention book 2: The practitioner's sourcebook for brief therapy (pp, 161-178). Milwaukee, WI: Family Service America.
Budman, S. H., & Gurman, A. S. (1988). Theory and practice of brief therapy. New York:

Guilford.

Burgess, A. W., & Holmstrom, L. L. (1974). Rape trauma syndrome. American Journal of Psychiatry, 131, 981-986.

Caplan, G. (1964). Principles of preventive psychiatry. New York: Basic Books.

Cockerill, E., et al. (1953). A conceptual framework of social casework. Pittsburgh: University of Pittsburgh Press.

Craighead, L. W., Craighead, W. E., Kazdin, A. E., & Mahoney, M. J. (Eds.). (1994). Cognitive and behavioral intervention: An empirical approach to mental health problems. Boston: Allyn & Bacon.

Crirs-Christoph, P., Crits-Christoph, K., Wolf, Palacio, D., Fichter, M., & Rudick, D. (1995). Brief supportive-expressive psychodynamic psychotherapy for generalized anxiety disorder. In J. P. Barber & P. Crits-Christoph (Eds.), Dynamic therapies for psychiatric disorders (Axis 1) (pp. 43-83). New York: Basic Books.

Davanloo, H. (1978). Basic principles and techniques in short-term dynamic psychotherapy. New York: Spectrum.

Davanloo, H. (1980). Short term dynamic psychotherapy. New York: Jason Aronson.

Davanloo, H. (1991). Unlocking the unconscious. New York: Wiley.

DeRoche, P. L. (1995). Psychodynamic psychotherapy with the Hl V-infected client. In J. P. Barber & P Crits-Christoph (Eds.), Dynamic therapies for psychiatric disorders (Axis 1) (pp. 420-444). New York: Basic Books.

Elkin, I. (1994). The NIMH treatment of depression collaborative research program: Where we began and where we are. In S. L. Garfield & A. E. Bergin (Eds.), Handbook of psychotherapy and behavior change (4th ed.) (pp. 114-139). New York: Wiley.

Ellis, A. (1962). Reason and emotion in psychotherapy. New York: Lyle Stuart.

Ellis, A. (1973). Humanistic psychotherapy: The rational, emotive approach. New York: McGraw-Hill.

Elson, M. (1986). Self psychology in clinical social work. New York: Norton.

Epstein, L. (1980). Helping people: The task-centered approach. St. Louis: Mosby.

Epstein, L. (1992). Brief treatment and a new look at the task-centered approach. New York: Macmillan.

Erikson, E. (1950). Childhood and society. New York: Norton.

Erikson, E. (1959). Identity and the life cycle. Psychological Issues, 1, 50-100.

Fairbairn, W. R. D. (1952). Psychoanalytic studies of personality. London: Tavistock.

Fairbairn, W. R. D. (1954). An object relations theory of the personality. New York: Basic Books.

Ferenczi, S., & Rank, O. (1925). The development of psychoanalysis. New York: Nervous and Mental Disease Publishing.

Fischer, J. (1978). Effective casework practice: An eclectic approach. New York: McGraw-Hill.

Flegenheimer, W. (1982). Techniques of brief psychotherapy. Northvale, NJ: Jason Aronson.

Freud, S. (1905). On psychotherapy. In J. Strachey (Ed.), Standard edition of the complete psychological works of Sigmund Freud (Vol. 7). London: Hogarth Press, 1953.

Garfield, S. L. (1986). Research on client variables in psychotherapy. In S. L. Garfield & A. E. Bergin (Eds.), Handbook of psychotherapy and behavior change (3rd ed.) (pp, 213-

256). New York: Wiley.

Garrett, A. (1958). Modern casework: The contributions of ego psychology. In H. J. Parad (Ed.), Ego psychology and dynamic casework (pp, 38-52). New York: Family Service Association of America.

Garvin, C. (1997). Group treatment with adults. In J. R. Brandell (Ed.), Theory and practice in clinical social work(pp. 315-342). New York: Free Press.

Gaston, L. (1995). Dynamic therapy for post-traumatic stress disorder. In J. P. Barber & P. Crits-Christoph (Eds.), Dynamic therapies for psychiatric disorders (Axis 1) (pp.161-192). New York: Basic Books.

Germain, C. B. (1979). Social work practice: People and environments. New York: Columbia University Press.

Germain, C. B. (1991). Human behavior in the social environment: An ecological view. New York: Columbia University Press.

Germain, C. B., & Gitterman, A. (1980). The life model of social work practice. New York: Columbia University Press.

Goisman, R. M. (1997). Cognitive-behavioral therapy today. Harvard Mental Health Letter, 13,4-7.

Golan, N. (1978). Treatment in crisis situations. New York: Free Press.

Goldstein, E. G. (1990). Borderline disorders: Clinical model and techniques. New York: Guilford.

Goldstein, E. G. (1995a). Egopsychology and social work practice (2nd ed.). New York: Free Press.

Goldstein, E. G. (1995b). Psychosocial approach. In Encyclopedia of social work (19th ed.) (pp. 1948-1954). Washington, DC: NASW.

Goldstein, E. G., & Gonzalez-Ramos, G. (1989). Toward an integrative clinical practice perspective. In S. M. Ehrenkranz, E. G. Goldstein, L. Goodman, & J. Seinfeld (Eds.), Clinical social work with maltreated children and their families: An introduction to practice (pp. 21-37). New York: New York University Press.

Gordon, W. (1969). Basic constructs for an integrative and generative conception of social work. In G. Hearn (Ed.), The general systems approach: Contributions toward a holistic conception of social work. New York: CSWE.

Graziano, R. (1997). The challenge of clinical work with survivors of trauma. In J. R. Brandell (Ed.), Theory andpractice in clinical social work(pp. 380-403). New York: Free Press.

Greenson, R. R. (1967). The technique and practice of psychoanalysis. New York: Inter, national Universities Press.

Grinker, R. R., & Spiegel, J. D. (1945). Men under stress. Philadelphia: Blakiston.

Grossman, L. (1973). Train crash: Social work and disaster services. Social Work, 18, 38-44.

Guntrip, H. (1969). Schizoid phenomena, object relations, and the self. New York: Inter, national Universities Press.

Guntrip, H. (1973). Psychoanalytic theory, therapy, and the self. New York: Basic Books.

Hamilton, G. (1940). Theory and practice of social casework. New York: Columbia University Press.

Hamilton, G. (1958). A theory of personality: Freud's contribution to social casework. In H. J. Parad (Bd.), Ego psychology and dynamic casework (pp. 11-37). New York: Family

Service Association of America.

Hartman, A., & Laird, J. (1983). Family-centered social work practice. New York: Free Press.

Heller, N. R., & Northcut, T. B. (1996) Utilizing cognitive-behavioral techniques in psychodynamic practice with clients diagnosed as borderline. Clinical Social Work Journal, 24, 203-215.

Hill, R. (1958). Generic features of families under stress. Social Casework, 39, 139-150.

Hollis, R(1949). The techniques of casework. Journal of Social Casework, 30, 235-244.

Hollis, R (1963). Contemporary issues for caseworkers. In H. J. Parad & H. Miller (Eds.), Ego-oriented casework. New York: Family Service Association of America.

Hollis, R (1964). Casework: A psychosocial therapy. New York: Random House.

Hollis, R (1972). Casework: A psychosocial therapy (2nd ed.). New York: Random House.

Hollis, R, & Woods, M. E. (1981). Casework: A psychosocial therapy (3rd ed.). New York: Random House.

Holmes, R H.,& Rahe, R. H. (1967). The social readjustment scale. Journal of Psychosomatic Research, 11,213-218.

Iodice, J. D., & Wodarski, J. S. (1987). Aftercare treatment for schizophrenics living at home. Social Work, 32, 122-128.

Jacobson, G. H, Strickler, M., & Morley, W. E. (1968). Generic and individual approaches to crisis intervention. American Journal of Public Health, 58, 338-343.

Janis, I. (1958). Psychological stress. New York: Wiley.

Kaplan, D. M. (1962). A concept of acute situational disorders. Social Work, 7, 15-23.

Kaplan, D. M. (1968). Observations on crisis theory and practice. Social Casework, 49, 151-155.

Karasu, T. B. (1990). Psychotherapy for depression. Northvale, NJ: Jason Aronson.

Klein, M. (1948). Contributions to psychoanalysis: 1921-1945. London: Hogarth Press.

Kohut, H. (1971). The analysis of the self. New York: International Universities Press.

Kohut, H. (1977). The restoration of the self. New York: International Universities Press.

Koss, M., & Shiang, J. (1994). Research on brief psychotherapy. In S. L. Garfield & A. E. Bergin (Eds.), Handbook of psychotherapy and behavior change (4th ed.) (pp. 664-700). New York: Wiley. .

Langsley, D., & Kaplan, D. (1968). Treatment of families in crisis. New York: Grune & Stratton.

Larke, J. (1985). Compulsory treatment: Some practical methods of treating the mandated client. Psychotherapy, 22,262-268.

Laughlin, H. P. (1979). The ego and its defenses (2nd ed.). New York: Jason Aronson.

Lazarus, A. A. (1971). Behavior therapy and beyond. New York: McGraw-Hill.

Lazarus, A. A. (Ed.). (1976). Multimodal behavior therapy. New York: Springer.

Lazarus, R. S. (1966). Psychological stress and the coping process. New York: McGraw-Hill.

Le Masters, E. E. (1957). Parenthood as crisis. In H. J. Parad (Ed.), Crisis intervention: Selected readings [pp. 111-117). New York: Family Service Association of America.

Lindemann, E. (1944). Symptomatology and management of acute grief. American Journal of Psychiatry, 101,7-21.

Linehan, M. M. (1993). Cognitive-behavioral treatment of borderline personality disorder.

New York: Guilford.

Luborsky, L. (1984). Principles of psychoanalytic psychotherapy: A manual for supportive, expressive treatment. New York: Basic Books.

Luborsky, L., Mark, D., Hole, A. V., Popp, c. Goldsmith, B., & Cacciola, J. (1995). Supportive-expressive dynamic psychotherapy of depression: A time,limited version. In J. P. Barber & P. Crlts-Christoph (Eds.), Dynamic therapies for psychiatric disorders (Axis I) (pp.13-42). New York: Basic Books.

Mahler, M. S., Pine, E, & Bergman, A. (1975). The psychological birth of the human infant. New York: Basic Books.

Malan, D. (1963). A study of brief psychotherapy. New York: Plenum.

Malan, D. (1976). The frontier of brief psychotherapy. Cambridge, MA: Harvard University Press.

Mann, J. (1973). Time-Inmted psychotherapy. Cambridge, MA: Harvard University Press.

Mann, J. (1991). Time-limited psychotherapy. In P. Crirs-Christoph & J. P. Barber (Eds.), Handbook of short-term dynamic psychotherapy (pp. 17-43). New York: Basic Books.

Marmar, C. R. (1991). Brief dynamic psychotherapy of post-traumatic stress disorder. Psychiatric Annals, 21, 405-414.

McFarlane, A. C. (1990). Post-traumatic stress syndrome revisited. In H. J. Parad & L.G. Parad (Eds.), Crisis intervention book 2: The practitioner's sourcebook for brief therapy (pp. 69-92). Milwaukee, WI: Family Service America.

McNew, J. A., & Abell, N. (1995). Posttraumatic stress symptomatology: Similarities and differences between Vietnam veterans and adult survivors of childhood sexual abuse. Social Work, 40, 115-126.

Mayer, J., & Timms, N. (1970). The client speaks. New York: Atherton Press.

Meyer, C. H. (1970). Social work practice: A response to the urban crisis. New York: Free Press.

Mishne, J. M. (1989). Individual treatment. In S. M. Ehrenkranz, E. G. Goldstein, L. Goodman, & J. Seinfeld (Eds.), Clinical social work with maltreated children and their families: An introduction to practice (pp. 38-61). New York: New York University Press.

Mishne, J. M. (1993). The evolution and application of clinical theory. New York: Free Press.

Mor-Barak, M. E. (1991). Social support intervention in crisis situations: A case of maritime disaster. In H. J. Parad & L.G. Parad (Eds.), Crisis intervention book 2: The practitioner's sourcebook for brief therapy (pp. 313-329). Milwaukee, WI: Family Service America.

Nichols, M. P., & Schwartz, R. C. (1995). Family therapy: Concepts and methods (3rd ed.). Boston: Allyn & Bacon.

Noonan, M. (1998). Understanding the "difficult" patient: From a dual person perspective. Clinical Social Work Joumal, 26, 129-142.

Parad, H. J. (Ed.). (1958). Ego psychology and dynamic casework. New York: Family Service Association of America.

Parad, H. J. (Ed.). (1965). Crisis intervention: Selected readings. New York: Family Service Association of America.

Parad, H. J. (1971). Crisis intervention. In R. Morris (Ed.), Encyclopedia of Social Work (16th ed.) (Vol. 1, pp. 196-202). New York: NASW Parad, H. J., & Caplan, G. (1960). A framework for studying families in crisis, Social Work, 5, 53-72.

Parad, H. J., & Miller, R. R. (Eds.). (1963). Ego-oriented casework: Problems and perspectives. New York: Family Service Association of America.

Parad, H. J., & Parad, L. G. (1990a). Crisis intervention: An introductory overview. In H. J. Parad & L. G. Parad (Eds.), Crisis intervention book 2: The practitioner's sourcebook for brief therapy (pp. 3-68). Milwaukee, WI: Family Service America.

Parad, H. J., & Parad, L. G. (Eds) (1990b). Crisis intervention book 2: The practitioner's sourcebook for brief therapy. Milwaukee, WI: Family Service America.

Patten, S. B., Gatz, Y.K., Jones, B., & Thomas, D. L. (1989). Post-traumatic stress disorder and the treatment of sexual abuse. Social Work, 34, 197-203.

Perlman, H. H. (1957). Social casework: A problem-solving process. Chicago: University of Chicago Press.

Perlman, H. H. (1979). Relationship: The heart of helping people. Chicago: University of Chicago Press.

Philips, L. J., & Gonzalez-Ramos, G. (1989). Clinical social work practice with minority families. In S. M. Ehrenkranz, E. G. Goldstein, L. Goodman, & J. Seinfeld (Eds.), Clinical social work with maltreated children and their families: An introduction to practice (pp. 128-148). New York: New York University Press.

Piaget, J. (1951). The child's conception of the world. London: Routledge & Kegan Paul.

Piaget, J. (1952). The origins of intelligence in children. New York: International Universities Press.

Pruett, H. L. (1990). Brief crisis-oriented therapy with college students. In H. J. Parad & L. G. Parad (Eds.). Crisis intervention book 2: The practitioner's sourcebook for brief therapy (pp. 179-192). Milwaukee, WI: Family Service America.

Rapoport, L. (1962). The state of crisis: Some theoretical considerations. Social Service Review, 36, 211-217.

Rapoport, L. (1967). Crisis-oriented short-term casework. Social Service Review, 41, 31-43.

Rapoport, L. (1970). Crisis intervention as a mode of brief treatment. In R. W. Roberts and R. H. Nee (Eds.), Theories of social casework (pp. 267-311). Chicago: University of Chicago Press.

Reid, W. J., & Epstein, L. (1972). Task-centered casework. New York: Columbia University Press.

Reid, W. j., & Shyne, A. (1969). Brief and extended casework. New York: Columbia University Press.

Richmond, M. L. (1917). Social diagnosis. New York: Russell Sage Foundation.

Ripple, L. (1964). Motivation, capacity, and opportunity: Studies in casework theory and practice. Chicago: University of Chicago Press.

Robinson, V. P. (1930). A changing psychology in social casework. Chapel Hill: University of North Carolina Press.

Schlosberg, S. B., & Kagan, R. M. (1977). Practice strategies for engaging chronic multiproblem families. Social Casework, 58, 29-35.

Scott, M. j., & Stradling, S. G. (1991). The cognitive-behavioural approach with de, pressed clients. British Journal of Social Work, 21, 533-544.

Selye, H. (1956). The stress of life. New York: McGraw-Hill.

Sermabekian, P. (1994). Our clients, ourselves: The spiritual perspective and social work practice. Social Work, 39, 178-183.

Seruya, B. B. (1997). Empathic brief psychotherapy. Northvale, NJ: Jason Aronson.

Shear, M. K., Cloitre, M., & Heckelman, L. (1995). Emotion-focused treatment for panic disorder: A brief, dynamically informed therapy. In J, P. Barber & P. Crits-Christoph (Eds.), Dynamic therapies for psychiatric disorders (AXIS I) (pp. 267-293). New York: Basic Books.

Shechter, R. A. (1997). Time-sensitive social work practice. In J. R. Brandell (Ed.), Theory and practice in clinical social work (pp. 529-550). New York: Free Press.

Sifneos, P. (1972). Short-term psychotherapy and emotional crisis. Cambridge, MA: Harvard University Press.

Sifneos, P. E. (1979). Short term psychotherapy: Evaluation and technique. New York: Plenum.

Sifneos, P. (1987). Short-term dynamic psychotherapy (2nd ed.). New York: Plenum.

Siporin, M. (1975). Introduction to social work practice. New York: Macmillan.

Skinner, B. F. (1953). Science and human behavior. New York: Macmillan.

Smalley, R. E. (1970). The functional approach to casework process. In R. W. Roberts & R. H. Nee (Eds.), Theories of social casework. Chicago: University of Chicago Press.

Sokol, B. (1983). Intervention with heart attack patients and families. Social Casework, 64, 162-168.

Solomon, A. (1992). Clinical diagnosis among diverse populations: A multicultural perspective. Families in Society, 73, 371-377.

Stadter, M. (1996). Object relations brief therapy. Northvale, NJ: Jason Aronson.

Stamm, I. (1959). Ego psychology in the emerging theoretical base of social work. In A. J. Kahn (Ed.), Issues in American social work (pp. 80-109). New York: Columbia University Press.

Stern, D. N. (1985). The interpersonal world of the infant. New York: Basic Books.

Straussner, S. L. A. (Ed.). (1993). Clinical work with substance-abusing clients. New York: Guilford.

Strean, H. (1978). Clinical social work. New York: Free Press.

Strickler, M. (1965). Applying crisis theory in a community clinic. Social Casework, 46, 150-154.

Strupp, H. H., & Binder, J. L. (1984). Psychotherapy in a new key: A guide to time-limited dynamic psychotherapy. New York: Basic Books.

Sullivan, H. S. (1953). The interpersonal theory of psychiatry. New York: Norton.

Sullivan, W. P., Wolk, J. L., & Hartmann, D. J. (1992). Case management in alcohol and drug treatment: Improving client outcomes. Families in Society, 73, 195-204.

Tabachnick, N. (1991). Crisis and adult development: A psychoanalyst's perspective. In H. J. Parad & L. G. Parad (Eds.), Crisis intervention book 2: The practitioner's sourcebook for brief therapy (pp, 192-208). Milwaukee, WI: Family Service America.

Taft, J. (1937). The relation of function to process in social casework. Journal of Social Process, 1, 1-18.

Taft, J. (1950). A conception of growth process underlying social casework. Social Casework, 31, 311-318.

Thyer, B. A., & Myers, L.L. (1996). Behavioral and cognitive theories. In J. R. Brandell (Ed.), Theory and practice in clinical social work (pp. 18-37). New York: Free Press.

Towle, C. (1949). Helping the client to use his capacities and resources. In Proceedings of the National Conference of Social Work, 1948 (pp. 259-279). New York: Columbia University Press.

Towle, C. (1954). The learner in education for the professions. Chicago: University of Chicago Press.

Turner, F.J. (1996). Social work treatment (4th ed.). New York: Free Press.

Tyhurst, J. S. (1958). The role of transitional states-including disaster-in mental illness. In Walter Reed Army Institute of Research, Symposium on Preventive and Social Psychiatry. Washington, DC: U.S. Government Printing Office.

Walsh, F. (1997). Family therapy: Systems approaches to clinical practice. In J. R. Brandell (Ed.), Theory and practice in clinical social work (pp. 132-163). New York: Free Press.

Weick, A., Rapp, C., Sullivan, W. P., & Kisthardt, W. (1989). A strengths perspective for social work practice. Social Work, 34, 350-354.

Wells, R. A. (1990). Planned short-term treatment (2nd ed.). New York: Free Press.

Wells, R. A., & Phelps, P. A. (1990). The brief psychotherapies: A selective overview. In R. Wells & V. Giannetti (Eds.), Handbook of the brief psychotherapies (pp. 3-26) New York: Plenum.

White, R. F. (1959). Motivation reconsidered: The concept of competence, Psychological Review, 66, 297-333.

Wilson, G. T. (1981). Behavior therapy as a short term therapeutic approach. In S. H. Budman (Ed.), Forms of brief therapy (pp. 131-166). New York: Guilford.

Winnicott, D. W. (1965). Maturational processes and the facilitating environment. New York: International Universities Press.

Wolberg, L. R. (Ed.). (1965). Short term psychotherapy. New York: Grune & Stratton.

Wolberg, L. R. (1980). Handbook of short-term psychotherapy. New York: Thieme-Stratton.

Wolpe, J. (1958). Psychotherapy by reciprocal inhibition. Stanford, CA: Stanford University Press.

Wolpe, J. (1969). The practice of behavior therapy. New York: Pergamon.

Woods, M. E., & Hollis, F. (1990). Casework: A psychosocial therapy (4th ed.). New York: McGraw-Hill.

Woods, M. E., & Robinson, H. (1996). Psychosocial theory and social work treatment. In F. J. Turner (Ed.), Social work treatment. (4th ed.) (pp. 555-580). New York: Free Press.

Wright, J. H., & Borden, J. (1991). Cognitive therapy of depression and anxiety. Psychiatric Annals, 21, 424-428.

Yelaja, S. A. (1974). Authority and social work: Concept and use. Toronto: University of Toronto Press.

Yelaja, S. A. (1986). Functional theory for social work practice. In F. J. Turner (Ed.), Social work treatment (3rd ed.) (pp. 46--68). New York: Free Press.

索引

人名索引

アレクサンダー，Alexander, H. 20, 21
ウェルズ，Wells, R. A. 16
エプスタイン，Epstein, L. 37, 38
エリクソン，Erikson, E. 35, 40, 51
カプラン，Kaplan, D. M. 27
ギッターマン，Gitterman, A. 5, 39, 40
キャプラン，Caplan, G. 26
ゴーラン，Golan, N. 36
ゴールドスタイン，Goldstein, E. G. 6, 84
コス，Koss, M. 20, 25
コフート，Kohut, H. 50
サリヴァン，Sullivan, H. S. 23
ジェイコブソン，Jacobson, G. H. 26, 27
シフネオス，Sifneos, P. 22
ジャーメイン，Germain, C. B. 5, 39, 40
シャン，Shiang, J. 20, 25
スキナー，Skinner, B. F. 28
スターン，Stern, D. N. 52
スタッター，Stadter, M. 22, 24
ストラップ，Strup, H. H. 23, 24
セルヤ，Seruya, B.B. 24
ダバンルー，Davanloo, H. 22
タフト，Taft, J. 32
パールマン，Parlman, H. H. 4, 35, 36
バインダー，Binder, J. L. 23, 24
ハミルトン，Hamilton, G. 33, 193-198
パラド，Parad, H. J. 26, 36
ピアジェ，Piaget, J. 52
フェレンチ，Ferenczi, S. 20, 21
フレンチ，French, T. M. 20, 21
ベーカー，Baker, H.S. 24
ホリス，Hollis, R. 4, 33, 34, 71
ホワイト，White, R. F. 35, 40
マーラー，Mahler, M. S. 51
マラン，Malan, D. 21, 22
マン，Mann, J. 23
ヤラジャ，Yelaja, S. A. 32
ラポポート，Rapoport, L. 26, 36
ランク，Rank, O. 20, 21, 23, 32
ラングスレー，Langsley, D. 26, 27
リード，Reid, W. J. 37, 38
リッチモンド，Richmond, M.L. 31
リンデマン，Lindemann, E. 25, 26
ルボルスキー，Luborsky, L. 23, 24
ロビンソン，Robinson, V.P. 32

事項索引

あ

アセスメント過程 90-92, 102, 237
アルコール依存（症）... 28, 75, 126, 130, 133, 185, 209, 263
意識昂揚 16
一般システム理論 39, 40
一般的な介入技術 108, 123
「今・ここ」................ 16, 21, 32, 70, 138, 198, 258
移民 31, 55-57, 77, 83, 105, 110, 244, 265
ウェルビーイング 45, 51
打ち消し 49
うつ状態 57, 58, 79, 80, 84, 160, 166, 169, 171, 174, 181, 183-191, 207, 208, 229, 234, 245, 252, 254, 260, 262
うつ病 58, 182-186, 191, 198, 214, 257
エディパル期 22
援助関係 19, 67, 91, 92, 138
援助者－クライエント関係... 62, 64, 95, 115, 128, 129, 135, 139, 143, 147, 206
　　　の特異性の活用 64
援助者の専門的な働き 62
援助同盟 34
援助の限界の容認 66
エンパワー 32, 33, 142, 217
オープンクエスチョン 70
置き換え 48
オペラント条件づけ 28, 30

289

索引

か

解釈 ... 19-22, 25, 29, 62, 85, 86, 111, 119, 123, 133, 143, 147, 168, 183, 191
外的環境変化の適応 44
介入の柔軟性 64
回避 48, 49, 84, 115, 119, 128, 154, 161, 168, 171, 181, 190, 192, 194, 206
解離 162, 180
関わり 91-101
　　──の領域 52
家族
　　──志向型 ISTT 6, 235, 237
　　──相互作用 237
　　拡大── 54, 83, 115
　　原── 54, 76, 79, 236, 238, 255, 258
課題中心
　　──アプローチ 37, 38
　　──の特徴 37
　　──モデル 5, 37, 39, 256
カップルセラピー 264
関係づくりのパターン 133
観察学習 29, 30
危機
　　──介入ーー 5, 15, 18, 25-27, 29, 36, 37, 159, 172
　　──モデル 5, 18, 25, 29, 36, 37
　　──モデルの実践原則 37
　　──志向型 ISTT 159, 162, 181
　　『──状況の援助』 36
　　──状態 25, 27, 159, 160, 162, 169
　　──理論 5, 26, 36, 37, 43, 159
期待の誘引 88
機能主義
　　──的ケースワーク 32
　　──モデル 32
逆転移 29, 135, 140-142
ギャンブル依存 257
『急性悲嘆の徴候とその管理』 25
境界性パーソナリティ障害 28, 191, 206, 208, 211
驚愕反応 161
共感的自己対象 24, 50
協働 59, 62, 66, 110, 111, 115, 120, 200, 220, 234
　　──同盟 19, 29, 135, 139
強迫神経症 28
恐怖症 28, 110, 191, 192
禁欲主義 48
クライエント
　　──と関わるために必要な四つの姿勢 93
　　──の自己決定 94, 109

──の立場から考える 95, 107
──の方向転換 123
──を個別化する 96, 99
グループ
　　──の凝集性 259, 275, 276
　　──の相互作用 258, 259, 260, 275, 276
　　──・プロセス 256, 258, 259, 260
　　サブ── 258
グループホーム 199
ゲイ 16, 41, 53, 54, 57, 83, 261, 269
系統的脱感作法 30
契約 6, 38, 40, 68, 91, 106, 107, 113, 135, 146, 150, 166, 184, 186, 202, 214, 218, 221, 258, 276
言語化の促進 110
現実検討 46, 82, 84, 90, 120, 138, 199, 200, 205, 220, 257
現実的で客観的体験の提供 110
権利擁護 62, 66, 110
向精神薬 183, 199, 200
構造化 34, 62, 111, 123, 138, 194
肯定的な関係の活用 109
行動の強化 39
行動療法 30
合理化 48
合理的な話し合い 109, 123
個別アプローチ 31
雇用 ... 57, 71, 103-106, 111, 119-123, 134, 202, 265
孤立 48
コンサルテーション 141
コンピテンス 35, 40, 256
　　──理論 35

さ

罪悪感 ... 25, 48, 49, 51, 85, 104, 131, 161, 180, 184, 193, 195, 197, 246, 263, 272
再焦点化 124
債務者グループミーティング 75
サバイバー 31, 262, 265, 275
サポートシステム . 54, 66, 120, 163, 164, 173, 254, 265
シェルタード・ワークショップ 199
ジェンダー 53, 82, 99, 142
自我
　　──機能 34, 44-47, 49, 52, 60, 65, 76, 81, 82, 84, 90, 119, 120, 164, 200, 208, 257, 260
　　12 の主な──機能 46
　　──心理学 4, 5, 24, 33-35, 40, 41, 43
　　──の借用 111

補助——.. 65, 234
時間
　　——制限型心理療法................................. 23
　　——力動心理療法.................................... 23
　　——の意識的な活用................................. 62
刺激障壁... 46, 82
思考過程... 46, 82, 199
自己.. 50
　　——効力感................................. 7, 220, 221
　　——心理学モデル................................... 24
　　——対象のニーズ................................... 51
　　——への転換................................... 49, 181
　　——モニタリング................................... 39
自殺 69, 80, 85, 100, 170, 182-185, 265, 270
支持
　　——的介入.. 34
　　——的感情表出型心理療法....................... 24
　　——的な環境.. 24
自助グループ................................. 16, 167, 205
自尊心..17, 56-58, 77, 116, 120, 129, 149, 168, 170,
　　　171, 183-185, 205, 211-213, 220, 254, 257
下準備と課題の割り当て................................ 112
実験心理学... 28
実存の関係.. 135, 136
疾病志向アプローチ................................... 40
支配 - 達成................................... 45, 47, 82
司法命令による援助................................... 95
社会構成主義アプローチ............................. 41
『社会診断』.. 31
社会的学習理論.. 28
社交恐怖.. 191, 192
宗教 44, 53, 57, 83, 99, 142, 149, 251, 253
修正感情体験.. 61
集団心理療法... 256
集中短期型力動の心理療法........................... 22
就労支援プログラム............................ 201, 202
宿題 29, 39, 64, 237, 248
守秘義務........................... 92, 94, 95, 107, 259
昇華.. 49
生涯続く発達という概念.............................. 34
障害手当.................................. 76, 145, 180
「状況のなかの人」..................................... 3, 34, 71
情緒障害................................... 6, 15, 31, 182, 214, 257
情緒的換気.. 34, 64, 109, 115, 123, 168, 180, 181,
　　　191
情緒的対象恒常性...................................... 52
情動洪水法.. 30
職業訓練プログラム. 101, 115, 117, 119, 126, 131,
　　　132, 139, 149, 150, 152, 154, 218

助言と指導... 109
自律機能... 47, 82
人格システム..................................... 35, 41
人種...... 16, 41, 44, 53, 56, 57, 63, 83, 99, 110, 119,
　　　142, 216, 217
心身症.. 28
迅速な関わり... 62
身体化... 49, 80
身体障害..................................... 31, 45, 146
診断
　　——主義ケースワーク............................. 32
　　——派.. 4, 31, 33, 34, 35
　　——モデル.. 31
　　進化型——派アプローチ......................... 33
　　進化型——派（心理社会的）モデル............ 33
心的外傷後ストレス障害 → PTSD
（援助の）進展が妨げられる理由.................. 128
侵入思考.. 80, 133, 180
心理社会的（アプローチ）..... 5, 33-35, 41, 51, 183
心理社会的モデル.................................. 5, 41
心理療法......... 5, 15, 21-24, 27, 32, 34, 39, 262, 263
スーパーバイザー........ 3, 85, 86, 87, 100, 140, 190
スクールソーシャルワーカー.................. 104, 140
ストレングス........ 37, 40, 62, 65, 66, 68, 69, 82, 83,
　　　87, 90, 102, 110, 115, 137, 145, 152, 200, 219,
　　　223, 234, 237, 256, 258, 260, 264, 265
スピリチュアリティ................................. 44, 53, 82
生活保護................................. 93, 229, 232, 251, 252
制限の設定.. 111
脆弱性... 25, 44, 45, 56, 58, 72, 113, 139, 172, 183,
　　　193, 213, 254, 261
精神科の入院治療.................................... 132
精神疾患................................... 57, 76, 145
精神病性障害... 191
精神分析的心理療法................................ 15
『精神分析療法』.. 20
精神保健クリニック............................ 16, 35
精神保健サービス................................ 15, 16
　　——の還付と分配................................. 16
精神力動
　　——的アプローチに共通して見られる特徴19
　　——モデル.... 17, 18, 19, 22, 25, 29, 64, 206, 207
　　——理論................................ 5, 19, 39, 41, 53
生態学的視点..................................... 39, 40
生態システム理論.. 5
性的虐待... 31, 80, 133, 161, 257, 261-265, 266, 271
性的指向.................................. 44, 53, 82, 99, 142
生物・心理・社会的アセスメント..... 4, 6, 68, 81,
　　　82, 90

生物・心理・社会的視点 5
世界と自己の現実感 46
接近困難なクライエントの共通特性 215
摂食障害 28
セツルメント活動 31, 256
是認 34, 109, 115, 119, 123, 146, 168, 180, 181, 191
セルフヘルプグループ 66
潜在的問題 73, 78
戦争神経症 25
全般性不安障害 192
躁うつ病 58, 182, 257
早期介入 26, 257
総合・統合機能 47
喪失感覚 147
『ソーシャル・ケースワーク』 35
『ソーシャル・ケースワークの理論と実践』 33

た
退役軍人 161, 174, 175
退行 20, 21, 25, 46, 47, 49, 82, 155, 168
　　適応―― 46
　　コントロールされた―― 20
対象関係 .. 24, 41, 44, 46, 50-52, 60, 76, 82, 84, 120, 139, 168, 199, 207, 208, 211
　　――理論 24, 41
対処機制 60, 82, 160, 161, 221
対処能力 ... 36, 44, 47, 57, 58, 61, 73, 162, 163, 168, 171, 185, 199, 200, 232, 254
妥当化 111, 147, 168, 181, 260
タビストック・クリニック 21
短期型
　　――アプローチ 3, 5, 15, 18, 21, 42, 60
　　――援助 ... 3-6, 15, 16, 18, 28, 37, 42, 61, 64, 66, 78
　　『――援助と課題中心アプローチの新たな展望』 38
　　――精神力動的援助モデル 19
短期不安誘発心理療法 22
探求 20, 34, 64, 70-73, 76, 78, 84, 90-92, 96, 107, 109, 111, 119, 122, 123, 127, 132-137, 142, 145, 164, 173, 189, 193, 195, 213
短時間のアセスメント 63
地域精神保健センター 16, 185
知性化 48
超自我 44, 47, 48, 82
調停モデル 256
直面化 19, 22, 25, 29, 64, 81, 86, 111, 119, 134, 221
治療モデル 235, 256

抵抗 21-23, 32, 49, 85, 87, 111, 126, 131, 132, 180, 181, 191, 221, 228, 255
デイ・ホスピタル 199
適合のよさ 40
転移 20-22, 29, 64, 135, 137-139, 140, 141
　　陰性―― 137, 138, 139, 141
　　陽性―― 138
投影 48
動機づけ 4, 16, 19, 21, 22, 29, 30, 35-39, 42, 45, 60-64, 82, 83, 87-89, 92, 100-105, 107, 142, 147, 168, 181, 186, 195, 205-207, 215, 219, 228, 248, 249, 262
統合失調症 28, 198-205, 214, 257
統合的短期型援助→ISTT
洞察 18, 20, 21, 27, 29, 32, 34, 61, 79, 105, 142
特定の家族メンバーへの同一化 238
特定のクライエントへの愛着 148
特定領域の専門技術 110
トラウマ 26, 29, 31, 40, 44, 51, 57, 72, 80, 125, 160-162, 164, 168, 172, 174, 178, 180, 181, 216, 221, 257, 275

な
ナーシングホーム 164, 165, 167, 168
内省 .. 22, 34, 39, 73, 89, 90, 92, 109, 115, 119, 120, 123, 126, 141, 168, 260, 275
内的環境変化の適応 44
日常生活技術 77, 78
認知行動
　　――モデル 5, 18, 28, 29, 39
　　――モデルの特徴 39
　　――療法 30, 191, 206, 207
　　――理論 5, 43
認知療法 28, 30
ネグレクト 95, 138, 186, 216-218, 221, 238, 263, 264

は
パーキンソン病 165, 167
パーソナリティ障害 28, 191, 206-208, 211, 214
ハーフウェイハウス 199
発達過程 43, 50, 78
発達段階
　　――説 26
　　――的内省 34
　　――の過程 51
パニック状態 169, 191
母親役割 52
反社会性パーソナリティ障害 206

反社会的行動 24, 257
反体制文化 16
判断力 46, 82, 84, 104, 105, 116, 120
反動形成 48
（犯罪などの）被害者 31
ひとり親 54, 83
否認 48, 49, 85, 154, 162, 168, 181, 221
「不安感のひと押し」.. 88
不安障害 28, 191, 192, 198
不安抑制療法 22
不均衡状態 27, 174
副作用 98, 183, 192, 199, 200, 201
物質依存 45, 80, 82, 88, 90, 95, 132, 218, 227
フラッシュバック 177, 180
フロイト理論 24, 31, 32
分割化 33, 35, 62, 63, 102, 107, 109, 163
分離－個体化の過程 52
変化
　──が難しい理由 129, 147
　──への環境的障害物 132
　──への内面的障害物 131
防衛 46, 48-50, 82, 111, 136, 140, 162, 164, 207, 216, 221, 253, 269
　──機制 46, 161, 162
　──機能 46, 82
訪問看護 104, 168
ホームレス 31, 57, 69, 171, 221-223
　──シェルター 222
ボディランゲージ 70, 109

ま
マイナートランキライザー 192, 194
マイノリティ 56, 116
ミラーリング 111
民族 44, 53, 57, 63, 82, 99, 142
明確化 19, 29, 30, 37, 90-94, 109, 111, 123, 220
モニタリング 6, 39, 62, 108, 125, 128, 135, 167, 200, 238
問題解決 4, 5, 26, 29, 30, 34-38, 44, 47, 59, 60, 64, 65, 69, 73, 81, 83, 87, 89, 94, 102, 159, 168, 171, 181, 184, 185, 191, 193, 199, 200, 221, 234, 237, 254-257, 259, 260
　──ケースワーク 35
　──モデル 5, 35

や
薬物依存 31, 58, 115, 130, 146, 150, 162, 174, 175, 180, 217, 224, 225, 257
薬物療法 22, 98, 199, 201

役割移行 47, 174
役割モデル 29, 61, 65, 136, 195, 220, 237
抑圧 49
抑うつ 49, 76, 103, 166, 182, 183, 185, 186, 187, 188, 190, 191
欲求・感情・衝動の統制と制御 46
より広範囲の社会政治的な現実からの影響の認識 110

ら
ライフサイクル論 35
ライフモデル 5, 39, 40, 41
ラップグループ 16
リアル（福祉現場）ソーシャルワーク 41
理学療法 96, 165, 166
力動的内省 34
離婚 ... 17, 31, 57, 58, 71-74, 79, 102, 104, 160, 165-167, 185, 193, 194, 228
利他主義 48
リハーサル 28, 29, 39, 64, 111
リハビリテーション 88, 96, 168, 174
臨床志向のソーシャルワーク 41
レイプ 31, 57, 85, 86, 125, 160, 161, 253, 257
レジリエンス 44, 47, 169
レズビアン 16, 41, 53, 57, 83, 142
レスポンデント条件づけ 28, 30
連携 62, 66, 110
ロールプレイング 28, 29, 64, 112
ロールモデリング 112

アルファベット
AA 118, 126, 133, 134, 208, 263, 266
ACOA 185, 189, 190
COS（Community Organization Society）／慈善組織協会 31
DSM-IV 80
DV 31, 132
HIV 31, 162, 223, 224, 226, 252, 253, 254
ISTT 43
　──の重要な特徴 61, 62
　──実践者の四つの姿勢 59
PTSD 161, 164, 174, 178, 180, 181

【監訳者略歴】

福山 和女　Fukuyama Kazume

同志社大学卒。同大学大学院修士課程修了。カリフォルニア大学バークレイ校修士課程修了。公衆衛生学修士（MPH）。アメリカ・カトリック大学大学院博士課程修了。社会福祉学博士（DSW）。臨床心理士。
ルーテル学院大学大学院総合人間学研究科長、大学院付属包括的臨床コンサルテーション・センター長。
スーパービジョン・コンサルテーション研修では、全国各地で保健・医療・福祉の専門家たちの指導にあたっている。ソーシャルワーカーの専門性の原点に戻り、確認することに関心を持っている。

［主な著訳書］
『ソーシャルワークのスーパービジョン』（編著）ミネルヴァ書房、2005
『新・社会福祉士養成講座／第7・8巻 相談援助の理論と方法Ⅰ・Ⅱ』（編著）中央法規出版、2010
『MINERVA社会福祉士養成テキストブック／4 ソーシャルワークの理論と方法Ⅰ・Ⅱ』（編著）ミネルヴァ書房、2011
フォーリー『家族療法』（藤縄昭、新宮一成との共訳）創元社、1984
カー＆ボーエン著『家族評価』（藤縄昭との共監訳）金剛出版、2001
リー＆エベレット『家族療法のスーパーヴィジョン──統合的モデル』（石井千賀子との共監訳）金剛出版、2011

小原 眞知子　Ohara Machiko

日本女子大学大学院文学研究科社会福祉学 博士前期課程修了 社会学（修士）、同大学大学院博士後期課程修了 社会福祉学（博士）
日本医科大学第二病院リハビリテーション部ソーシャルワーカー、久留米大学文学部社会福祉学科講師、准教授、久留米大学医療センター地域連携室スーパーバイザー兼務、東海大学健康科学部社会福祉学科教授を経て、現在、日本社会事業大学社会福祉学部教授。
要介護高齢者の退院援助ソーシャルワークのアセスメントツールに関する研究、ソーシャルワークの家族支援、スーパービジョンの研究や研修などに力を注いでいる。

［主な著書］
『要介護高齢者のアセスメント──退院援助のソーシャルワーク』（単著）相川書房、2012
『よくわかる医療福祉』（共著）ミネルヴァ書房、2010
『保健医療サービス論』（共著）学文社、2009
『医療社会福祉の分野と実際』（共著）中央法規出版、1999

【訳者一覧】

福山 和女［ふくやま・かずめ］ルーテル学院大学：監訳者略歴参照

小原 眞知子［おはら・まちこ］日本社会事業大学社会福祉学部／ISTT研究会：監訳者略歴参照

ISTT研究会
[代表]
柳田 千尋［やなぎだ・ちひろ］
東洋大学大学院社会学研究科福祉社会システム専攻修士課程修了　修士（社会学）／独立行政法人地域医療機能推進機構東京山手メディカルセンター／ソーシャルワーカー／認定社会福祉士（医療分野）

菊池 由生子［きくち・ゆうこ］
がん・感染症センター都立駒込病院／医療ソーシャルワーカー

菊池 要子［きくち・ようこ］
医療法人桃李会御殿山病院／ソーシャルワーカー／認定社会福祉士（医療分野）

後藤 幸代［ごとう・ゆきよ］
独立行政法人国立病院機構栃木医療センター／ソーシャルワーカー

佐々 みさき［さっさ・みさき］
医療法人社団保健会東京湾岸リハビリテーション病院／ソーシャルワーカー

佐野間 寛幸［さのま・ひろゆき］
独立行政法人地域医療機能推進機構群馬中央病院／ソーシャルワーカー

小滝 則子［おだき・のりこ］
ソーシャルワーカー

高草木 葉子［たかくさき・ようこ］
学校法人北里研究所北里大学北里研究所病院／ソーシャルワーカー

水野 友紀［みずの・ゆき］
公立昭和病院／医療ソーシャルワーカー

村崎 美和［むらさき・みわ］
学校法人北里研究所北里大学北里研究所病院／ソーシャルワーカー

とうごうてきたんきがた
統合的短期型ソーシャルワーク
ISTTの理論と実践

2014年 6月20日　発行
2022年 1月30日　第3刷

［著　者］エダ・ゴールドシュタイン
　　　　　メアリーエレン・ヌーナン

［監　訳］福山 和女
　　　　　小原 眞知子

発行者　立石正信
発行所　株式会社 金剛出版
112-0005 東京都文京区水道 1-5-16
　電話 03-3815-6661
　振替 00120-6-34848

印刷 平河工業社／製本 誠製本
ISBN978-4-7724-1370-1 C3036
Printed in Japan ⓒ 2014

ストレングスモデル 第3版
リカバリー志向の精神保健福祉サービス

［著］=チャールズ・A・ラップ　リチャード・J・ゴスチャ　［監訳］=田中英樹

●A5判　●上製　●450頁　●定価 **5,060**円
● ISBN978-4-7724-1346-6 C3047

豊富な支援事例に，ストレングスアセスメントおよび
現場の教育的指導技術を大幅増補した
「ストレングスモデル」第3版。

家族療法のスーパーヴィジョン
統合的モデル

［著］=ロバート・E・リー　クレッグ・A・エベレット
［監訳］=福山和女　石井千賀子

●A5判　●上製　●280頁　●定価 **4,180**円
● ISBN978-4-7724-1193-6 C3011

臨床教育者とスーパーヴァイザーのための
家族療法スーパーヴィジョン入門。
基本概念を明確かつ簡潔に解説。

組織のストレスとコンサルテーション
対人援助サービスと職場の無意識

［編］=アントン・オブホルツァー　ヴェガ・ザジェ・ロバーツ
［監訳］=武井麻子

●A5判　●並製　●320頁　●定価 **4,620**円
● ISBN978-4-7724-1357-2 C3047

大きなストレスを抱えやすい対人援助職の問題を個人の脆弱性に帰さず，
援助組織全体を変えていくことを目指す
コンサルテーション論。

価格は10％税込です。